家乡民俗学

安德明 著

中国民间文学与文化研究丛书

河北出版传媒集团
河北教育出版社

图书在版编目（CIP）数据

家乡民俗学 / 安德明著. -- 石家庄 ：河北教育出版社，2021.12（2022.8 重印）
ISBN 978-7-5545-6885-9

Ⅰ. ①家… Ⅱ. ①安… Ⅲ. ①民俗学－研究－中国
Ⅳ. ① K892

中国版本图书馆 CIP 数据核字（2021）第 006637 号

书　　名　家乡民俗学
　　　　　JIAXIANG MINSUXUE
作　　者　安德明

出 版 人　董素山
责任编辑　郝建东　马海霞
英文译校　孙中华
装帧设计　郝　旭
出　　版　河北出版传媒集团
　　　　　河北教育出版社　http://www.hbep.com
　　　　　（石家庄市联盟路705号，050061）
印　　制　河北新华第一印刷有限责任公司
开　　本　787毫米×1024毫米　1/16
印　　张　21
字　　数　288千字
版　　次　2021年12月第1版
印　　次　2022年8月第2次印刷
书　　号　ISBN 978-7-5545-6885-9
定　　价　78.00元

自　序

从家乡小镇的十字路口出发

我对“家乡民俗学”的探讨始于近20年前。当时提出这一命题并试图围绕它展开自觉讨论的原因，是我在梳理中国民俗学学科史的过程中，发现中国现当代民俗学领域存在着一个十分重要却又长期被忽视的现象，即大量研究者均以自己家乡的民俗文化为调查研究对象的学术取向。这个可以用“家乡民俗研究”或“家乡民俗学”来概括的取向，卓然构成了中国民俗学中的主要学术流派，对这一重要学术现象进行系统清理和分析，必然有助于从一个全新的视角来反思和探讨中国民俗学的理论和方法问题。但遗憾的是，国内学术界很少有人从总体上对这一现象予以关注和探讨，这与当代国际民俗学和人类学等领域对于家乡或本土研究的热烈探讨，尤其是“本土民族志”领域涌现出的一系列富有深度的思想和观点之间，形成了鲜明的对照。基于这种发现，我参照国际学界相关研究成果，通过总结中国民俗学史上的家乡研究潮流并结合自己在家乡进行田野研究的经验，对民俗学的家乡研究在学术史上的表现及其优劣得失等问题进行了探讨。这也引起了不少同人的关注和积极回应，进而从不同角度深化了相关思考。十多年后的今天，这一探讨的动力不但没有淡去，反而在我所遭遇的新的人生困境中再次突显出新的意义。

2019 年 8 月，我获得国家留学基金资助，再次来到阔别十余年的美国哈佛大学哈佛—燕京学社以及神话学与民俗学专业做为期一年的访问学者。我研究计划的题目是“非物质文化遗产保护与公共民俗学：中美文化保护理论与实践的比较研究”，其主要目的是总结中国作为国际非遗保护政策法规与具体实践的积极参与者和推动者在非遗保护理论与实践领域的经验与成就，并与美国相关工作进行比较。①

按照原定计划，在哈佛期间，我一方面要积极查阅和研究相关文献；另一方面，准备选择几个特定的民俗活动项目进行田野考察，并对长期致力于公共民俗学研究及规划工作的一批学者与重要传承人进行访谈，包括对每年 6 ~ 7 月在华盛顿举行的史密森民间生活节（Smithsonian Folklife Festival）和 7 月下旬在马萨诸塞洛厄尔举行的洛厄尔民俗节（Lowell Folk Festival）等节庆活动组织、规划和展演的调查与访谈。但遗憾的是，我到达哈佛半年左右，就遭遇了全球新冠肺炎疫情大暴发，这使得我只能继续集中推进前一方面的计划，而不得不取消原本打算在后半年开展的田野调查作业。

研究计划被彻底打乱，让人懊恼不已，日益紧张的疫情和它不断带来的多方面影响，更让我备受煎熬。进入 2020 年 3 月之后，美国疫情急转直下，逐渐到了不可收拾的地步。覆巢之下，我所在的大波士顿地区的小镇阿灵顿也未能幸免。随着马萨诸塞州州长宣布全州进入紧急状态，学校、公园、餐厅、电影院等公共场所都被关闭，我和作为我的陪读出来上高中的女儿，同公寓里其他许多人一样，只能每天蛰居在自己的房间，等待形势的好转。那些天里，幸亏有继续运转的网络购物平台、特别是那些冒着风险继续工作的快递人员，我们才能够持续获得生活必需

① 在中国，民俗学者通过全面参与联合国教科文组织框架下的非遗相关工作，发展出了不少既有中国特点又有益于学科整体建设的观点和方法。美国尽管没有加入联合国教科文组织《保护非物质文化遗产公约》，但其民俗学界却自国际非遗保护工作一开始，就凭借深厚的公共民俗学传统，围绕非遗问题与国际社会积极互动，取得了不少有影响的理论成果。这极大弥补了美国未能加入《保护非物质文化遗产公约》的缺憾，在美国政府于 2018 年正式退出联合国教科文组织的背景下，尤其体现出它特殊的价值。

品。我更要感谢女儿，她的陪伴，极大缓解了我在异国他乡几乎与世隔绝的禁闭中的惶恐和焦虑，也增强了我充分利用哈佛大学图书馆强大的数字化远程服务继续研究工作的信心。

就在全球疫情持续恶化的时候，我忽然接到远在甘肃天水老家的弟弟打来的微信电话。那是 4 月 16 日下午 3 点，从窗户看出去，外面是阴天，而和这里有 12 个小时时差的老家正是半夜！我还没来得及琢磨这个时差背后的蹊跷，噩耗就已经穿过巨大的时空隔阂猛地向我砸来：父亲离开我们了！一时间，除了噎在喉咙的呜咽和冲出眼眶的泪水，我什么也说不了，什么也做不了，只能听弟弟轻轻地讲述事情的经过。父亲卧病在床已一年左右，尽管状况不佳，但还算稳定，我一直期盼着他能恢复健康，至少，我一直怀着回国后要去陪他一段时间的信心和愿望。哪知道，这个愿望却永远地落空了！更折磨人的是，肆虐的疫情几乎冻结了全球的交通，我连回去最后送别父亲的机会都没有！病榻旁未曾行孝，灵堂前不能尽心，真是愧为人子！就这样，向东，隔着大西洋；向西，又隔着太平洋。在万里之外的美洲东海岸，在悲痛、懊恼和自责中，我经历了刻骨铭心的有家难回、即使回去家已不全的体验。

经过近两个月的封闭性防控，进入 5 月以后，美国新冠疫情非但没有缓解，反而由于多种因素影响而不断加剧，让我们这些客居异乡的人员，除了满怀对现实灾难的无比担忧，更增添了对回国无望的巨大焦虑。按照预定的访学计划，我应于 2020 年 7 月底离开美国返回北京，但由于疫情日趋严峻，民航防控措施日愈严格，国际航班锐减，我根本无法买到如期回国的机票。在忧心如焚、手足无措的境遇中，多亏我所在的中国社会科学院文学研究所、院国际局与人事局的领导和同事们的及时关心帮助，以及哈佛—燕京学社和哈佛民俗学专业同人的全力支持，我紧急获得了 6 个月的延长访问期限，并得到了哈佛的延期签证，这为我应对特殊困境并继续寻找和购买回国机票提供了切实保障。

9 月以后，随着中美之间复开的直航航班陆续增加，我和孩子终于抢购到了两张从洛杉矶飞回祖国的航班机票！怀着回家的无比激动，也夹杂着对病毒大流行时期长途飞行的惴惴不安，我们终于踏上了归途！

复杂艰难的归国之路，和着五味杂陈的心情，最后化成下面这首不吐不快的长诗：

我要回家了

我要回家了！/这是多么激动人心值得骄傲的事/在2020年的春天夏天秋天/还有即将到来的冬天/当所有的道路/被压缩成一条羊肠小径/而我终于有幸/挤上那唯一的归途

这其实是一场巨大的冒险/丝毫不亚于上战场 虽然/看不见敌人/也看不见不长眼睛的子弹/但每一个角落/每一寸空气/都充满杀机/窥视着每个人/每一个的举手投足/和每一次的呼吸/随时准备发起攻击

也许你会说/这算得了什么/自古以来，从远方/回家的例子数不胜数/除却那衣锦还乡者/多少人曾经历过远胜当前的艰难险阻

是的/比起那许许多多九死一生的经历/在病毒大流行中长途飞行/的确/不见得有什么特殊/但是/当我居住的小镇延伸到整个地球/当以往遥不可及的世界变成隔壁的小村/当无数人/都朝着一个方向/沿着一条道路/冒着一样的风险/屏住呼吸/争先恐后 一往无前/你会发现/这样的回家/与历史上任何一次/都大不相同

这不只是旅行者的磨难/也是居家者的熬煎/一个人的航行/牵挂着千万人的辛劳役役忧心忡忡/那是你和我和他/与看不见的敌人的抗争/是长期停滞中的破冰前行/是沉寂后的重生/是全人类共同的冲动/——回归正常/当面/抱一抱妻子儿女/拜一拜爹娘

回家/回家/回家/它早已不是我一个人的思念/而变成了全世界的乡愁/在持续的禁足和隔离中/被无限放大/无论多么宽广的胸膛/都难以盛下/唯一能缓解它的/只有千方百计不顾风险的奔走？

我要回家了/戴好口罩护目镜和手套/穿上防护服或者至少/一次性雨衣加浴帽/带上足够的酒精洗手液消毒纸巾/备好食用方便的干

粮/放心，谁也不会笑话我的装束/大家都在忙着做好自我防护

从来不曾如此防范遇到的每一个人/也从来不曾如此真诚/关心接触过的所有人/穿过这没有硝烟却步步惊心的战场/不管是你是我还是他/任何一位同行者/都不容有任何的闪失/因为一星半点的疏漏/都会让我们满盘皆输/祝福所有人吧/其实是祝福我自己/好好保护自己/那其实也是保护其他所有人

我要回家了/家就在眼前/泪水在胸前/透过蒙眬的双眼/我看见世界/从来没有如此整齐地/把目光凝聚在同一个焦点/在勇敢而细心的探索中/理性智慧的神圣光芒/伴着对春天不懈的期盼/正汇成一个清晰的声音/——你若康健/我方心安

通过这首诗，我一方面想要记录自己终生难忘的这次经历和感受；另一方面，也要努力表达一种在弥天漫地的大灾难面前大家共同的心声，也就是诗中所说的“全世界的乡愁”。这场灾难，搭乘着全球化的快车，看似轻描淡写地就让飞速发达的整个地球陷入困境。在广泛持续的禁足和隔绝中，回家，这个对许多人而言本属天经地义的自然行动，居然变成了全世界的难题，变成了所有人一时间锲而不舍地追逐却难以企及的遥远目标！在这种特殊背景下，我尽管在重回哈佛的一年多时间里因为无法进行田野调查而未能全部完成既定研究计划，却对故乡、对乡愁在高歌猛进的工业化、全球化时代的意义有了更深刻的体验，进而也对家乡民俗学在当代社会的丰富价值，尤其是它在理解个人与民族文化认同之联系、处理人际关系乃至国际关系等方面的参考意义，有了崭新的认识。当我们所在的地球随着科技高速发展变成了“地球村”，当“朝发轫于苍梧兮，夕余至乎县圃”作为普遍的交通方式缓解了许多人以往“各在天一涯，会面安可知”的忧思困扰，故乡的意识和乡愁的情绪，似乎已经远不像过去那么强烈。但是，作为人们永远难以割舍的精神安放之所，乡情和乡愁只是变得更加深沉，更加含蓄，却并不会消失。一旦遇到类似新冠疫情这种特殊事件的刺激，它就会喷薄而出，并且成为

激励我们突破眼前困境的重要动力。故乡和乡愁的这种强大威力及其在现代社会更加动态多样的表现，为我超越民俗学本身，进一步理解家乡民俗学所蕴含的从我出发、由此及彼、相互尊重、多元并存的人类交流方法论层面的意义，提供了更加广阔的视角。

近二十年前，我在自己出版的一本有关个人田野经验的小书中，曾写过这样的话：说不清从什么时候开始，家乡小镇的十字路口，“不知不觉成了我确定方向的一个坐标。在辨别前后左右的方向时，我常常会让自己在想象中站在那里，面对东西南北四街中的任一边，再确定其他三个方向……这小小的十字路口，成了我生活中永远的定向标，也成了我生命中永远无法割舍的一份情结。这种‘家乡的十字路口情结’，可以说是故乡生活经历在我心灵中留下的深刻烙印的集中体现”。十多年过去了，更长时间在外地的工作、生活和闯荡，使得我和故乡的距离仿佛变得更远了，然而，这个“家乡的十字路口情结”，非但没有淡漠，反而变得更加清晰，更加深刻，不仅成了我在现实中时刻用来判断具体方向的基本参照，也成了我认识、判断和思考周围的世界——无论这个世界有多大——以及处理自己与世界的关系的出发点。而十多年来，我之所以能够提出并系统阐释“家乡民俗学”这一命题，一个主要的动力支撑，也正是来源于对故乡小镇十字路口历久弥新的记忆。

经过自己和许多同人近二十年的不断讨论，家乡民俗学已经逐渐变成一个有影响的视角和方法，不少同行，尤其是年轻的学人，都曾在相关研究中明确宣称自己采用了家乡民俗学的方法。但是，家乡民俗学的方法究竟是什么？这种方法在多大程度上具有其理论和视角上的自足性或独立性？对这类问题，很长一段时间都缺少系统的提炼和归纳，这就使得“家乡民俗学”始终停留在标签的层面，只是用来概括研究者在家乡所做的民俗研究，而没有理论和方法上的实质内涵。

基于上述状况，我试图以民俗学学术史和自己的田野研究经验为基础，对“家乡民俗学”这一命题进行系统梳理和全面论证。家乡民俗学，当然首先是有关民俗学领域一类重要研究现象的概括。这类现象，就是学术史上大量存在的由研究者围绕自己家乡民俗文化展开的调查、记录和研究，它构成了中外民俗学从发轫至今的主要研究取向。但更为重要的是，家乡民俗学还是一个重要的视角和方法，它能够为不同文化间的交流提供具有参考价值的基本立场。在本书当中，我在对“家乡”进行界定和阐释的基础上，结合古代民俗志的相关传统，清理、分析了中国现当代民俗学中的家乡民俗学传统及其特征，又参考国内外相关研究成果及个人田野经验，对民俗学家乡研究所具有的优势、局限、理论和方法上存在的问题，做了较为细致的讨论。书中有关家乡民俗学伦理与方法问题的探讨，既涉及家乡研究者的心理机制、身份分裂问题及其他学术伦理方法问题，又关乎社会科学界有关“主体间性”的话题，我希望通过这些讨论，不仅有益于深化民俗学关于家乡和乡愁问题的理解，也能够起到从民俗学角度深化有关“主体间性”等人文社科领域普遍关注话题的思考的作用。

对于作为视角与立场的“家乡民俗学”的概括和讨论，是全书最令我满意的部分。这部分的讨论认为，作为视角与方法，家乡民俗学包含着这样一些丰富内涵：平等交流，相互尊重；同情理解，理性批判；朝向当下。与这一视角密切相关，它同时又可以被归纳为一种关乎文化交流的立场或态度，即比较的、“间性”的立场或态度。由于是在与异乡、与他者的对比当中产生的一种有关家乡、有关自我的特殊研究范畴，因此，家乡民俗学能够使研究者更好地以自身为基础，在认识自己的前提之下，更清楚地认识“我”在同“他”交往过程中的位置，从而更恰当、更全面地理解“我与他”的关系，更有效地建设包含了更多“我”“你”“他”的、朝向未来的“我们”，也就是人类命运共同体。这些归纳和总结，不仅有助于更清楚地认识学术史上大量相关具体研究中所蕴含的理论旨趣，而且能够为今后有关家乡乃至异乡民俗的研究提供一种具有可操作性的方法或工具，这种方法或工具，在认识、讨论和处理民俗文化之外更广泛的一般社会文化现象方面，也具有很强的适用性。这也正是本书能够结合家乡民俗学的视角来讨论非物质文化遗产保护中的社区以及“讲故事”等问题的主要原因。

另外，本书还包括了大量我在家乡及家乡以外地区所做的个案研究。这些个案研究，在自觉的家乡民俗学视角下，既为我总结家乡研究者的田野经验、心理特征与身份认同等问题提供了基础，又为如何更好地拓展作为视角与方法的家乡民俗学的适用范围，提供了具有积极参考价值或能够激发更多讨论的例证。其中，第七、第八章，是对在“同情之理解”的家乡民俗学视角下所做家乡民俗研究的展示与反思，它们均以本人带着民俗学的目的所做田野作业与过去作为当地人所积累的生活经验两方面因素的共同作用为基础而完成，一定程度上体现了家乡民俗学具体实践的特殊魅力。第九章则通过我在家乡以外的地区所做的田野研究，比较了“家乡”与“异乡”民族志调查的异同，并在对比中进一步反思了家乡民俗学视角的特征、意义和价值，以及它所具有的更广泛的适用性。

总的来说，作为首次集中讨论家乡民俗学的著作，本书基本完成了提出命题并加以系统阐述的任务。但是，书中对于许多重要的相关问题，比如，家乡民俗学同以费孝通为代表的人类学中国学派之间的比较，家乡民俗学者的调查研究与作家的故乡书写的比较，家乡民俗学中的“间性”特征，等等，要么较少涉及，要么讨论不够充分，这一切，可以说都为我或其他同人将来进一步的研究留下了广阔空间。

在本书的研究和撰写过程中，我得到了很多老师和朋友的支持和帮助。其中，刘锡诚和马昌仪老师对我围绕这个问题所做的探索给予了很多肯定、鼓励和指点，并多次为我提供了来自不同方面的相关资料。刘铁梁老师和廖明君、吕微、巴莫曲布嫫、张举文、周星、户晓辉、施爱东等先生，以及参与民间文化青年论坛早期活动的诸多同人，都给了我进一步讨论和思考相关问题的许多启发。此外，我还先后从亨利·格拉西（Henry Glassie）、理查德·鲍曼（Richard Bauman）、约翰·麦克道尔（John H. McDowell）、罗杰·吉奈里（Roger Janelli）、任敦姬（Dawn-hee Yim）、苏独玉（Sue Tuohy）、杰茜卡·特纳（Jessica Anderson Turner)、史蒂文·米切尔（Stephen Mitchell）、约瑟夫·纳吉（Joseph Nagy）、沃尔夫冈·卡舒巴（Wolfgang Kaschuba）、吴秀杰、田村和彦等老师和朋友那里得到了多种启示。沃尔夫冈·卡舒巴教授有关德国民俗学现当代转型的思考，尤其让我受益匪浅，这也是本书把他的文章列为附录的原因。当然，妻子杨利慧对我一如既往的支持和鼓励，是本书得以最后完成的重要保障。而本书最终得以顺利付梓，同河北教育出版社郝建东和马海霞两位老师付出的诸多辛劳密不可分。谨此一并致谢！

最后，我要借此机会感谢我的父母、我的弟弟妹妹，感谢家乡所有的亲友。你们的帮助和激励，是我不断前行的动力！同时，我也要感谢自己所选择的家乡民俗研究这个特殊领域，它为我提供了一条长期保持与故乡、与亲人密切联系并不断获得精神家园慰藉的可贵通道。

安德明

2021 年 11 月 28 日于北京

目　录

下编　家乡民俗学的田野实践

导论　作为范畴、视角与立场的家乡民俗学

对于家乡民俗事象（包括民间文学）的调查、记录和研究，是中国现代民俗学从兴起至今贯穿始终的一个重要学术传统，这个可以用“家乡民俗学”来概括的传统，在很大程度上塑造了中国民俗学的学术品格。但长期以来，国内学术界很少有研究者就这种学术取向的优劣得失等提出问题并予以学理性的解答，更缺少从这个维度来思考民俗学学科发展历程的学术成果。家乡民俗研究，成了这一学科中仿佛不证自明、毋庸置疑的一种取向。如果说，在学科发展的早期，这种指向本乡本土的研究取向是一种自为的实践，那么，在民俗学与人类学等诸多学科的交叉日益增多的形势下，对这种取向进行自觉的反思，应该说是一项十分必要的工作。

2002 年前后，我在学术界一些同人的激励和启发下，结合学术史的梳理和个人田野研究经验的总结，首次提出“家乡民俗学”的概念，引起了诸多同行的兴趣和呼应。十多年来，经过大家的不断讨论和参与研究，这个话题已经成了有一定影响力的命题。它不仅可以为进一步认识中国民俗学学术史、深化学科理论与方法、反思学术伦理问题开辟新的方向，也可以为理解当前社会普遍关心的“乡愁”话题，以及探讨非物质文化遗产保护的深层问题，提供民俗学的特殊视角。

第一节　家乡：民俗学研究的重要场域

家乡及家乡民俗，自民俗学这门学科诞生以来，就始终是一个重要的研究领域。这一点，在许多国家都有明显的表现。例如，在德国，受浪漫主义民族主义思潮的强烈影响，早期民俗学的研究者始终是把研究的重点放在本土、本民族的农民文化之上。① 二战之后，随着学科的转型，以民俗学的视角与方法对都市文化的观察和研究成了德国许多研究机构和研究者关注的重点，这种转变，更使得“家门口的文化”成了常见的研究对象。② 在日本，作为民俗学创始人的柳田国男所倡导的“一国民俗学”，则始终强调民俗学应该是“以自己国家为对象”，它成立的前提，“必须是本国人从事研究”③。

中国这方面的情况尤其突出。从作为现代学科的民俗学诞生以来，直至今天，调查研究者在自己家乡进行民间文学和各种民俗文化事象的搜集、记录和研究，构成了整个学科的主流，并在此基础上形成了理论、方法乃至学术伦理等诸多方面的独特属性。如果要用一个概念简明扼要地概括中国民俗学在理论与方法上的特征，“家乡民俗学”无疑是不可或缺的关键词。

在开始讨论之前，我们首先需要对“家乡”的概念做一界定。家乡，似乎本是一个自明的概念，但当把它与“祖国”“本土”等本土人

---

① 简涛：《德国民俗学的回顾与展望》，见周星主编：《民俗学的历史、理论与方法》，北京：商务印书馆，2006 年版，第 808 ~ 858 页。

② ［德］沃尔夫冈·卡舒巴著，安德明译：《形象与想象：柏林的都市民族学》，《民俗研究》2010 年第 2 期，第 5 ~ 15 页。［德］沃尔夫冈·卡舒巴，安德明：《从“民俗学”到“欧洲民族学”：研究对象与理论视角的转换——德国民俗学家沃尔夫冈·卡舒巴教授访谈》，《民间文化论坛》2015 年第 4 期，第 5 ~ 14 页。以上两篇文章均已收入本书附录。

③ ［日］柳田国男著，王晓葵、王京、何彬译：《民间传承论与乡土生活研究法》，北京：学苑出版社，2010 年版，第 37 页。

类学语境中的概念相提并论时，却又可能因外延的无限扩大而变得难以把握。事实上，在不同的语境当中，“家乡”所指的对象会有所不同。[①]对这一点，埃文斯-普理查德（Evans-Prichard）在谈到努尔人有关“此英（cieng）”（家）的概念时，有十分生动、精彩的论述：

> 当一个努尔人说“我是某某‘此英’的人”时，他的意思是什么？“此英”的意思是“家”，但其准确的意思因其被说出的情境的不同而各异。如果一个人在德国遇到一个英国人，并问他家在何处，他可能回答是英国。如果在伦敦遇到同一个人，问他同一个问题，他将说他的家在牛津郡，如果在那个郡遇到他，问他同样的问题，他将说出他所居住的城镇或村落的名字。如果在他的城镇或村落里问他的话，他会提到他那条特定的街道，而如果在该街上问他，他将指明他的房子。对努尔人来说也是这样……“此英”的意思是家宅、村舍、村落以及各级部落支。“此英”一词在意思上的变化并不是因为语言上的不一贯性，而是因为它所指涉的群体意义的相对性。[②]

可见，“家乡”是一个相对的概念，它因主体的人通过对自己生活的区域和这一区域之外地区的比较、对比而形成，又因不同的对比和参照对象而具有不同的外延。在这里，与他乡异地的比较、对比，是形成家乡意识的基础。值得注意的是，在这段话中，埃文斯-普理查德自然而

① 吕微：《家乡民俗学——民俗学的纯粹发生形式》，《民间文化论坛》2005 年第 4 期，第 1 ~ 3 页；巴莫曲布嫫：《民族志·民俗志的书写及其理论和方法——田野研究的时空选择与民族志书写的主体性表述》，《民间文化论坛》2007 年第 1 期，第 37 ~ 39 页。

② ［英］埃文斯-普理查德著，褚建芳、阎书昌、赵旭东译：《努尔人——对尼罗河畔一个人群的生活方式和政治制度的描述》，北京：华夏出版社，2002 年版，第 156 页。笔者对此段论述的引用，受到了田村和彦《文化人类学与民俗学的对话——围绕“田野工作”展开的讨论》（周星译，载周星主编：《民俗学的历史、理论与方法》，北京：商务印书馆，2006 年版，第 456 ~ 485 页）一文的启发。

然地采用了通过以自己所熟悉的英国或其他欧洲人的相关认识和经验进行类比的方式，来介绍努尔人关于家的概念。其主要目的，当然是为了简明扼要、形象生动地解释“此英”，但从这种解释方式本身，我们又可以看到家乡在多元文化交流过程中具有的规律特征：对于异乡文化的理解，往往是以家乡为出发点的；家乡的知识与经验，构成了我们理解更大范围内的其他文化，进而形成多元文化交流和融合的前提。

那么，对于那些从不曾离开故土的人来说，“家乡”又意味着什么呢？答案是，只要是一个正常的社会化的人，他仍然会具有“家乡”的概念。在日常生活中，一个人无论生活的圈子多小，他总会同自己生存领地之外的社会打交道，这必然会让他们产生一种比较，从而形成关于自己基本生存区域的意识，这个生存区域，就是他的家乡，只不过其范围可能相对较小，也许只是他所生活的小村甚至村中的某一特定社区。

这里可以举一个例子。在北美一部影响广泛的儿童动画系列片《小鸟趣事多》（Peep and the Big Wide World）中，有一集讲了这样一个故事：小鸟 Peep 走丢了，一直想要找回自己的家。后来它发现一个易拉罐可以避风躲雨，就在那里待了一个晚上。接着又在小伙伴陪伴下出去寻找自己的家，但找了很久仍然没有找到。当它们都有些累了的时候，Peep 很自然地说，我要回家——它说的这个“家”就是那只易拉罐。它的朋友一听，都大笑起来：你说要找“家”，原来你早就有家了！这实际上就是那种“无端更渡桑干水，却望并州是故乡”的心态。就像鲁滨孙被巨浪冲离暂居的小岛时，他想尽一切办法还要回到那个岛，因为对他来说，那个岛已经成了自己的家，尽管那里并不是他本来的故乡。

今天，随着社会生活的不断发展，以及大众传媒和学校教育的日益普及，人们对自己生活环境之外的了解日趋增多，比较的基础也日益丰富，对那些少有机会离开故土的人来说，他们有关自己家乡的意识，也因而变得更加多元和丰富了。

总之，“家乡”所涵盖的范围并不固定，往往同作为主体的人在实际生活中所处的境遇，以及他用来作为参照的其他地区的大小等有直接的联系。以“我”所在的特定环境为基础，在同这一特定环境之外的其他环境的对比中，任何人都会形成关于家乡的概念，而这个概念所涉及范围的大小，又会因每个人接触面的不同及所掌握知识的不同而有所差别。也就是说，家乡的范围是可以调节、变化的，会根据不同的语境而有所伸缩。这种可调节性或伸缩性，也体现了家乡概念的包容性与可比较性——它既在“我”与他人之间形成了一种界限，又为这种界限的突破提供了可能。作为一个在对比中产生的概念，“家乡”既能够使相关的主体保持自我，又时刻为该主体同自我之外的他人之间的交流互动预留着空间，具有十分强烈的“间性”特征，是主体与主体之间动态交互关系的结果。①

本书以民族志田野实践为基础，主要从狭义角度来界定“家乡”，但与此同时，我们的讨论也充分关注上述分析所揭示的这一概念包含的突出的比较属性，并承认和强调这一概念的伸缩性。

作为本书关键词的“家乡民俗学”，也正是从上述角度来界定和使用“家乡”这一概念的。它一方面是指从狭义角度来界定的民俗研究者长期生活于其间并在此建立了熟悉和稳定的社会关系的地方，另一方面这个地方又可以被研究者加以对象化的处理。也就是说，本书的“家乡”，是民俗研究者的家乡，它既是研究者有着密切的亲缘和地缘认同并身处其间的母体文化的承载者，又是可以被研究者借助相关学科的理论和方法予以超越和观察的一个对象。除了具备上文所说的因与异乡、他者的比较或对比而逐渐形成这样一种特征之外，由于学术的参与，其中对比或比较的意识更为自觉，程度也更为深刻。

与“家乡”密切相关的另一个概念，是“家乡民俗学者”（或简称为“家乡研究者”），它主要指的是那些能够运用民俗学的理论与方法，对家乡的民俗事象进行观察、记录和分析的调查研究者。其中既包括那些工作

---

① 黄鸣奋：《网络间性：蕴含创新契机的学术范畴》，《福建论坛》2004 年第 4 期，第 84 ~ 88 页。杨春时：《不同领域的主体间性与美学建构》，《东方丛刊》2006 年第 1 期，第 65 ~ 74 页。

生活在外地、为了研究重新回到家乡的学者——可以称之为“返乡的学者”，又包括那些始终生活在家乡但接受了民俗学知识的人士——可称为“在乡的学者”。他们或者能够及时、顺利地融入家乡的民俗氛围，或者本身就生活在这种氛围当中，因而在准确而深刻地理解家乡民俗文化的内涵及民众的情感方面，都具有相似的天然优势。同时，凭借专业的知识和比较的视野，他们又能够超越家乡的生活文化氛围，成为一个观察者和探究者，而不只是单纯的民俗实践者——也就是说，能够把家乡对象化为自己的民俗学“田野”。需要说明的是，尽管这两类研究者在家乡都确立了稳固的人际关系和情感联系，但由于在乡的学者往往会更多地参与家乡日常生活的进程，并对家乡生活有更为持续的体验、观察和跟踪，返乡的学者通常却只有关于家乡的过去的印象和情感记忆，以及对现在生活的不连贯的经验；又由于返乡的学者大多在民俗学的学科训练和学术视野等方面比在乡的学者更加系统和开阔，因此，二者之间又存在着较大的不同。本书的讨论主要以返乡的学者为基础来展开。

需要进一步说明的是，对于一些同人提出的在海外从事人类学或民俗学研究的人士回到祖国来进行田野研究究竟是不是“家乡”研究的问题，我们可以这样来回答：“祖国”或“本土”，并不一定对应着本书所谓的“家乡”。因为即使是同一个民族国家的文化，也往往存在着区域、群体等之间的差异性，对一位研究者来说，即使是在本国或本土，除了我们所定义的狭义“家乡”以外，其他许多地方往往是陌生的甚至异样的，自然不能算作他的“家乡”。因此，与本书所限定的家乡民俗学中的情况不同，本土人类学或家乡人类学领域所涉及的“家乡”，更多指的是“祖国”或“故土”一类的广阔范围，这个范围内的许多文化事象，尽管从民族文化的整体来说具有一定的内聚性和统一性，但对于从事具体研究的学者来说，同样有着因地域差别而造成的“陌生—熟悉”的张力问题。

综上所述，由于不同文化、不同群体之间各种形式的交流，人们产生了比较或对比的视角，并以此为前提形成了有关家乡的意识。这种意识，在民俗学理论与方法的参与下变得更加自觉、更加强烈，因而出现了相关研究者对家乡民俗客体化的处理。正是在这样的基础上，家乡民俗成为一个重要的研究对象，家乡民俗学也由此构成了民俗学中一个重要的研究范畴。

第二节　家乡民俗学：一个重要的视角与方法

如上文所述，家乡民俗学是对以家乡生活文化传统的观察与研究为基础而形成的研究取向的一种事实概括，但与此同时，在本书当中，它更是结合新的学术思潮，对这种取向所生发和呈现出的方法的总结。换言之，我们在这里，是把家乡民俗学理解为一种研究视角与方法。

这种研究视角的基础，是对熟悉的生活环境、人际关系和生活实践的对象化处理。而对象化的过程，又受到传统社会关系与学术研究规范两个因素的制约，这两个因素之间复杂动态的互动关系，使得家乡民俗学的视角具有了更加复杂而丰富的内涵。

研究者把自己所熟悉的家乡生活及家乡的父老乡亲对象化的过程，也就是“化熟为生”——即在熟悉的地方寻找陌生性的过程。如果说传统民族志在异文化中进行田野研究，首先必须采取一种可称为“家乡化”的“化生为熟”的措施，以便建立恰当和谐的田野关系，那么，对家乡民俗学者来说，则始终存在着要把熟悉的人或事加以陌生化、对象化以便在一段距离之外进行观察和分析的过程。也就是说，在熟悉的地方，我们必须要在思维模式和心理机制上保持一种距离感，一种跳出固有生活圈子并承认观察与被观察、调查与被调查、研究与被研究之新关系的态度，唯此方能相对中立、冷静地去认识和分析我们的研究对象。这种态度，也意味着在具体研究中对主客位区别的认可和坚持。所谓主位，就是指调查者在具体民俗调查的特定活动当中应该处于主动位置，客位则是指被调查者所处的相对被动状态。承认和保持主客位之间的不同，就是要强调，不管是对一个地方也好，对这个地方的人也好，还是对我们曾经经历过而且非常熟悉的文化现象也好，我们都必须以一种观察的态度，以一种学术的视角把它加以对象化，使之成为我们的研究客体，成为技术处理层面客体化的对象。

在“主体间性”的概念已成为人文社会科学领域主导性观点的今天，我们却强调研究对象的客体化，强调研究者与被研究者的“主位”与“客位”关系，这是不是意味着与当下的学术潮流背道而驰了呢？答案当然是否定的。我们之所以从家乡民俗学的角度来突出研究中的主客位关系，是因为家乡民俗学视角的核心就是主体间性的立场，互为主体的观念，本来就是家乡民俗学者田野实践的指导原则，在具体操作中强调研究对象的客体化，恰恰是以对互为主体立场的坚持和对被研究者的足够尊重为前提的。

当然，家乡民俗学这种以主体间性为基础的视角的形成，也经历了较长的发展过程。以中国民俗学为例，在这一学科一个世纪的历程中，许多研究者都是自然而然地以自己的家乡民俗为调查和研究对象，并由此造成了学科中一个突出的悖论，即在科学主义原则下始终坚持为经典人类学“科学原则”所排斥的家乡研究。中国民俗学是在“五四”时期“民主”“科学”精神引领下发展起来的一门学问，科学性是它始终倡导的重要标准。但是，对于被马林诺夫斯基视为“文化科学”的人类学所主张的“科学”规范，即必须在异文化而非熟悉的文化中开展研究的要求，中国民俗学者尽管都不陌生①，却非但没有遵循，反而“示威似的”把家乡当成了天经地义的调查场所。结果造成了一方面强调科学、另一方面又忽略“科学原则”的矛盾。这使得民俗学者很长时间以来，始终处在一种困惑或不自信的状态：在坚持家乡研究的同时又在不断怀疑这种做法的科学性。与此同时，受科学主义原则的主导性影响，家乡研究者在情感和伦理方面也遭遇了许多的困扰，这尤其表现为，为了照顾科

① 从20世纪二三十年代开始，西方人类学的许多著作都已经被翻译成中文，而且被民俗研究者当作重要的参考资料。比如，李安宅1935年编译出版的马林诺夫斯基的《巫术科学宗教与神话》，在早期对中国学者产生了很大的影响。

学主义的原则而不得不破坏亲情及传统规范。比如，本着“科学”调查与研究的目的，毫无顾虑地突破家乡生活的基本秩序或伦理要求，甚至不惜损害父老乡亲的声誉或人际关系。①

这种情况，直到在新的哲学思潮影响下产生的“写文化”之类的诸多新观点出现，以及它所导致的学科理论和方法上的转型产生之后，才有了根本的改变。现在，我们越来越多地把民俗学理解成人与人之间富有人性的一系列相遇②，田野调查，也不再是调查客观真理的文化科学，而变成了揭示部分真理的某种表达或交流的方式。在这样的情势下，家乡民俗学获得了新的发展，而当它与主体间性的理念相结合时，就尤其变成了一种内涵丰富的重要视角。

具体来看，家乡民俗学视角包含这样几个突出的特征：平等交流，相互尊重；同情理解，理性批判；朝向当下。

平等交流，相互尊重。由于是在熟悉的社会环境与人际关系中进行民俗文化的调查与研究，家乡民俗研究者更容易在一种自然的交往状态下展开田野工作。在这种状态下，无论是调查者还是被调查者，既受到双方所熟悉的地方传统交往原则与伦理规范的约束——它在一定程度上淡化了学者与父老乡亲之间地位的不平等，又受到学术调查这个主要框架的制约——它反过来又具有减少家乡固有社会关系中的差异的作用，加上“互为主体”原则对研究者的影响，因此，二者很容易就能够达到互相尊重、平等交流的关系模式。

很多时候，对于作为被调查者的当地人来说，假如面对的是来自外地的陌生研究者，由于社会和文化的传统差异或等级观念的影响，往往会有诸多的心理压力或负担，但当调查者是那些曾经属于社区成员并由于走出家乡而获得更高社会地位的人时，就不会或很少产生这样的效果。

---

① 详见本书第三章，同时可参看祝秀丽：《家乡民俗研究者的角色冲突》，《民俗研究》2006年第2期，第21~34页。

② ［日］田村和彦著，周星译：《文化人类学与民俗学的对话——围绕“田野工作”展开的讨论》，载周星主编：《民俗学的历史、理论与方法》，北京：商务印书馆，2006年版，第476页。

这些调查者通常是以双重角色回到家乡，他们既因一定的学术身份而不同于家乡的父老，又由于不可回避的地缘和亲缘关系而注定是一个“回家的人”，还要尽可能投入地参与到家乡的民俗活动中，向那些容易被流行观念认为具有较低社会地位的父老乡亲学习或请教。在此过程中，往往会出现一种微妙的心理状态：对于那些被请教的民俗活动的实践者来说，回到家乡的民俗学者，可能原本就是“隔壁的小子”或“邻村的闺女”，但由于读书“读得好”，他（她）同村里人拉开了距离，在某种程度上显得比大家更为优越。这容易让一部分同乡人产生心理上的不平衡感，特别是那些原本在社区具有一定地位的人，更会产生自己的权威受到冲击的危机感。这种心理差距，由于他们对各种民俗事象的稔熟，以及返乡的调查者对这些事象既陌生或一知半解又急于了解的表现，而得到较大的缓解，从而创造了一种家乡民俗学框架中的特殊交流效果，即为被调查者提供远胜于其他田野关系的、使他们得到自我展现或自我提升的机会。因此，他们往往会兴致勃勃、滔滔不绝地把自己所了解的习俗、故事等一股脑儿倾诉或宣讲给作为调查者的“后生小子”。有时，说到得意处，还会不时以权威的口吻来教导调查者关于各种习俗的知识——这大概正是在家乡调查的学者会更容易获得资料的原因之一。同时，它也可以说是家乡民俗学平等交流视角所导致的必然结果。

同情理解，理性批判。家乡民俗研究，是研究者在一种感同身受的心理基础上的分析、理解和批评，这为准确把握和揭示相关文化的本质提供了更大的可能。由于家乡民俗研究者的心理、情感和思维，很容易受到家乡固有传统的影响和制约，也很容易产生同被调查者之间的情感共鸣，因此，他们在理解家乡生活文化方面具有先天的优势。当然他们同时也会遭遇其他许多意想不到的精神压力，但这些压力又为他们进行更加积极的反思并推进学术发展创造了新的条件。

有位同人曾经谈到，她在调查本民族史诗时，有一次请一位歌手到家中来进行访谈。这位歌手按照族群排行，属于她下一辈的亲戚，一向对她很尊重，也很听她的话。但这次，当她要求他演唱一些史诗（歌）

时，歌手却拒绝了，理由是因为这是在家里，而且又没有相关的情境（比如婚礼、丧礼等），所以他绝对不能唱。后来她又请他对着录音机唱几句曲子，以便自己记录，她的父亲也在一旁劝说，说这是专门供研究之用，唱几句没关系。但歌手犹豫了一会儿之后，还是拒绝了。他说："阿普（爷爷，指调查者的父亲）在这里，我还是不能唱。"这位同人后来写道，自己当时忽然就明白了，这里实际上体现的是史诗演唱传统、演唱语境的问题。她马上赞扬了这位后辈，说他做得很对。她自己的反思是，如果不是在父亲面前，如果不是在家里，而是把歌手请到办公室，他可能就唱了。但自己也会因此失去了一次宝贵的体悟机会——这种体悟，只有在深入的田野当中才会获得！①

这个例子反映了一次十分难得的田野体验。结合家乡民俗学的思考，从这里我们也可以看到，家乡民俗的研究者，由于同歌手（传承人）有诸多共享的传统，因此，不仅容易理解其各种行动或反应背后所包含的意义，而且会很自然地遵循其所传承和遵行的规则。这种基于同情之理解，使得研究者与被研究者之间，更容易处在一种相对自然的传统语境当中，这种语境是保证民间文化事象得以相对自然地表演的基础。也就是说，家乡的学者在调动研究对象比较真实自然的情绪方面，具有一定的优势，因为在那些被调查者看来，自己所信仰和遵循的规则，作为同乡人或自己人的研究者，也一定能够理解，而且也一定对他（她）有效。这样，自然而然地，那些被调查者，无论是作为主要参与者进行相关民俗活动，还是作为资料提供人单独面对研究者，他们的行为会更加接近于村落或社区生活本来的状态。从这一点来说，家乡研究者也可以在更大的程度上避免那些异文化研究者可能面对的窘境：调查对象在逐渐了解了调查者的目的之后，会带着较强的目的性、有选择地向学者"提供"他们想要得到的东西。

---

① 廖明君、巴莫曲布嫫：《田野研究的"五个在场"：巴莫曲布嫫访谈录》，《民族艺术》2004年第3期，第14～27页。

在全面认识和深入理解的基础上，家乡民俗学者对于家乡、家乡人及其民俗，又可以从学术理性的角度及当地人的立场出发，结合同家乡之外文化传统的比较，进行有的放矢的批判。这种共情的批判，因为是作为“自己人”的家乡民俗学者基于文化间比较的视野对母体文化的反思，所以能够清醒认识、准确反映并自由展示相关对象的优长和不足。相比于异文化中的研究者，家乡民俗学者身上更多的是一种由内而外的自觉反省，而不是来自外部的一种评判。这种自发的反省，更为主动，更为从容，更为彻底，也更为自信。它不仅能够对作为研究者家乡的特定社区的文化发展提供有益的参考，对更大范围内以间性比较为基础的文化交融与合作，也能发挥至关重要的推动作用。

朝向当下。民俗学本来是一定程度上受现代性怀旧（乡愁）思潮影响而产生的学问，这不仅表现在它的诸多研究对象如歌谣等当中有大量抒写离散与乡愁的内容，也表现在它始终对古老传统的价值有特殊的理解，并对各种传统的衰落或消亡怀着特殊的敏感与关怀。家乡民俗学，由于是研究者（特别是从外部世界返乡的研究者）同自己故乡的生活文化传统及父老乡亲打交道的学问，其中充满了因内与外、变与不变、新与旧等之间的对立而引发的张力，对乡愁或怀旧情绪的体验尤其强烈。但也正因为如此，它又更容易超越以往把民俗看作“遗留物”的、“向后看”的老路，以直面当下的态度来定位自己的学术取向，关注鲜活的生活文化。具体来看，它不仅能够利用民俗中丰富鲜活的资料展示不同历史时期、不同社会条件下乡愁的不同面向，分析其中所蕴含的家国与历史情怀，并从“乡愁”这一特殊角度来解读相关生活文化传统，而且能够结合感同身受的体验，为如何缓释城市化进程中新出现的现代乡愁，提供基于学科立场和实践的参照。

这种走出乡愁情绪、朝向当下的家乡民俗学，使得研究者的目光不再局限于偏远的农村地区，而是也开始关注“传统”农村地区之外的生活文化现象，并由此引发了有关“民俗”或“民间文化”概念的全新理解，即“民俗”不只是以往本质主义理解框架中古老的乃至必须经过几代传承的文化现象，而更多的是发生在我们身边的具体鲜活的生活文化。通过以同情之理解的目光来检视新的社会语境下包括“乡愁”在内的各种传统文化现象，它进一步证明了民俗学研究不是为了怀旧，而是为了在快速现代化的时代，在传统与现代乃至现代与未来之间搭建更好的桥梁，从而为推进社会的良性发展贡献自己学科的力量。

总之，家乡民俗学所包含的“平等交流，相互尊重；同情理解，理性批判；朝向当下”的原则与取向，使得它不仅是有关民俗学特定历史潮流的概括，也是一种考察民俗文化现象的特殊视角。这一视角，不仅在有关家乡文化的考察中有效，对于一般文化问题的观察和思考，也能起到重要的参考作用。例如，对非物质文化遗产保护中的社区问题，从民俗学的“家乡”视角出发去探究，我们就可以获得更深刻的理解。

第三节　家乡民俗学的“间性”特征：作为文化交流的立场和态度

家乡民俗学又是一种立场或态度。这种态度基于比较的视野，具有鲜明的“主体间性”特征，不仅对民间文化的比较研究具有重要的引领意义，对理解和处理一般文化交流范畴的理论与实践问题，也能提供有益的参考。

作为一种具有突出的“朝向当下”特征的视角，家乡民俗学能够以积极的现实关怀，结合研究者过去的生活经验与当下的学术研究，在与父老乡亲的互动交流中来探讨作为传统的民俗文化是如何在当代社会生活中发挥活态的“生存必需品”① 的作用的。而这种立足过去、着眼现在的研究取向，又能够起到反思和突破传统民俗学中带有明显“保守”

① ［美］理查德·鲍曼著，杨利慧、安德明译：《作为表演的口头艺术》，桂林：广西师范大学出版社，2008 年版，第 96 页，第 234～235 页。

“怀旧”烙印的“朝后看”的局限，推动学科当代转型的作用。

如前文所述，“家乡”是在与他乡的比较中建构起来的一个范畴，其涵盖范畴具有很强的伸缩性。在这种建构当中，家乡民俗学者发挥了至关重要的作用。一方面，他（她）熟悉“局内人”的知识背景和“知识库”，因而能够没有障碍地理解当地的文化传统。这里所谓的知识库，指的是个人或群体在某一特定领域共同具备的专门知识积累或储备，可以根据需要随时调用、组合，为人们实现在这一领域当中的相互交流而服务。英文称之为 Repertoire，大体可以翻译为“资料库”“曲库”“知识库”或“知识储备”，拥有大致相同的知识库，可以说是不同的人之间得以相互理解和沟通的基础。[①] 对这一类的内容，也有人用“默会知识（tacit knowledge）”加以概括，认为它能够弥补语言所不具备的功能。[②] 另一方面，他（她）又能够借助学术视角和手段，从“局外人”的眼光来认识所熟悉地方的文化，并把这种认识描述和展示给更大范围的社会与文化领域。就此而言，家乡民俗学者能够通过在家乡与异乡的民俗之间进行比较，发现其中都可以用“民俗”来概括的共同属性，以及在作为“民俗”的共同性上所体现出的地方或群体的差异性，并把它展示给家乡之外的地区，从而搭建起一个不同文化与不同主体之间相互交流、相互理解的桥梁。这个桥梁，实际上也就是小地方同大区域、同国家乃至更大范围的全球之间达到沟通与融合的可能的通道。

通过对家乡民俗学的调查、描述、分析和阐释，家乡民俗学者充当了“文化经纪人”[③] 的角色。他（她）可以凭借自己的努力，建立一个立足家乡又面向广阔外部世界的开放的交流平台。在这个平台上，家乡

---

① 参看 Dell Hymes. *"In Vain I Tried to Tell You": Essays in Native American Ethnopoetics*. Philadelphia: University of Pennsylvania Press, 1981, p6.

② ［日］田村和彦著，周星译：《文化人类学与民俗学的对话——围绕“田野工作”展开的讨论》，见周星主编：《民俗学的历史、理论与方法》，北京：商务印书馆，2006 年版，第456～485 页。

③ Richard Kurin. *Reflections of a Culture Broker: A View from the Smithsonian*. Washington: Smithsonian Institution Press, 1997, pp21-30.

民俗学者发挥着主角的作用，但他（她）又受到学术规范与家乡生活传统伦理的双重制约，因此，其有关家乡民俗的展示和解释，必然要受制于一个由家乡民俗学视角所塑造或规定的基本框架。

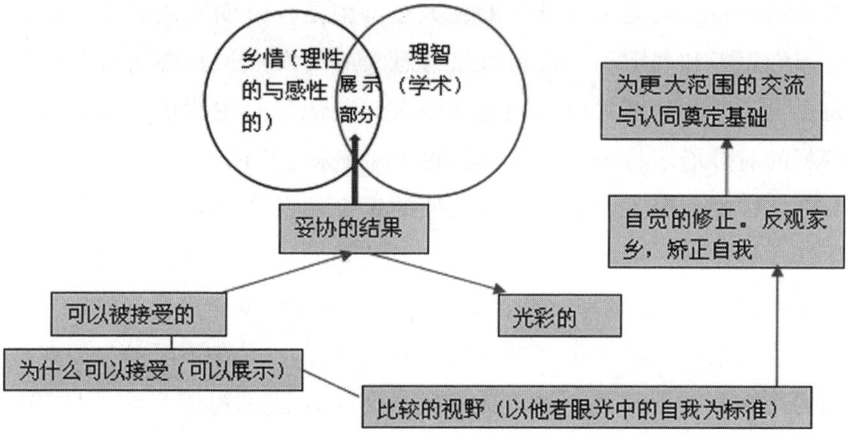

家乡民俗学视角中的文化展示框架

这个框架的一般表现是：在“乡情”与“学术理智”的协商与妥协当中，达成一个为二者都能够接受的共识，进而展示给家乡以外的读者。这里所说的“乡情”，既包括感性的情感，又包括理性的判断，前者是因生于斯长于斯而养成的血浓于水的感情，后者则是在与外部比较的基础上形成的关于故乡文化内容属性的辨析，即某一项内容或某项内容中的某些因素，是否适合呈现于故乡之外的人群面前。

那么，在这一点上，辨析或判断的标准是什么，又是由谁来确定的呢？事实上，从具体情况来看，家乡民俗的哪些内容或哪些特征适合对外展示，在不同历史时期人们的理解会有很大的差别。例如，在中国民俗学刚刚兴起的20世纪一二十年代，有不少调查者因为搜集和发表歌谣等民间文学作品而遭到同乡人的误会乃至辱骂，因为大家认为自己传唱的歌谣难登大雅之堂，而搜集者把这些内容发表在“洋报”上的做法，使自己的村子在全国丢了丑。[①] 但是，假如这种事情发生在21世纪的今天，就一定会有大不一样的反应。无论是那些被访谈的男士或女士，还是作为歌谣或故事中主人公的村民，大概都会十分大方积极地参与到提供所谓“民间文化遗产”或“非物质文化遗产”资料的活动当中，或者自豪地承认自己就是某首歌谣的主人公。但是，万变不离其宗，归根结底，人们思考和判定相关资料价值与意义的出发点，始终是这些资料是否符合自己所在社区之外更大范围的人们所认可的主流价值观，以及这些资料的对外展示将为自己及自己的社区带来怎样的影响。

在这样的状况下，来自社区之外的返乡的民俗学者，往往会表现出同生活在具体社区中的民间文化实践者共同的心理与行动方式，正如作家孙犁所说的：“我越来越思念我的故乡，也越来越尊重我的故乡。前不久，我写信给一位青年作家说：‘写文章得罪人，是免不了的。但我甚不愿因为写文章得罪乡里，遇有此等情节，一定请你提醒我注意！’”[②] 这同前文提及的中国民俗学早期的调查者出于学术目的而不顾乡情，结果引发乡人不满的做法，有很大的不同。尽管初衷很好，但由于常年在外生活，作家本人又很难准确把握哪些做法容易得罪人，哪些不会得罪人，因此又需要年轻作家的提醒。显然，在这一过程中，存在着十分突出的比较的视角，或者说是“间性”立场：通过把自己的文化形态与外界的主流观念进行比较，作为当地人的家乡民俗学者，对其民俗文化既会保持一种“当地人”的情感，又具有一种基于他者视野的判断，因此会对该文化进行有意识的过滤或加工，以使它更加“得体地”展示给外人。

在民族志报告的展示中对一些信息进行适当的处理，这是当前民族志研究领域受学术伦理影响而形成的一种共识。而这种共识的达成，又是以早期诸多惨痛的教训为代价的。今天的研究者，大都会提及传教士及早期人类学家在一些土著部落调查给当地人带来的严重干扰。例如，

---

① 详见本书第二章。

② 孙犁：《老家》，见金梅编：《孙犁散文选集》，天津：百花文艺出版社，2009年版，第294～296页。

19 世纪 90 年代早期，门诺派传教士亨利・沃斯（Henry Voth）在霍皮印第安人部落生活的几年时间当中，通过文字和照片，详细记录了该族人日常生活和农业劳动等方面的内容，其中包括大量宗教活动方面的照片。后来，他把这些内容全部发表，相关成果还不断再版，结果给霍皮人造成了巨大的精神伤害。因为公开发表有关霍皮人重要仪式的照片，冒犯了他们对于神圣知识的传统信仰。① 类似的情况在许多印第安人部落中都曾发生。这就是为什么直到今天，我们到印第安人生活的地方去参观，都会发现，他们对于自己的文化总是保持一种至少从表面看来十分谨慎甚至保守的态度。2014 年春天，我在美国新墨西哥州一个印第安人保留区的博物馆里，听馆长介绍他们近年来涌现出的一位年轻艺术家。他接受了现代艺术的教育，同时对印第安传统有深刻的领会和把握，于是就结合这两种风格，力图展示自己的同胞在新的背景之下，在其文化与西方文明接触、交流和碰撞过程中内心的痛苦、压抑，以及不断协调和寻求平衡的过程——的确，我从他在博物馆展示的作品中也可以体会到这种情绪的强烈表达。但是，这位馆长说，这位艺术家目前也面临着很大的内心煎熬，因为他很难在到底应该展示哪些内容、又不该展示哪些内容之间找到一个适当的平衡。按照他所在社区的传统，他本不该把一些内容展示给外界，可是出于对自己文化的表达热情以及特殊的艺术理念，他又必须把这些元素融合在作品当中，结果引发了族群众多其他成员的谴责和批判，给他带来了严重的心理矛盾和精神负担。我问馆长，为什么大家会那么敏感呢，文化本来就应该是不断变化、不断调适的。馆长很坦诚地对我讲：就是因为我们付出的代价太惨痛了——因为早年大量的白人传教士、调查者对我们造成的伤害太大，尽管很多伤害可能不是有意识的。

在反思早期田野研究者这类疏忽和失误的基础上，民族志研究领域逐渐形成了越来越明确的有关田野调查与民族志报告书写的伦理规范，

---

① Michael Brown. *Who Owns Native Culture?* Cambridge: Harvard University Press, 2003, pp11-16.

强调田野过程中研究者与田野访谈对象之间互相尊重的原则，对民族报告的书写和发表有一系列相应的技术要求，诸如书写和发表时对研究对象个人隐私及群体内部知识的保密等。这些伦理要求也对家乡民俗学者产生了重要影响。而由于家乡传统与人际关系等方面因素本身的制约，家乡民俗研究者在遵循相关要求方面，表现得更加自觉，更加彻底。

当然，无论是异乡还是家乡的研究，其民族志成果中的加工或过滤，都要以学术标准所允许的范围为界，必须符合基本的学术规范。在此基础之上，家乡研究者针对自己文化中与主流价值观不完全一致的因素进行过滤式处理，尽管可能是为了“遮丑”，但在一定程度上，又会产生在文化比较前提下进行自我反思、自我修正的作用，进而为促进其“家乡”地区或群体的文化自觉、增强其文化自信并推动更大范围不同文化间的交流融合，奠定更加坚实的基础。①

总之，在间性比较的视野下，家乡民俗学者一方面可以结合过去的生活经验与当下的学术实践，发现并揭示历史与现实的复杂关联，进而反思民俗学以往那种“朝后看”的问题和局限，推动民俗学更多地“向前看”并朝向未来；另一方面，由于它是在与异乡、与他者的对比当中产生的一种有关家乡、有关自我的特殊研究范畴，因此能够使研究者更好地立足于自身，在认识自己的前提之下，更清楚地认识“我”在同“他”交往过程中的位置，从而更恰当、更全面地理解“我与他”的关系，更有效地建设包含了更多“我”“你”“他”的、朝向未来的“我们”，也就是正日益成为中外人文社会科学领域重要概念的“人类命运共同体”。作为家乡民俗学核心概念的“家乡”在涵盖范围上的伸缩性，尤其为这种目标的达成提供了可能。

---

① 参看金惠敏：《文化自信与星丛共同体》，《哲学研究》2017 年第 4 期，第 119 ~ 126 页。

上编　家乡民俗学：历史、理论与方法

“家乡民俗学”的提出，既得益于后现代思潮下对科学主义的反思以及国内外人类学、民族志研究等领域的相关研究成果，也是对中国民俗学、民间文学研究中的家乡研究传统梳理和总结的结果。梳理这一学术取向与中国民俗学自身学术传统的渊源，分析其内涵、特点、优势与不足，探索其中存在的伦理与方法问题，以及它在新的社会文化条件下获得的新拓展，不仅有益于民俗学理论与方法的建设和完善，也必然会促进中国民俗学对国际人文社会科学领域相关思潮的积极参与和主动回应。

第一章　对象化的乡愁：中国传统民俗志中的“家乡”观念与表达策略

中国历代民俗志，大多是作者对其故乡或长期居留之地民俗文化的记录和描述，其中，有不少是作者因战乱等与故土离散之后的一种回忆式书写。这种借助记忆构建的民俗志，在保留当时生活文化方面的珍贵资料的同时，也集中表达了作者浓厚的乡愁以及对故园美好生活的理想化想象。而这两方面的特点，又清楚地体现在这类民俗志的叙述策略上：家乡与家乡民俗，在其中既是作者倾注了强烈感情的对象，又被作者自觉或不自觉地以一种对象化的方式呈现给读者——包括与他具有相同文化背景的同乡人，以及可能超出其家乡范围的更多的异乡人。本章将以《荆楚岁时记》《东京梦华录》和《梦粱录》为例，对这类民俗志所表现出的有关家乡民俗的观念、态度和表达策略，以及由此而形成的中国古代民俗志书写传统进行讨论。

第一节　基于乡愁的家乡民俗志

需要说明的是，本书所谓的“乡愁”，主要是指“家园文化与离散现实的冲突……所触发的带有悲剧意味的情思与感触”，是“一种血脉亲情、故园意识，是时空距离导致的人的怀旧感伤情绪，以及人生不能自主、不能预料的有关生命时光的咏叹等”。[①] 民俗志，与民俗学和人类学研究者所熟知的“民族志”属于不同概念。后者既是一种基于现代学科理念对特定社会文化进行观察、记录与解释的综合研究方法，大体等同于“田野作业”，又是一种成果展示形式，即在田野作业基础上对调查与研究结果的书写和报告，其对应的英文是 ethnography；而前者则是指有关某个地区一类或多种生活文化传统的描写和记录，其中并不必然包含现代学科的理念和方法要求，却往往因资料价值以及所体现的特定语境下书写者有关民间文化的态度而受到民俗学研究者的重视，英文大体可以译为 folklore record。就中国古代的情形而言，各种民俗志的资料，有的来自作者的实地调查与搜集，也有的来自对不同文献中相关民俗材料的辑录。遵循本书导论中的定义，这里所谓的“家乡”，既包括民俗志作者从小生长、生活的地方，又指其成年后移居其间并长期居住和生活的地方，即“第二故乡”；它所涉及范围的大小，也因作者写作时所处环境参照的不同而有所变化，对那些由于各种原因离开自己家乡的写作者而言，它往往至少是一座城市，或者包含了诸多城市和村落的更广袤的地区。以此推之，作为本章主要概念之一的“家乡民俗志”，指的是作者以其家乡生活文化传统为主要内容而做的记录和书写。

《荆楚岁时记》是较早出现的由当地人书写家乡民俗的专书。学界一般认为，它是作者南朝梁的宗懔在国破被俘至北朝之后所作，“他在北朝里面生活，是很不习惯的。他在自己身处异乡的感受中，在通过新朝看旧朝的不同经验中，撰写《荆楚岁时记》……”[②] 也有研究者否认此书乃作者被掳往北朝之后的思乡之作，而认为它作于作者在梁朝为官之时，甚至“有很大可能是为定都荆州而作的文化宣传”。[③] 我们在此遵从前一种看法。而即使就后一种推论而言，《荆楚岁时记》也具有明确的

① 张叹凤：《中国乡愁文学研究》，成都：巴蜀书社，2011 年版，第 43 ~44 页。

② 钟敬文：《建立中国民俗学派》，见钟敬文著、董晓萍选编：《钟敬文文选》，北京：中华书局，2013 年版，第 12 页。

③ 李道和：《民俗文学与民俗文献研究》，成都：巴蜀书社，2008 年版，第 198 ~201 页。

家乡人写家乡生活的特点，其因特定政治事件刺激而把所在地区生活文化对象化的处理，以及由此体现的特殊乡愁——虽身在故园又“因分离牵挂之情或土地人民乃至天地人际关系而产生的种种忧患意识与现实诉求”①，同我们所探讨的主要问题并不矛盾。

相比之下，《东京梦华录》和《梦粱录》因有作者自序交代，写作背景相对明确，都是作者在其长期生活的城市——汴梁和临安——为他国所破之后回忆往昔生活之作。虽然《梦粱录》作者自序所署写作时间“甲戌”，按推断当属南宋度宗咸淳年间，但据其序中所云：“矧时异事殊，城池苑囿之富，风俗人物之盛，焉保其常如畴昔哉！缅怀往事，殆犹梦也，名曰《梦粱录》云。”学界一般均认为这一时间标记可能是由于传抄失误所致，有人甚至认为这是作者别有深意的处理结果：“序无纪元，而但书甲戌，若在咸淳，则故都尚无恙也。阅一甲子，则当在元顺帝时，斯时元之为元，不犹夫宋之季世也哉？汴亡而《梦华》作，其地已沦异域，孟氏特仿像而得之；今兹所纪，则皆耳目所素习者，钟虡不移，井邑如故，凡夫可欣可乐之事，皆适成可悲可涕之端，作者于此，殆有难乎为情者焉。”（卢文弨抱经堂文集“《梦粱录》跋”）

第二节　求同存异的观念基础、记录遣怀的宗旨和对故园文化对象化的处理

这类志书的写作目的，在《东京梦华录》作者序中有十分清晰的表述：

> 一旦兵火，靖康丙午之明年，出京南来，避地江左，情绪牢落，渐入桑榆。暗想当年，节物风流，人情和美，但成怅恨。近与亲戚

① 张叹凤：《中国乡愁文学研究》，成都：巴蜀书社，2011 年版，第 43 页。

> 会面，谈及曩昔，后生往往妄生不然。仆恐浸久，论其风俗者，失于事实，诚为可惜，谨省记编次成集，庶几开卷得睹当时之盛。古人有梦游华胥之国，其乐无涯者，仆今追念，回首怅然，岂非华胥之梦觉哉。目之曰《梦华录》。

可以看出，作者写作此书，一方面是为了追念当年的盛况，抒发对离散家园的深切怀念，排遣和表达挥之不去的浓郁乡愁；另一方面，也是为了使过去的生活传统得以记录和保存，而不至于亡佚。同时，可以推断的是，作为身处异乡的避难者，作者通过展示自己的生活经历和故园文化传统，客观上也能够起到促进与所在地区人民及其文化相融合的作用。

具体而言，对自己故乡风俗的书写，在很大程度上是基于同作者当下所居住地域文化的对比而展开的，这体现了作者在“我”与“他”的差别中显示“我”的特殊性，以及通过这种特殊性来与他者进行沟通，并争取融入他者的努力和追求。而这种努力的一个前提，源于一种被普遍接受的认识或信念，即“百里不同风，千里不同俗”。这种对于不同地域文化差异性的认识和承认，是中国古代十分重要的思想，也构成了不同地域、人群和文化相互之间共存、共处的基本原则。尽管具体表现各有不同，每一个地区、人群的具体生活实践和文化现象，却都可以被纳入“风俗”这个更大的分类范畴，因而都是可以容忍和理解的。对各种有关异乡风俗习惯的著述来说，承认风俗差异性，也为更大范围的读者接受、理解和欣赏相关记述，进而接纳作者及其文化传统奠定了基础。而像《荆楚岁时记》这类由前朝遗民在新朝所著的回忆之作，尽管有寄托故国情思的目的，却也由于所述风俗符合有关文化差异性的认识以及基于这种认识的政治统治思想而得到了新朝统治者的允可，因为，“古者百里而异习，千里而殊俗，故明王修道，一民同俗，上爱民为法，下相亲为义，是以天下不相遗，此明王教民之理也”（《晏子春秋》“内篇·问上”）。同时，“尚书：‘天子巡守，至于岱宗，觐诸侯，见百年，命大师陈诗，以观民风俗。’孝经曰：‘移风易俗，莫善于乐。’传曰：‘百里不同风，千里不同俗，户异政，人殊服。’由此言之：为政之要，辩风正俗，最其上也。”（《风俗通义》“序”）也就是说，民俗被统治者当成了解社会和治理国家的重要资源来对待，而承认民俗的差异性，又是正确对待这种资源的前提。只有以此为基础，才能进行不同区域、不同层级文化之间的沟通、交流和相互影响，最终达到更大范围文化的融合与统一。

或许正是由于本着记录和保留文化传统的目的，尽管家乡与家乡文化寄寓着作者丰富的情感，但相比于直抒胸臆的诗文创作，家乡民俗志中作者深厚、浓烈的乡愁，往往隐匿在客观、冷静的描写当中，被对象化为看似客观呈现的岁时仪式和市井活动。“四十年来家国，三千里地山河。凤阁龙楼连霄汉，玉树琼枝作烟萝，几曾识干戈？一旦归为臣虏，沈腰潘鬓消磨。最是仓皇辞庙日，教坊犹奏别离歌，垂泪对宫娥。”以李后主词为代表的历代文人有关离散情怀的这种悲怆表达，除了在《东京梦华录》和《梦粱录》自序中有所体现之外，在风俗志的本体部分，几乎丝毫不见痕迹。这大概同“述而不论”的传统史观影响不无关系，一定程度上具有强化所写内容真实可信性的作用；而由于这类文字并不明确表现强烈的怀旧情感，无论是对身为“前朝遗民”的部分写作者的政治安全还是对新朝王权的稳固来说，它都成了可以接受的稳妥的表达形式。

由于贯穿其书写始终的叙事策略，是把作者所熟悉并曾参与其中的故乡风俗，以及基于这种风俗的乡愁加以对象化的处理，因此，以冷静、客观的态度来呈现故国风情，成了这些著述的主要取向。为了达到这样的目的，这些作者在根据个人经历实录或广泛搜罗文献资料加以疏证的基础上，对文字采用了相似的处理方式，即保持“语言鄙俚，不以文饰”的特点，从而使得“上下通晓”（《东京梦华录》序）。尽管由于这种追求，《梦粱录》受到了一些诟病，认为它“用笔拖沓，不知所裁，未若泗水潜夫《武林旧事》之简而有要也”（朱彝尊曝书亭集“《梦粱录》跋”），但大多数评论者还是读懂并接受了它充分注重并着意表现民俗语言特征的做法，如《四库全书总目提要》所云："是书……详于叙述，而拙于文采，俚词俗字，展笈纷如，又出《梦华录》之下。而观其自序，实非不解雅语者，毋乃信刘知几之说，欲如宋孝王《关东风俗传》，方言世语，由此必彰乎。"

在书写中注重民俗语言特征的做法，以及《东京梦华录》作者在自序中所表现出的求真精神（"然以京师之浩穰，及有未尝经从处，得之于人，不无遗阙。倘遇乡党宿德，补缀周备，不胜幸甚"）无意中表现出了与现代民俗学所强调的田野记录原则相吻合之处。或许我们可以说，这些先辈民俗志作者所开创的传统，构成了我们后世研究者所遵循的规范之一。

第三节　家乡民俗志的记述与表达策略

从具体的记述和表达策略来看，这类家乡民俗志又都具有这样一些特征：按照时间顺序或以时序与空间秩序相结合的方式来展开；概括描述与个人经验记录的融合；冷静描写与热情歌咏的结合；对官方礼仪与民间生活实践的一视同仁。

按时间或时间与空间分布相结合的顺序来展开记述，是古代许多民俗志书共有的特征，家乡民俗志的写作也体现了这一特征。《荆楚岁时记》作为一部岁时民俗专书，[①] 其记述体例即遵循时序，细致记录、疏证了从正月元日至十二月除日的20余项重要节俗。这种以时序为脉络的写法，是对中国一向重视的时间记述传统的延续，也开创了后世岁时著作以时序为线索来展开的叙事方式之先河。[②]《东京梦华录》和《梦粱录》中都有大量篇幅是按照时间线索对重要节俗的描述。除此之外，这

① 张紫晨：《中国民俗学史》，长春：吉林文史出版社，1993年版，第185页。

② 萧放：《〈荆楚岁时记〉研究》，北京：北京师范大学出版社，2000年版，第122、154页。

两部有关帝都民俗的志书，还对都城一般的市井习俗、商贸活动和宫廷、官府的重要礼仪，按照城市布局，进行了详细描写，极力渲染和描绘了故都的繁盛，客观上又衬托出对繁华不再的无比怅惘。

在记述各种风俗之时，作者往往是以概括的笔法来追忆过去家乡的生活文化，从中可以看出力求客观的、把自己的生活传统对象化的努力。例如，

> 正月一日是三元之日也。《春秋》谓之端月。鸡鸣而起，先于庭前爆竹，以辟山臊恶鬼……立春之日，悉剪彩为燕戴之，帖“宜春”二字。(《荆楚岁时记》)

> 每日交五更，诸寺院行者打铁牌子或木鱼循门报晓，亦各分地分，日间求化。诸趋朝入市之人，闻此而起。诸门桥市井已开，如瓠羹店门首坐一小儿，叫饶骨头，间有灌肺及炒肺。酒店多点灯烛沽卖，每分不过二十文，并粥饭点心。亦间或有卖洗面水、煎点汤茶药者，直至天明。其杀猪羊作坊，每人担猪羊及车子上市，动即百数。如果木亦集于朱雀门外及州桥之西，谓之果子行。纸画儿亦在彼处，行贩不绝。其卖麦面，每秤作一布袋，谓之“一宛”，或三五秤作一宛，用太平车或驴马驮之，从城外守门入城货卖，至天明不绝。更有御街州桥至南内前趁朝卖药及饮食者，吟叫百端。(《东京梦华录》卷三)

> 仲春十五日为花朝节，浙间风俗，以为春序正中，百花争放之时，最堪游赏，都人皆往钱塘门外玉壶、古柳林、杨府、云洞，钱湖门外庆乐、小湖等园，嘉会门外包家山王保生、张太尉等园，玩赏奇花异木。最是包家山桃开浑如锦障，极为可爱。此日帅守、县宰，率僚佐出郊，召父老赐酒食，劝以农桑，告谕勤劬，奉行虔恪。天庆观递年设老君诞会，燃万盏华灯，供圣修斋，为民祈福。士庶

> 拈香瞻仰，往来无数。崇新门外长明寺及诸教院僧尼，建佛涅胜会，罗列幡幢，种种香花异果供养，挂名贤书画，设珍异玩具，庄严道场，观者纷集，竟日不绝。(《梦粱录》卷一)

但由于这些著作均是在个人经验基础上的实录，其中又不可避免地带有个性化体验的色彩。例如，《荆楚岁时记》在记述正月初七习俗时提到："正月七日为人日。以七种菜为羹；剪彩为人，或镂金箔为人，以贴屏风，亦戴之头鬓；又造华胜以相遗；登高赋诗。"其中的"登高赋诗"，显然是作为文人墨客的作者个人或相关群体经历的体现，而并非普遍流行的一般习俗活动。这种个体化的经验记述，在《东京梦华录》中尤有突出的表现：

> 冬至前三日，驾宿大庆殿……是夜内殿仪卫之外，又有裹锦缘小帽、锦络缝宽衫兵士，各执银裹头黑漆杖子，谓之"喝探"。兵士十余人作一队，聚首而立，凡十数队，各一名喝曰："是与不是?"众曰："是。"又曰："是甚人?"众曰："殿前都指挥使高俅。"更互喝叫不停。或如鸡叫。置警场于宣德门外，谓之"武严兵士"。(《东京梦华录》卷十)

与该书大多概述性的文字不同，这段生动描写具有明显的个人特殊体验痕迹，尤其是在警卫口令中明确提及"高俅"的名字。实际上，综合全书来看，作者孟元老在述及各种民间习俗的时候，往往都是概括性的描述，而每当论及宫廷礼俗，却大都表现为对一个场面或一次特殊事件的记录，这或许同他对这些事件的了解不够有一定关系。如赵师侠在该书跋文中所指出的："幽兰居士记录旧所经历为《梦华录》，其间事关宫禁典礼，得之传闻者，不无谬误，若市井游观，岁时物货，民风俗尚，则见闻习熟，皆得其真。与顷侍先大父与诸耆旧，亲承謦欬，校之此录，多有合处。"

相比之下，《梦粱录》对同类活动的描写，则更为概括，尤其是其中的“殿前都指挥使”，由《梦华录》中特指的“高俅”变成了泛指的“某某”：

> 更有裹绿小帽、服锦络缝宽衫兵士，十余人作一队，各执银裹头黑漆杖子，谓之“喝探兵士”，聚首而立，凡十数队。各队一名，喝曰：“是与不是?”众声答曰：“是。”又曰：“是甚人?”众声应曰：“殿前都指挥使某人。”及喝五使姓名，更互喝叫不停声。或作鸡鸣，是众人一同喝道。自初更至四更一点方止，此谓之“禁更”。前人诗咏之曰：“将军五使欲来时，停着更筹问‘是谁?’审得姓名端的了，齐声喝道不容迟。”又置警场于丽正门外，名为“武严兵士”，以画鼓画角二百，其角皆以彩帛如小旗脚结其上。(《梦粱录》卷五)

《梦粱录》不仅对各种风俗的记述都极为概括，书中还引用了大量的诗词、谣谚和典籍等，对相关习俗进行综合的疏证。例如，“五日重午节……兼之诸宫观亦以经筒、符袋、灵符、卷轴、巧粽、夏橘等送馈贵宦之家。如市井看经道流，亦以分遗施主家。所谓经筒、符袋者，盖因《抱朴子》问辟五兵之道，以五月午日佩赤灵符挂心前，今以钗符佩带，即此意也。杭都风俗，自初一日至端午日……或士宦等家以生硃于午时书‘五月五日天中节，赤口白舌尽消灭’之句。此日采百草或修制药品，以为辟瘟疾等用，藏之果有灵验。杭城人不论大小之家，焚烧午香一月，不知出何文典”(《梦粱录》卷三)。对一些习俗，作者往往试图通过文献来解释其来源；有些习俗，无法清理出相应线索的，则说“不知出何文典”①。这使得该书已超出一地民俗志书的性质，更像一部综合

① 在这里，作者似乎显示出一种偏见，即认为所有风俗皆产生于某一重要文献的影响，却忽略了不少文献实际上往往来自对习俗的总结。

的区域风俗考证著作。

“直陈其事”的客观记述方式，显然有益于加强书写的客观性和可信度，然而，即使是在《梦粱录》这样一部看似冷静描写和考证的著作中，我们也可以看到字里行间跃动的个人好恶，以及对故土人文的自豪与难以抑制的赞美之情：

> 自淳咸年来，衣冠更易，有一等晚年后生，不体旧规，裹奇巾异服，三五为群，斗美夸丽，殊令人厌见，非复旧时淳朴矣。但杭城人皆笃高谊，若见外方人为人所欺，众必为之救解。或有新搬移来居止之人，则邻人争借动事，遗献汤茶，指引买卖之类，则见睦邻之义，又率钱物，安排酒食，以为之贺，谓之“暖房”。朔望茶水往来，至于吉凶等事，不特庆吊之礼不废，甚者出力与之扶持，亦睦邻之道，不可不知。(《梦粱录》卷十八)

类似的情绪，在《东京梦华录》中表现得尤为突出：“凡百吉凶之家，人皆盈门，其正酒店户，见脚店三两次打酒，便敢借与三五百两银器。以至贫下人家，就店呼酒，亦用银器供送。有连夜饮者，次日取之……其阔略大量，天下无之也。以其人烟浩穰，添十数万众不加多，减之不觉少。所谓花阵酒池，香山药海。别有幽坊小巷，燕馆歌楼，举之万数，不欲繁碎。”（《东京梦华录》卷五）特别是其中所谓“其阔略大量，天下无之也”，自豪与赞美，溢于言表。而由于这些著述总体的风格是客观化的描述和抽绎，因此，这种偶然的情感流露显得既自然又格外真挚。

《东京梦华录》和《梦粱录》两书均有这样的特点：既记述皇宫官宦礼仪，又记述民间礼俗，二者在著述中处于同等重要的地位。这同作者过去的官宦人家身份的影响有关，客观上也体现了对文化规律的遵循，即一种文化传统往往为民族内部所有成员共同遵守和传承，尽管其具体活动形式会有所差异。作为前朝遗民，这些作者通过记录作为前朝重要标志的皇室礼仪来表达对前朝的留恋，似乎是他们义不容辞的责任。另一方面，对于皇宫种种礼仪的津津乐道，或多或少也体现了他们自高身份的心理——尽管成为离乡背井的“遗民”，但他们熟知过去的上层礼仪，曾经是有地位的人。这对处于陌生异地、深怀乡愁的作者而言，不仅具有精神安慰的作用，也可能成为他们适应新的社会环境与人际关系的资本。当然，尤为重要的是，它还具有通过上层阶级的活动来规范节序仪式的意义，也就是说，通过细致描写皇室的一系列活动，使有关时间规律的仪式化行为得到更为明确、更为强化的认识。

以上特征的存在，使得这些著述在表面客观、冷静的呈现中，总是带有个人体验的色彩，带有或深或浅的主观情感的印记。就像有的文学评论者所指出的：“故乡的原型意象，情感的物化，如日月星辰、井泉山河、雨雪雷电、田园花木、门窗庭除、禽鸟牲畜、家具摆设、酒食酿器、稼禾炊烟、器乐歌舞乃至祭台墓冢等等，‘一箪食，一瓢饮’，一草一木，无不构成中国乡愁文学作品内容中的常态原型意象。”① 虽然没有直抒胸臆地言愁、言恨，但是一草一木总关情，在对故乡生活文化传统极力克制的描写和对象化的处理当中，乡愁与离散之情反而沉淀得更为深沉，更为隽永。

与故土的离散，给身为离散者的民俗志作者提供了一个在对比中反观自己家乡的不同视角，进而使家乡成为一个“对象化”的存在，一个可以从一定距离之外加以观察、描述和表现的客体。这种对比的视角和相应的叙述策略，成为中国历代民俗志所沿用的一种书写模式。在现代民俗学兴起之后，许多中国民俗学者自然而然地采用了以家乡民俗为研究对象的做法，并由此形成了这个学科中的一个长期而连贯的重要流派，究其根源，可以说，同古代民俗志中有关家乡书写的传统有着不可分割的关系。

---

① 张叹凤：《中国乡愁文学研究》，成都：巴蜀书社，2011 年版，第 95 页。

第二章　从家乡走出的中国现代民俗学

关于中国现代民俗学，总结、描述其起因和发展过程、概括其理论成就和方法特征的论著，包括论文和专著，目前能够看到的已有不少，而且大都在一些问题的论述上得出了颇有见地的结论。[①] 不过，对于中国民俗学从开始确立到发展至今的过程中一以贯之的家乡民俗研究潮流，却鲜有人注意。这种以研究者围绕自己家乡民俗展开调查和研究为基本特征的研究取向，构成了中国民俗学的半壁江山。总结和认识这种潮流，对我们进一步反思中国民俗学的发展道路、完善中国民俗学自身的理论建设，都将具有重要的意义。本章将围绕这方面的问题展开探讨。

第一节　家乡：一个自明的概念和自然的调查场所

中国现代民俗学的兴起，可以看作一场自上而下的思想革命。它是

---

① 例如，钟敬文的《"五四"前后的歌谣学运动》（原载《民间文学》1979年第4期，收入钟敬文：《新的驿程》，北京：中国民间文艺出版社，1987年版）、《五四时期民俗文化学的兴起》（原见《五四运动与中国文化建设——五四运动七十周年学术讨论会论文选》，北京：社会科学文献出版社，1989年版，收入钟敬文：《民俗文化学：梗概与兴起》，北京：中华书局，1996年版）；张紫晨的《中国民俗与民俗学》（杭州：浙江人民出版社，1985年版）；［美］洪长泰的《到民间去——1918～1937的中国知识分子与民间文学运动》（董晓萍译，上海：上海文艺出版社，1993年版）；赵世瑜的《眼光向下的革命——中国现代民俗学思想史论（1918～1937）》（北京：北京师范大学出版社，1999年版）。等等。

在一批具有远见卓识的精英知识分子的积极倡导以及地方知识分子的积极参与之下开始的。在新文化运动的浪潮中，处在上层的精英知识分子，逐渐认识到了民间文化在民族文化建设中的重要价值，开始对这一历来受到上层阶级鄙视、排斥的文化现象投入浓厚的兴趣和热情的关注。1918 年初，北京大学教授刘半农、沈尹默在蔡元培校长的支持下，发起了以北大的名义向全国征集歌谣的活动。从此拉开了中国歌谣学运动也即民俗学运动的序幕。其后成立的北大歌谣研究会及该会创办的《歌谣》周刊，则把这场运动推向了深入。一批理解民间文化之价值、热心民间文化之研究的北大教授和学生，成了歌谣学运动的核心领导力量。在他们的积极宣传、推动之下，从 1918 年年初开始，越来越多的地方知识分子也逐渐转变了观念，对民间文学、民俗这种特殊文化现象的价值日益有了正面的认识，并积极投入歌谣等民间文学作品的搜集工作当中，他们中的不少人都成了早期中国民俗学运动的积极推动者和中坚力量——就这一点而言，我们称歌谣学运动为启蒙运动，与其说是指启了作为民俗主体的民众之蒙，还不如说是启了历来对“民众”怀有某种偏见的广大知识分子之蒙。

开始歌谣征集的活动之后，《北京大学日刊》连续刊发了刘半农编选的《歌谣选》共 148 首①，与此同时，到 1922 年《歌谣》周刊创刊为止，歌谣征集处还通过教育界同人征集到了全国 22 个省份的两三千首歌谣。到了 1924 年 5 月，则征集到全国各地歌谣、谚语、谜语等 11000 多首。② 这场运动声势之浩大、影响之广泛、成就之卓著，由此也可见一斑。

如此丰富的民间文学作品，其搜集主要依赖的是全国各地的爱好者和参与者，他们可以说是歌谣学运动的基础力量。正是由于这些分布在各地的积极分子与运动领导者的共同努力，才促成了这场运动的繁荣。

值得注意的是，这些人员的调查工作开始时大都是在自己的家乡进行的。后来成为中国民俗学的奠基人之一的钟敬文先生，就是其中的一

① 胡适：《复刊词》，《歌谣》第 2 卷第 1 期，1936 年 4 月 4 日。
② 张紫晨：《中国民俗与民俗学》，杭州：浙江人民出版社，1985 年版，第 307 页。

个典型代表。

歌谣学运动兴起之后，从北京到地方的许多报刊，都开始刊载歌谣、故事等民间文学作品。这让越来越多的知识分子对歌谣等民间文学体裁有了感性的认识，这种认识，加上运动领导者在理论和方法上的引导，逐渐普及了关于歌谣乃至整个民俗学的知识。越来越多的人开始注意到，自己身边的生活中就有许多鲜活的、值得重视的民间文学作品，于是，自然而然地开始了对家乡民间文学的搜集工作。

钟先生早年的情况也不例外。在1922～1926年期间，从陆安师范学校毕业后任教于家乡公平镇等地的钟敬文先生，受歌谣学运动的感召，开始了民间文学作品的搜集、记录以及初步探索的工作。三四年中，他采集了大量的歌谣作品，其中既包括普遍流行的一些文本，又包括在海丰境内不同民族或人群中流行的一些内容，如畲歌、客音山歌、沿海居民及疍民的咸水歌等。这些作品中的一部分曾发表在当时的《陆安日报》上，后来均收入他所编的《客音情歌集》《疍歌》《山歌选》和《畲歌集》等集子。同时，他还陆续把所集歌谣中的部分作品投寄给了《歌谣》周刊。几乎与搜集歌谣的活动同时，他又进行了民间故事和传说的采集工作。他后来把搜集到的传说、故事编成了两个集子，第一部总名为《陆安民间传说集》，其中曾有14篇于1925年陆续发表在北大研究所《国学门周刊》，但可惜全书未能出版。第二部为《民间趣事（第一集）》，于1926年由北新书局出版。这大量的作品都是他在自己家乡搜集到的，如他多年后所回忆的："材料的供给者，有家族的成员，我的二嫂的肚子就是一个故事、歌谣的材料库；有朋友和旧同学；还有，就是我教学班上的学生……"①

随着不断进行采集工作，他对这类文学的研究兴趣也逐渐高涨了起来。于是，除了继续不断把自己采录的作品寄往《歌谣》之外，他又撰写了总名为《歌谣杂谈》的一批研究文章，从第67期的《歌谣》开始，

① 钟敬文：《自序》，见张振犁编纂：《钟敬文采录口承故事集》，郑州：黄河文艺出版社，1989年版，第2页。

陆续发表在了该刊。从此，钟敬文先生逐渐由一个爱好者、热心参与者，变成了中国民俗学运动的中坚力量和领导者。

对于地方知识分子以家乡民俗为主要搜集对象的潮流，民俗学运动的发起者，从一开始就予以了倡导和支持。1918 年初由刘半农草拟、分寄各地并在《北京大学日刊》发表的《北京大学征集全国近世歌谣简章》，列出了两条征集方法，一条是："本校教职员学生各就见闻所及，自行搜集。"另一条是："嘱托各省官厅转嘱各县学校或教育团体代为搜集。"① 这实际上就鼓励了进行家乡民间文学作品搜集的行动。而 1923 年由歌谣学运动的领导者为主成立的北京大学风俗调查会，所制定的关于调查方法的决议当中，更是提出了明确的主张，强调进行实地的民俗调查时，"调查者尤当以其人之生长地为标准"。②

不仅如此，运动的主要发起者中，也有不少人身体力行地进行了家乡民间文学的调查搜集工作。例如，刘复在 1919 年 8 月自北京回故乡江苏江阴途中，从船夫的口中搜集到了 20 多首歌谣，后来结集成册，题名《江阴船歌》。常惠也曾经在家人中采集过歌谣。③ 顾颉刚在这方面的活动则尤为突出。他在 1918～1919 年从北京大学休学回乡养病期间，进行了搜集歌谣的工作，采访对象包括自己的祖母、家中的小孩、保姆、邻居以及朋友，等等，他的夫人殷履安女士也帮他在娘家搜集了不少。一年中，他一共获得了 200 多首歌谣，还连带着采集了不少谚语和方音方言。④ 这些歌谣中的大部分后来结集成了《吴歌甲集》，作为北大歌谣研究会"歌谣专集"中的第一部正式出版。这部歌集在记录方法之严谨确当、编纂体例之系统规范等方面，都达到了很高的水平，在中国现代民间文学史上占有十分重要的地位。

① 《北京大学征集全国近世歌谣简章》，《北京大学日刊》第 61 号，1918 年 2 月 1 日。

② 参看容肇祖：《北大歌谣研究会及风俗调查会的经过》，《民俗》1928 年第 15～16 期合刊、第 17～18 期合刊。

③ 常惠：《我们为什么要研究歌谣》，《歌谣》第 2 号，1922 年 12 月 24 日。

④ 顾颉刚：《吴歌甲集·自序》，《歌谣》第 97 号，1925 年 6 月 28 日。

第二节　早期民俗学家乡研究的实践者及其遭遇的问题

在学科初始阶段，大多学者的搜集工作集中在家乡进行，很大程度上可以看作中国古代“家乡民俗志”传统的一种自然延续。从具体的原因来说，它大概又同相关经验的积累比较欠缺、研究者缺乏专门的调查时间，因而接近其他地区风俗的机会相对较少，以及故乡对于搜集者有着各个方面的便利等有关。随着学科的发展，随着民俗学运动的主要人物活动范围的日益扩大以及研究程度的日益深入，愈来愈多的学者进行了关于自己家乡或民族以外的调查和研究，出现了一大批重要的相关著作，例如顾颉刚的《东岳庙的七十二司》《妙峰山》、杨成志的《安南人的信仰》、江应樑的《广东瑶人之宗教信仰及其经咒》《瑶人之衣饰》、钟敬文的《金华斗牛的风俗》等。但是，家乡民俗的研究却仍然在学科中占有相当大的比重。这种从民俗学发轫之初就形成的传统，实际上一直贯穿在这门学科的发展过程中，构成了中国民俗学的一个显著特征。

从今天的情形来看，在全国各地，许多地方的民俗学研究者基本上是以自己的家乡民俗为研究对象的。从20世纪80年代开始在全国范围进行的“民间文学三套集成”的普查工作，在很大程度上正是利用了这样的资源优势。在高校，不少民俗学研究生的硕士或博士学位论文，也都是关于自己家乡乃至自己家人的调查和分析。①

这种传统得以延续的根本原因，同家乡研究自身所具备的独特优势有直接的关系——关于这一点，我们将在下文做进一步的讨论。此外，

---

① 例如，巴莫阿依的《彝族祖灵信仰研究》（成都：四川民族出版社，1994年版）、拙著《天人之际的非常对话——甘肃天水地区的农事禳灾研究》（北京：中国社会科学出版社，2003年版）、黄涛的《语言民俗与中国文化》（北京：人民出版社，2002年版）、祝秀丽的《村落故事讲述活动研究——以辽宁省辽中县徐家屯村为个案》（北京：中国社会科学出版社，2013年版），等等。这些博士论文，都是针对研究者本族或家乡的民俗事象的调查和分析。

它也同学科主要领导人物长期的重视、倡导有关。这一点，突出地体现在钟敬文先生的身上。

显然，钟敬文先生早期在家乡进行的民间文学搜集活动，对他后来的民间文艺学、民俗学思想乃至中国民俗学的发展道路产生了深远的影响。晚年时，以耄耋之年继续工作在教学和科研第一线的钟先生，在不断积极探索学科前沿问题的同时，始终对扎实的田野工作颇为重视，他曾在多种场合高度评价那些经过踏实调查写出高质量的民俗志的地方学者，认为他们所做工作的重要性不亚于科班出身的学者们的研究，其中有的甚至比后者的价值还更为重大。由于钟先生的特殊地位和影响，这种评价，既极大鼓励了那些在各自家乡进行调查研究的学者，也无形中进一步推广了民俗学的家乡研究。而在指导研究生时，钟先生则十分重视培养汉族以外的其他民族的学生，他希望这些民族能够有自己的学者来研究自己的民俗。同时，对于学生们进行本民族或自己家乡民俗研究的意愿，他也予以了积极的引导、支持和鼓励。

钟敬文先生之所以这样做，缘于他对研究者进行家乡研究的重要价值有着清醒的认识。他曾引用柳田国男的说法，以“土著之学”来概括这种研究，并指出，作为当地人来研究当地的民俗文化，占有很大优势，因为他从小就见闻、经历过这些文化现象，能够容易而又准确地理解其中的深刻内涵。因此，这种研究在民俗学领域是值得提倡的。① 这一概括，可以说非常敏锐而准确地抓住了民俗学家乡研究最为关键的优势。

然而，可惜的是，除了钟敬文先生的这种论述，对于在中国民俗学发展史中占有重要位置的家乡民俗研究，向来却鲜有集中讨论。

在现代民俗学兴起之初，民俗学运动的领导者就已经认识到了实地调查对于学科的重要性。他们指出：“依民俗学的条件：非得亲自到民间

---

① 参看钟敬文：《民间信仰研究的新成果——序安德明博士〈甘肃天水的农事禳灾研究〉》，《民族艺术》2001 年第 4 期，第 30 ~ 36 页；又见钟敬文：《婪尾集》，北京：新世界出版社，2002 年版，第 229 ~ 238 页。

去搜集不可；书本上的一点也靠不住，又是在民俗学中最忌讳的。”① 同时，对于调查、搜集的许多技术性问题，他们也都给予了积极的探索，并制定了切实可行而又周密的规则，其中的一些见解在今天看来也十分高明。例如，要求搜集歌谣时“歌辞文俗一仍其真，不可加以润饰，俗语亦不可改为官话”，“一地通行之俗字为字书所不载者当附注字音，能用罗马字或 Phonetics 尤佳”，“有其音无其字者，当在其原处地位画一空格如□而以罗马字或 Phonetics 附注其音，并详注字义以便考证”。② 等等。但是，关于田野调查的系统的理论和方法，却始终没有深入的论述。洪长泰指出：

> 在采集技术或研究理论的方法上，无论中文著述或外文译作，都缺乏学科专业化的东西。这个漏洞说明，这一被当代民间文学界视为关键性的方法论问题，在二十年代的中国学者中间还考虑得很少。他们不曾发生这样的疑问：面对歌谣、传说、谚语等不同的民间文学体裁，是否需要采取不同的收集整理方法？收集者怎样才能在偏僻闭塞的乡村、在不致使农民惶恐、掩饰的条件下开展工作？怎样才能使民歌手信任自己，在自己面前摆脱羞涩陌生的感觉，放声演唱他们心中的那些从前被嘲弄的民歌？人们是否应该接触男性、女性和儿童等不同对象以获取不同的信息？是否应该记录每个原始讲述人的姓名、性别、年龄和背景（经历）？收集者在收集之前，是否应该先熟悉当地的历史和风俗习惯？在一个新的、陌生的环境中，怎样解决语言障碍问题？以及什么样的翻译方法才适当？等等。③

这段话中的一些提问，是非常切中中国现代民间文学运动的要害的，

① 常惠：《我们为什么要研究歌谣》，《歌谣》第 2 号，1922 年 12 月 24 日。
② 《北京大学征集全国近世歌谣简章》，《北京大学日刊》第 61 号，1918 年 2 月 1 日。
③ ［美］洪长泰著，董晓萍译：《到民间去——1918 ~ 1937 的中国知识分子与民间文学运动》，上海：上海文艺出版社，1993 年版，第 89 ~ 90 页。

而这样的一些问题，至今也没有在中国民俗学领域得到很好的解答。也许，我们可以说，因为早期中国民俗学的许多参与者都是以“局内人”（insider）的身份进行搜集工作的，所以不存在如何使自己适应调查环境和调查对象的问题，或者至少这样的问题并不是十分突出、十分紧迫，而相关的解答自然也就不会很多了。但由此却又引出了我们的另一个问题，那就是：对于研究者进行家乡民俗研究本身可能存在的困难、优势以及它的特征等，为什么也没有系统的理论探索呢？

其实，在进行民间文学搜集的过程中，许多学者还是遇到或意识到了这样那样的问题。例如，常惠谈到，刘经庵在河南调查歌谣时，“去问男子，他以为是轻慢他，不愿意说出；去问女子，她总是羞答答的，不肯开口”。常惠先生自己，“到民间去搜集，大概总是不肯说的多。不是怕上洋报，就是来私访的，或者是失了他自己的体统……我到家中去访问歌谣：有的说我是孩子气，有的说我是疯子。只有我的侄女还肯给我唱了很多……还有一天，一个要饭的在门外唱，我就把他请进来，倒闹得他立坐不安了。但他着实给了我不少的材料”。[①] 何植三则谈到，自己在回故乡时，也极想搜集一些歌谣。但故乡正闹土匪，人心惶惶，人们平常谈的都是木壳枪的用法和火药的制造法，他去向他们请教歌谣，结果被当作怪人和不识时务的傻子看。后来他在嘉兴亲戚家，听见小孩子唱歌谣，可是不懂嘉兴话，“只得用蜜语哄，许买橘子，请唱一句记一句”。但记了一半，亲戚插了句话，孩子便再也唱不下去，怎么哄也不起作用。他由此得出这样的可贵认识：“歌谣是情感所产生，故它的复现，须唱者兴致激发、随时随口唱诵，我们遂得乘机记录；否则，他们固然记不起来，我们也无从记录。但这与时间很有关系，非寄迹民间，随时随地留心，当件终身事业做不可……”[②] 而研究者在自己家乡进行调查，还可能遇到在其他地区不一定遇到的困难。为《歌谣》周刊积极投稿的

① 常惠：《我们为什么要研究歌谣》，《歌谣》第2号，1922年12月24日。

② 何植三：《搜集歌谣的困难》，《歌谣》第29号，1923年10月21日。

昆明学者孙少仙就曾谈到，自己在家乡搜集并发表歌谣，招惹了乡人的不少误会。有人写信给他，说：“社会上有许多人咒骂你，古人说得，‘丑猫丑狗护三村。’你读了十多年的书，干吗连这点都不知道？你投些歌谣登载出来，成什么体统？我们几十村的坏处，你都告诉全国人知晓……”甚至还有人因为他刊登了一首关于那人的歌谣而威胁说要报复。① 这诸多在采录搜集中遇到的困难和障碍以及相关的心得，本身就是民族志研究的重要经验，就如何应对和解决这些困难做深入的探讨，应该是可以发掘出一系列的理论来的。但是，这种工作却并没有充分展开。

这种状况，大概主要是由于这样几个方面的因素造成的：首先，歌谣学运动的发起者，虽然强调搜集歌谣有“学术的”和“文艺的”两个目的，但他们对于“文艺的”目的，也即建设“民族的诗”的热情，显然要远远大于前者。其次，民俗学运动开始之时许多具有较高理论素养的学者，其注意力并没有完全集中在民俗学学科的建设方面。这些学者大都来自其他的学科，他们从各自学科的角度对民间文学、民俗给予了关注，比如，或者关心其中的史料价值，或者关注其中的方言方音特征，等等，而对民俗学本身的思考却并不很充分。再次，同学者们对于民间文化急剧消失之状况的担忧以及对搜集和保护这种文化之紧迫性的强调有关。他们认为：“文化愈进步，歌谣愈退化……如果现在不赶快地去搜寻，再等些年以后，恐怕一首两首都是很难的了。”② 这就使他们把主要的注意力集中在了“抢救”歌谣作品或文本本身，而无暇顾及其他方面的问题。这方面的原因，一定程度上也可以看作国际民俗学领域早期总体学术取向的一种体现；20 世纪六七十年代以前，民俗学或民间文学研究中占主导地位的研究视角，都是以文本为中心，而很少甚至几乎不去

---

① 孙少仙：《研究歌谣应该打破的几个观念》，《歌谣》第 43 号，1924 年 1 月 27 日。
② 常惠：《我们为什么要研究歌谣》，《歌谣》第 2 号，1922 年 12 月 24 日。

关注相关的语境信息。[①]

但无论如何，这样的状况使得中国民俗学丧失了不断进行自我总结和反省的机会，可以说也是造成当前我们的民俗学理论建设十分薄弱的一个主要原因。

与此形成鲜明对照的是，中国早期的人类学中也出现了以研究者家乡为主要对象的研究成果，这些成果则对作为一种方法的家乡研究有着自觉的反思。费孝通的研究，就是这方面最突出的例子。

1935 年，费孝通取得公费留学资格，出国前赶往广西大瑶山调查时误入虎阱受伤。次年伤势好转后，他回家乡吴江养伤，并利用余暇时间在开弦弓村进行调查和研究。

在作于 1936 年的《这次研究工作的动机和希望》一文中，他对自己这项研究的目的做了细致说明：一方面是为了继续亡妻研究中国社会组织的未竟事业；另一方面，更是为了证明，民族志的方法也可以用于中国本地的“文明”社区的研究，而不只是如一般所误解的那样只能应用于文化较简单的所谓“野蛮”社区。[②] 可见，如果说他此前在广西少数民族地区的调查，还是本着研究陌生的、“非文明”社区的思路，那么，在开弦弓村的调查已经完全抛弃了过去的设想。这种打破民族志研究“文野之别”[③] 的自觉追求与调查，为他后来在伦敦经济学院期间完成博士论文《江村经济》、并由此开创中国人类学自觉的本土研究实践奠定了重要基础。对于以熟悉的家乡地区为研究对象的做法，他也有更多方法上的深入总结和反思：“选择对象时，还要考虑入手工作的方便问题。像我这次工作有了时间上的限制，更不能走到一个‘须学习之后才能通话’的地方，也不能走到一个‘须住久之后才能自由访问、观察’的地

---

① 参看杨利慧、安德明：《美国当代民俗学的主要理论和方法》，见周星主编：《民俗学的历史、理论与方法》，北京：商务印书馆，2006 年版，第 595 ~ 638 页。

② 费孝通：《这次研究的动机和希望》，见费孝通：《费孝通文集》第一卷，北京：群言出版社，1999 年版，第 369 ~ 372 页。

③ 江苏省苏州市吴江区七都镇开弦弓村志编纂委员会：《开弦弓村志》，北京：方志出版社，2017 年版，第 38 页。

方。所以我须选择一个我一去立刻可以开始工作的区域。因之我决定来‘开弦弓’。……我的姊姊曾在这里开始她的‘复兴蚕丝业’的工作，她和这地方的关系已有10多年，没有一家农民不信任她。由她介绍，我可以得到很多的方便。”①

或许可以说，两门有着密切关联的学问兴起之初在处理同类问题时表现出的这种对照，为中国民俗学后来的发展预留了更加广阔的空间。

第三节　从“家乡”到“本土”：研究范围的扩大

不过，在西方民族志研究领域，关于家乡民俗的研究却是随着西方哲学思潮的巨大变化，经历过很长一段时间的学术反思和理论争鸣之后，才逐渐开始为学界所接受的。在民族志研究兴起的早期，占主导地位的观点是：民族志是一门“文化科学”，通过田野调查和研究者的努力，我们能够发现客观的“真实”和科学的文化规律，发现人类社会的普遍特性。因此，研究者应该到陌生的异文化当中去进行田野作业，以寻找和发现有关人类社会与文化的“科学理解”，因为只有在异文化当中，研究者才容易保持客观的立场。这样的一种观点，在很长一段时间内都占据着统治地位，成了所有民族志学者不敢违背的指导原则。受这种观点的支配，研究者关于自己文化的研究，一直是被排斥、被禁止的，其主要的理由就是，研究者会因为过于熟悉自己的文化、对这种文化熟视无睹而忽略了其中的某些重要因素，更会因为主观因素的过多参与而破坏了研究的客观性。

20世纪60年代以来，随着学术的发展，传统民族志所追求、标榜

① 费孝通：《这次研究的动机和希望》，见费孝通：《费孝通文集》第一卷，北京：群言出版社，1999年版，第371～372页。

的田野调查的“客观性”“科学性”，日益受到了质疑。在解释学、结构主义、新马克思主义、后结构主义、后现代主义、女性主义、非西方主义等一系列自二战以后陆续兴起的新思潮的影响下，越来越多的人类学者和民族志学家开始认识到，田野调查和民族志写作总是不可避免地包含着诸多人的、主观因素和意识形态的影响，研究者永远也无法达到所谓“纯粹的客观和科学”，而只能是通过描述来表达自己对社会、文化、人生的阐释，揭示部分的真理。① 有的学者甚至断言：想要通过民族志的写作表现（represent）一种文化是不可能的。相反，民族志学者只能“唤起”（evoke）一种拒绝对该文化进行模仿的“审美整合”（aesthetic integration）或“话语碎片”（fragment of discourse），一种不可描述的非实体（non-entity）。② 这样的认识使得被追求“客观性”“普遍性”“真理性”等目的所遮掩和遏制的调查者的情绪、感受、经历等主观因素，开始越来越多地被当作严肃的话题引入学术研究领域，而研究者对自身文化的研究也不再因主客观之争而受到限制，从而逐渐打破了民族志研究中排斥自身文化的禁忌。

由此，出现了一大批以自身文化为研究对象的著作——包括许多民俗学方面的博士论文。这种研究被概括为“本土民族志”（Indigenous Ethnography）或“局内人民族志”（Insider Ethnography）。③ 例如，《美国文化中关于残疾人经历的口头叙事：偏见、少数派和民间群体》一书，其作者以残疾者的身份参与到一个残疾者群体之中，以一年半的时间进行调查研究，考察他们对于美国文化中关于他们之态度的认识以及这种认识的来源等问题。作者自认为其身份既是“局内人”又是“局外人”（outsider），因为他与自己的研究对象有着同样的残疾人的经验，但又不

① James Clifford, “Introduction: Partial Truths”, in Writing Culture, ed. James Clifford and George E. Marcus, pp1-26. Berkeley: University of California Press, 1986.

② Stephen Tyler, “Post-Modern Ethnography: From Document of the Occult to Occult Document”, in *Writing Culture*, pp122-140.

③ James Clifford, “Introduction: Partial Truths”, in *Writing Culture*, pp1-26.

属于所研究的那个特定团体，这使他的研究保持了一种独特的视角。① 又如，《关于休斯敦地区摩托车非法驾驶者的局内人民族志》，研究的是“非法摩托车驾驶者”（outlaw bikers）——一群因其行为方式常常违背基本的社会规范而被主流社会所斥责和批判的人群。作者自己本身就是一个“非法摩托车驾驶者”。在论文中她通过自己和休斯敦的三个“非法摩托车驾驶者”俱乐部成员的切身经历，以“局内人民族志”的方法，对这个特殊的人群进行了研究，提供了许多为外人难以知晓的关于这个特殊群体的历史、传说以及个人生活史等，为人们了解和理解这个群体，架设了一座桥梁。② 再如，在《局内人民族志：信仰者的两难境地》一书中，作者以一个五旬节派教徒（pentecostal）和民族志学者的双重身份，深入分析了五旬节派的布道中显示的民间信仰、五旬节派教徒们如何自己界定讲道法、五旬节派的传教士如何采用认识论的方式来准备他们的布道等问题。③

对于“局内人民族志”，也有着许多基于传统民族志立场的批评意见。《局内人民族志：信仰者的两难境地》的作者就谈到：“但是仍然会有一些学者对我的研究持否定意见，只是因为我是作为一个民间宗教团体中的一员而描写和研究那个团体。在他们看来，我仅仅是在提供见证而已……”④ 然而，各种批评却并不能阻止“局内人民族志”的研究日益成为一种潮流的现实。

---

① Marilynn J Phillips, “Oral Narratives of the Experience of Disability in American Culture (Prejudice, Minorities, Folk Group)”, Ph. D. diss., University of Pennsyvania, 1984.

② Betsy Lee Giusto, “Mi Vida Loca: An Insider Ethnography of Outlaw Bikers in the Houston Area,” ph. D. diss., Department of English, University of Houston, 1997.

③ Kenneth Randall DeShane, “Insider Ethnography: The Believer's Dilemma.” Ph. D. diss., University of Missouri - Columbia, Dec, 2000.

④ 同上书，第 11 页。

第四节　从自为走向自觉

中国民俗学当中的“家乡民俗研究”，与西方的“局内人民族志”有着相似的地方。但两者又有着关键的不同：前者是在缺乏理论总结的情形下无意识地走出的一条道路，后者则属于一种经过反省之后的学术自觉。这样，二者在理论系统、方法基础等方面有着较大差别，也就是自然而然的了。

今天，家乡民俗研究随着中国民俗学的创立和发展，已经走过了近一个世纪的历程并积累了丰富的实践经验，中外学术的交流也日益广泛和深入，以钟敬文先生为代表的一批民俗学者则发出了建设中国民俗学派自身的理论和方法体系的积极倡议，这一切，都为我们对中国民俗学中的家乡研究进行理论总结提供了充分的条件，也提出了迫切的要求。

那么，从中国民俗学中的家乡民俗研究，我们可以有什么样的发现呢？

首先，如上文所述，钟敬文先生提到的，家乡民俗研究具有得天独厚的优势。这些优势主要表现在以下几个方面：①理解的优势。因为研究者是对自己的家乡民俗进行调查，所以对于当地文化中只可意会不可言传的诸多微妙内容，都能够迅速领会和理解；对于各种习俗的特殊功能、意义，也都能够有准确、深刻的把握。②语言的便利。研究者可以自如地运用自己的母语，用方言与家乡的父老随意交流。在他们之间，不会有任何生僻的土语生词妨碍相互意思的表达，对于言语中通过某些句式的特殊运用、语气的变化等所表达的微妙情绪，调查者也都能够有比较准确的领会。这样的便利，可以说是在异文化当中进行调查的研究者很难具备的。③环境和人际关系的适应。在自己的家乡进行调查，不用像在其他地区那样，首先要去适应环境，努力建立与资料提供人之间默契、融洽的关系——这是进行异文化的田野研究时十分必要的基础工作，而要做好这一点，往往需要相当长的一段时间。但如果是在自己的家乡，对于环境自然会比较熟悉，与家乡父老之间也会有着相对稳定的人际关系，这将为研究者尽早顺利进入田野工作提供很好的铺垫。④心理上的舒适和生活上的适应。不少在异文化中进行田野的研究者，都有过不得不忍受生活的不适、心灵的孤独等煎熬的经历，而在自己的家乡，却很少遇到这样的困扰。上述这些优势，大概是中国民俗学从一开始就有大量进行家乡调查和研究的学者的内在原因。而北大风俗调查会当年把家乡民俗调查作为实地调查的基本原则来强调，大概也正是基于对这种调查之特殊优势的认识——它指出，之所以要这样做，是因为“中国幅员辽阔”。①

其次，进行家乡民俗研究的中国民俗学者的心理机制，具有十分值得分析的特点。那就是他与自己的家乡文化之间，存在着一种既相融合又相脱离的关系。一方面，他是处在家乡民俗文化氛围中的成员；另一方面，由于掌握了相关的学科知识，他在心理上又有一个“跳出”家乡的过程，具有了一种比其他身处那种民俗当中的普通人更广的视野、更高的眼光，因而能够把自己置身其间、习以为常的文化现象陌生化、对象化，对它加以观察和审视。以这样的眼光和视角，再“回到”自己的“母体文化”中，他们的学术触觉只会变得更加敏锐。这正是那些“家乡民俗学者”之所以能够完成大量外来学者难以完成的有价值的民俗考察和研究的一个起点。它也从一个侧面证明了，所谓的“学术眼光”，并不一定非得到完全陌生的异文化中才能够具有或保持。

再次，除了种种的优势，家乡民俗的研究也存在着一些不利的因素。我个人在进行这种研究时就曾遇到过这方面的问题：对于家乡的许多民俗事象，我常常自以为非常熟悉，但当要说明它的具体内容、具体意义时，却又总是发现在许多细节问题上，自己根本不了解。这种似是而非

① 参看容肇祖：《北大歌谣研究会及风俗调查会的经过》，《民俗》1928 年第 15 ~ 16 期合刊、第 17 ~ 18 期合刊。

的了解，虽然也曾对我理解一些相关的民俗学理论起到了直接经验上的参照和帮助，但在田野作业过程中，却往往会产生一种消极的影响，那就是常常因为自以为可能了解某种事象的全部内容，而放过了不少进行深入调查的机会。此外，有的时候，在调查中我还会不知不觉处在为家乡的民俗所左右、所引导的状态，以至于忘记或放弃了自己的目的和任务。例如，有一次我在考察求雨仪式时，本来准备好了照相机，打算为求雨队伍照相。但在活动现场，看到仪式举行者是那样的虔诚，干旱又是那样的严重，尽管没有任何人阻止我照相，我自己心中却产生了一种强烈的感应，让我无法对着那场所、那些乡亲们举起相机。这种感应就是：照相会破坏仪式的严肃性，从而影响到它的灵验性，因此我绝对不应该这样做。这样的问题，在进行异文化研究的学者那里，基本上是不存在的。但是，这并不能成为我们否定家乡民俗研究的理由。其实，只要在田野当中经常保持一种不断反省的习惯，随时发现自己可能出现的问题并加以调整，这些消极影响还是可以避免的。

事实上，在中国民俗学早期开拓者的具体实践中，也能够感受到对于家乡民俗研究取向一定程度的反思和拓展。在 1927 年为自己结集出版的《疍歌》（原名《蛋歌》）所做序言里，钟敬文谈到，仍然被许多人视为“化外民族”的疍民的歌谣实际上具有丰富的价值，即使抛开其民俗研究的价值，单就其艺术价值看，也具有相当的地位。本着这种认识，他对这类歌谣进行了专门的搜集，采集的对象主要有三个人：一位长期游历于南海沿岸的朋友，一位自己在小学任教时结识的工人，以及另外一位好友。[①] 这种搜集方式，自然是充分借助熟人关系并利用熟悉家乡地区语言、文化之便利的做法，但同时，在他同一时期完成的有关当地歌谣的研究性论著中，我们也可以看到试图突破狭义的家乡范围、在与更广阔的民族文化进行比较的视野中理解家乡民间文学事象的努力。例如，他 1926 年撰写的论文《客音的山歌》，主要以对自己的家乡广东地

① 钟敬文：《序言》，钟敬文编：《蛋歌》，上海：开明书店，1927 年版，第 15 ~ 18 页。

区客家人的山歌为基础展开讨论，但全文的目光并不局限于广东客家山歌，而是明确指出这类山歌也流传于广西、云南、江苏、浙江等地，并有着古老的历史。[①]

这种自觉比较的意识，可以说从一开始就植根于钟敬文的学术研究当中，因此，他对家乡民俗调查记录中存在的问题，尤其是对在更大范围展示相关文化事象时可能遭遇的困难，很早就有清醒的认识。在1928年发表的一篇论文中，钟敬文指出："记录民间文艺，以能保全本来面目为最上法。但如此，非用方言不可，而用方言记录民间故事，此刻在生长于说国语的区域之人，当然无甚问题。可是在我们方言很特别的闽广人，就觉得有点为难了。不但许多语言不容易记录出来，就是记了出来，看的人，也不见得容易懂与有兴趣去读。所以除了韵文，只好用国语来叙述，但有一个要紧的条件，就是，应该写得明白简当点。"[②] 在这里，已经清楚地体现了关于如何使家乡民俗普遍化，或者说如何使地方性知识融入更广泛的世界的积极思考，客观上，也体现了家乡民俗学者在把地方知识加以普及化的过程中所具有的中介作用。

总之，中国民俗学当中的家乡研究潮流，以其具体的实践证明了这样一个观念：民俗学实际上就是关于我们自己身边的生活的学问，而不是追逐奇风异俗的猎奇行为。同时，它也发展出了一套自己的实践经验。这些经验经过我们的总结和提炼，是完全可以成为民族志研究中具有独特属性的一种理论体系的。

---

① 钟敬文：《客音的山歌》，见《钟敬文民间文学论集》（下），上海：上海文艺出版社，1985年版，第300~305页。

② 钟敬文：《闽南故事集》（原载：《民俗》1928年第2期），见《钟敬文民间文学论集》（下），上海：上海文艺出版社，1985年版，第464~465页。

第三章　当家乡成为田野：伦理与方法

在围绕家乡民俗学问题进行讨论之时，有关“民俗学的家乡研究”或“家乡民俗学”这个命题的合理性，也成了值得深入思考的重点，其中尤其需要回答的问题是：所谓“家乡民俗学”，是不是一个伪命题？

之所以产生这个疑问，是因为上文有关家乡民俗学的基本思考，主要参照的是西方人类学的相关理论。但民俗学，特别是中国民俗学，与西方人类学有着十分不同的发展背景和学术传统。中国民俗学从一开始就是指向本土的、本文化的，其兴起同发现和张扬民族精神的目的密切相关；而西方人类学，则是在殖民主义的背景下产生，它从一开始就是针对殖民地的、异文化的。因此，中国民俗学从开始阶段就以对家乡的调查和研究为主要方式并由此形成一种传统，仿佛是一种不证自明、自然而然的结果，根本毋庸置疑。而西方人类学界所倡导的关于本土民族志或局内人民族志，则是在经历了长期以客观性、科学性为最高追求并禁止关于本文化的研究的过程之后才出现的，所以进行“本土文化”与“异文化”、“局内人”与“局外人”等的比较，在它那里才具有特殊的意义。就此而言，参照西方人类学本土民族志的相关理论来归纳和探究中国民俗学中的家乡研究，似乎其前提本身就不一定成立，更不要说做进一步的讨论了。

不过，即使只就中国民俗学家乡研究传统的发生和发展历史来说，其中还是有许多值得我们认真探询的问题。例如，中国民俗学在发展的早期，就在相当大的程度上受到了人类学的影响，经典人类学所强调的研究异文化、禁止关于熟悉文化之研究的规则，不可能不在民俗学者那里留下印象。但是，为什么从早期一直到现在，以“科学”“民主”为大旗的中国民俗学者，却始终没有对民俗学的家乡研究进行学理上的论证或反思，甚至连相关的疑问似乎都没有产生呢？与对异乡民俗的研究相比，家乡研究具有什么样的特征？既然这种研究取向构成了中国民俗学的一个重要基础，其特征又在多大程度上塑造了中国民俗学理论与方法上的特性？在家乡与在异乡进行研究，在方法上存在着什么样的差异？家乡研究当中有哪些需要注意的问题？等等。这一系列的问题，使得我们从“家乡”出发来思考中国民俗学的学科史及理论和方法特征，既有了根据，又有了必要，从而也间接证明了“家乡民俗学”这一命题的合理性。

第一节　家乡的对象化及民族志研究的学术伦理

近些年，随着研究视角和方法的不断拓展，国内学界出现了一批总结和反思家乡民俗学研究取向的著作，它们或梳理其历史，或比较其与异乡调查之间的优劣得失，或结合个人田野经验关注家乡研究者的角色转换与研究中的伦理问题①，从不同角度展开了对这一问题的探讨，也引起了更多同行对相关话题的兴趣。

---

① 例如，安德明的《重返故园——一个民俗学者的家乡历程》（南宁：广西人民出版社，2004年版）；《民间文化论坛专栏·家乡民俗学——从学术实践到理论反思》（安德明主持，包括吕微的《家乡民俗学——民俗学的纯粹发生形式》、刘锡诚的《台静农：歌谣乡土研究的遗产》、祝秀丽的《伦理质询：家乡民俗的田野研究散记》和安德明的《民俗学家乡研究的理论反思》，《民间文化论坛》2005年第4期，第1～11页）；祝秀丽的《家乡民俗研究者的角色冲突》（《民俗研究》2006年第2期，第21～34页）；巴莫曲布嫫的《民族志·民俗志的书写及其理论和方法——田野研究的时空选择与民族志书写的主体性表述》（《民间文化论坛》2007年第1期，第46～48页）；王均霞的《常人方法论与家乡民俗学的研究策略》（《文化遗产》2010年第1期，第101～108页）；等等。

然而，与这一问题的重要性相比，相关的探究目前还只是处于起步阶段，不仅研究成果数量不多，所关注的重点也主要集中在家乡与异乡研究孰优孰劣的讨论，不少问题还有待于进一步地深入。由于无论是从民俗学自为延续的传统还是从人类学自觉的范式转变来看，关于家乡文化的研究已经成为两个学科中日趋普遍的现象①，在这种形势下，再去讨论家乡研究与异乡研究孰优孰劣的技术问题已经不再重要，最关键的，应该是考察这种学术取向当中所包含的各种内在问题②，尤其值得关注的是其中所折射的伦理和方法问题。

民族志田野研究当中的伦理问题，从20世纪80年代以来，在国外学者的讨论中占据了越来越多的位置，国际民俗学界在这方面已经取得了不少成就。③ 正如芬兰著名民俗学家劳里·杭柯（Lauri Honko）指出的："对伦理的反省以及对伦理行为的多种维度的意识，看来正在不断增长，并且正在成为所有研究——包括民俗学以及其他学术研究——中的现实。"他主张不仅要关注民俗研究中的伦理，而且要关注整个"民俗过程"（包括民俗的发现、存档、再利用、复兴与商业开发，以及文化与政治的功用等）中牵涉的伦理问题。因为"民俗属于人民，而不是学者"。④ 以杭柯为代表的芬兰学者，不仅这样主张，而且进行了多方面的身体力行。例如，在进行史诗研究过程中，他们越来越多注意到史诗艺人在为我们提供资料、帮助我们展开思考时所发挥的作用，并对此予以充分的肯定和尊重。2004年，我在芬兰民俗学档案馆做访问学者的时候，第一次惊讶地发现，芬兰当代大量民俗学著作的署名作者，往往都会包括作为重要田野合作者的史诗艺人。这个小小的细节实际上体现了学术的巨大进步，是芬兰学界长期主动反思结果的具体表现。也就是说，

---

① Mariza G. S. Peirano. "WHEN ANTHROPOLOGY IS AT HOME: The Different Contexts of a Single Discipline." *Annual Review of Anthropology* 27(1998): 105-128.

② Kirin Narayan. "How Native Is a 'Native' Anthropologist?" In *Anthropological Journeys: Reflections on Fieldwork*, ed Meenakshi Thapan, 163-187. Hyderabad: Orient Longman, 1988.

③ 杨利慧：《从自然语境到实际语境》，《民俗研究》2006年第2期，第5~20页。

④ Lauri Honko, "Do we need a folkloristic code of ethics?" *FFN* 21 (March 2001): 2-7.

在芬兰民俗学领域，传承人不仅是被当成重要的资料提供者，而且是被看作研究成果的合作人或共同生产者来看待的。通过这样的处理，原来可能被我们视为民间普通劳动者的名不见经传的传承人，在学术殿堂中获得了某种程度的位置。在这样的实践影响下，越来越多的民俗学者开始探讨和思考应该怎样更好地处理与田野对象之间关系的问题，伦理问题逐渐变成了民俗学界讨论极多的话题。

对家乡研究者来说，伦理问题往往会表现为特别的心理上的困难。那些本来属于“我”自己亲人的人士，本来和自己处在和谐一致关系的生活场域，却因为“我”的学术目的，不得不同自然的生活状态剥离开来，变成了被“我”观察、研究的对象，变成了异质化的存在。这是家乡民俗学者首先要直面的心理困扰。2000 年，我在印第安纳大学和该校当时的民俗学系主任约翰·麦克道尔（John McDowell）教授交谈的时候，听他说自己的父亲是伐木工人，了解很多山林地区伐木工人的传统知识。我当时脱口而出：“你可以对你父亲做一个口述史的调查，他是非常好的资料提供者。”没想到他却回答说，他不愿意做这样的事情，因为不想把工作和自己的家人及家庭关系搅在一起。当时我对他的话有些不以为然，觉得要是处理好的话，可以进一步加强父子之间的情感，而且他在学问上也会多一个助手。但是，今天来想，他说的确实有道理。在把家人当成研究对象的过程中，研究者必然会出现身份上的焦虑、对峙，也就是“学术的我”和“作为家乡成员的我”在心理上会产生对抗。在这个时候，他就不得不注意协调两者之间的对抗，生怕哪一方会占据更强烈的主导位置因而影响另一方功能的正常发挥。这将是一个巨大的挑战，因为许多时候，“学术的我”的身份往往会占据主导地位，从而使“我”时时刻刻处在违背故乡传统与家庭亲情的境地。

另外一个方面，家乡民俗学者返回故乡进行调查，往往要面临一种特殊的两难境地，具体表现为：学术目的与现实责任感之间的冲突、个人能力同父老乡亲的期待之间的矛盾。很多人在田野调查过程中可能都曾遇到这样的情况：被调查者会抱着很大的期望，会要求“来自北京

（或其他大城市）”的“博士”“教授”，帮助他们解决当地某些机构乱收费的问题、解决灌溉困难的问题，或化肥、地膜等农业资源紧张的问题，等等。在这样的时候，所有调查者都会遭遇力不能逮的尴尬，而对于家乡研究者来说，由于他是当地人，面对父老乡亲的具体困难，他所产生的那种感同身受的体验和责任感，以及因为无能为力而受到的心灵折磨，要远甚于在陌生环境中的状况。但不管怎样，这种挑战却是家乡研究者在田野当中必须面对的问题。

第二节　科学主义原则与生活伦理的矛盾

如前文所述，在中国古代到近代的许多民俗志著作中，家乡已经是被关注的重要对象。但这些记述，像《东京梦华录》《梦粱录》《杭州遗风》等，大都是在作者由于战乱、灾难或其他原因而离开自己的故土之后对故园的一种回忆式记录。“从主观上讲，它们表达了作者的文人情思；从客观上讲，它们又传达了一种在社会历史急剧变动时期对安定的民俗生活的回忆和眷恋，以及通过叙述民俗社会抒发对理想社会模式的想象。”① 在这样的著述中，作者通常是根据自己过去对家乡生活的参与、经历和观察来进行写作，家乡（包括家乡的习俗），对他们来说是寄托深厚情感和真诚怀念的媒介，同作者的精神世界和生活经验仍处于同一的状态；加上回忆式的写作并不需要同家乡人打交道，也不涉及对家乡人日常生活的影响，因此，这些著作者的家乡尚没有变成与他们相分离的、被审视和探究的对象，作者与家乡人之间当然也不存在太多相应的伦理方面的问题。

我们在第二章已经详细讨论过，在作为现代学科的中国民俗学开始发轫的“五四”时期，受日渐盛行的科学思想的影响，一切都似乎可能

① 钟敬文：《建立中国民俗学学派》，哈尔滨：黑龙江教育出版社，1999 年版，第 14 ~ 16 页。

成为科学研究的对象，许多民俗学创始者或爱好者的家乡，也自然而然变成了科学或学术调查的场所。当时学术活动的参与者，不少人都在自己的家乡，按照民俗学发起者参照国外学术界相关成果所确立的科学原则和方法，对各种体裁的民间文学或不同类型的民俗现象进行了调查、记录或初步的探讨。而随着学科影响的逐渐扩大和调查经验的不断丰富，民俗与民间文学调查的原则和方法也日趋系统、规范，这使得许多家乡调查研究者日益把作为自己生活场域的家乡陌生化、对象化，使之变成一个可以从心理和情感方面加以超越的、观察和研究的客体，由此也确立了家乡民俗学这一中国民俗学中的重要学术传统。

值得注意的是，从学科发端到以后很长一段时期，大量家乡民俗的调查研究者所关注的主要是民俗事象或民间文学作品的搜集，而很少有人对资料搜集过程中调查者与本是家乡父老的被调查者之间的关系做深入的思考。从早期研究者记录下来的不多的一些文字来看，他们还是遭遇了同调查者与被调查者之关系相关的问题——可以想见，几乎所有的家乡调查者都会有类似的遭遇。但对这方面的遭遇和问题，那些有限的文字往往只是做简单的陈述，即使有进一步的思考，也只是从调查事象本身的特点或如何完善调查方法等方面来展开，而没有就人与人之间的关系去考虑。①

造成这种状况的原因，一方面同早期民俗学者对学科的理解及关注的重点有关②，也同他们对于自己与民间的固有区分的认识有关。我们当然不应该用今天的眼光去苛求当年的学者——“五四”时期，作为传统士人阶层的早期知识分子，能够放下数千年来延续的“尊贵”身份，走向民间，求教于民间，已经是巨大进步；但是，由于时代的限制，他们在民主方面所做的努力，也只能达到这样的程度。无论搜集资料的地点是家乡还是异地，在他们看来，其实都是在“民间”开展工作。这个

① 详见本书第二章。

② 安德明：《民俗学家乡研究的理论反思》，《民间文化论坛》2005 年第 4 期，第 8 ~ 11 页。

阶层与上流社会（包括文人阶层）有着天然的区隔，那些被调查的种种民俗事象在正统文化传统中长期的低下地位，又进一步加大了作为民俗传承主体的民间与文人之间的距离。于是，在许多调查者那里，他们的家乡自然成了一个可以与自己相分离的对象：它并不因为是自己的家乡而突出，而是因为其中有许多地位低下的民众可以被关注而受到了重视。

另一方面，更为主要的，这也是民俗学早期学术取向所导致的结果。在以科学思想为主导的调查和研究活动中，研究者对学术的热情和兴趣远远大于其他任何因素；而按照民俗学和民间文学研究当时的学科定位与研究取向，研究的重点是对民俗资料文本的搜集和探讨，而不是语境，是民俗现象本身，而不是作为民俗主体的人。

这样，在家乡研究者那里，家乡在很长一段时间都只是一个资料库，一个特定的搜集各种民俗材料的场所，一个异质的客体，或者说，是一个纯粹的“田野”。调查者与被调查者，尽管可能是亲友、邻里，但在民俗（民间文学）资料的调查过程中，他们之间却变成了知识分子与民间、主体与客体的关系。在一种主客体的关系模式中，调查者的工作重点是调查搜集各种民间文化现象，至于那些文化的主体在调查过程中呈现出的情感、心理及其与调查者的关系等问题，却并没有受到特别的注意，即使有人遇到，也只是把它当成与学术无关的内容而搁置在一边。①

家乡成了中国民俗学中重要的田野场所，而民俗学由此也获致了一个先天的悖论：按照科学的原则建构起来的民俗学，却没有遵循与之密切相邻的经典人类学当中最强调的科学原则，即主张研究异文化、禁止

① 例如，刘经庵、常惠和孙少仙在调查歌谣时都曾遇到家乡人抵触或反对的情况，因为被调查者认为这些内容难登大雅之堂——常惠：《我们为什么要研究歌谣》，《歌谣》第2号，1922年12月24日；孙少仙：《研究歌谣应该打破的几个观念》，《歌谣》第43号，1924年1月27日。从这些例子中可以看出，尽管当时的一批学者认为民俗（民间文学）是有价值的文化，但这种文化的主人却并不一定这样认为。那么，“主人”是何时、怎样接受那种把自己创造和应用的文化现象当作难登大雅之物的观念的？启蒙时期学者们的观点又是如何同民众（文化“主人”）的观念相互背离的？为什么会有这种背离？当时相关的文字并没有对这方面的问题进行探讨。

关于熟悉文化之研究的规则。中国民俗学从一开始就在相当大的程度上受到了人类学的影响，学科的开拓者们不可能不了解这个著名的规则，但事实是，一方面，早期的学者不仅有意无意地忽略了这个规则，还把家乡当成一个自明的调查研究场所；另一方面，在研究过程中，民俗学却又时刻强调自己是一门社会科学或人文科学，强调科学方法的重要性，而这些方法中有很大一部分是与人类学共享或直接借鉴于人类学的。于是，具体方法和技术上对"科学性"的要求与学科基础层面对"科学原则"的忽略，就这样密切地统一在中国民俗学当中，并长期影响着家乡研究者的调查研究方向和心态。

随着民俗学学科的发展，民俗调查研究的内容日益丰富多样，家乡民俗学者在田野作业过程中遭遇的问题也日益突出。如何在自己熟悉的亲友或其他同乡人当中进行科学的研究，把他们的生活文化乃至他们本身对象化为研究的客体，同时协调由此引起的各种矛盾关系，成了他们时刻要应对的挑战，而如何更好地处理科学研究与生活伦理之间的关系，更是长期困扰这类研究者的一个矛盾。我自己在20世纪90年代写作博士论文时，就曾有过这方面的困惑。我的论文，是关于家乡甘肃天水农事禳灾习俗的调查和研究。① 题目确定以后，在调查和准备资料的过程中，虽然一切都在按照学科的基本要求顺利进行，但对以老家为主所作的探讨究竟能否算科学研究，始终没有十足的自信。当时国内学界译介了较多人类学的著作，它们大都属于经典人类学的论著。我在接触这方面的著作和观点之后，尽管清楚地知道民俗学中早有大量有关家乡民俗调查研究的成果，但每当与同行师友说到要作的题目时，总是会产生心虚的感觉，生怕让人觉得自己的做法不科学。现在想来，我之所以有这样的感受，同上文所说民俗学先天具有的悖论有直接的关系。

---

① 该论文完成于1994～1997年，出版时题为《天人之际的非常对话——甘肃天水地区的农事禳灾研究》（北京：中国社会科学出版社，2003年版）。

第三节　主体间性与本土民族志视野下的反思

虽然对整个学科来说家乡仿佛是一个自明的田野，但每一个具体的家乡民俗研究者在把自己的家乡变为田野之时，却总要经历一个复杂的心理过程，有时，还要承受巨大的情感压力。通常，家乡研究者首先要借助民俗学的知识，结合对其他地区民俗文化资料的了解，在一种比较的视野中，选择自己家乡的某一生活文化现象作为研究对象。当他们怀着学术研究的目的返回自己家乡之时，回家将不再是像往常一样单纯的亲情交流的机会，而成了一次探究之旅。这时候，他们一定会有“看山不是山，看水不是水”的感觉。作为研究者生活场域的家乡和家乡生活，被陌生化、对象化，成了一个在一定程度、一定时段从生活之流中割裂出来的研究对象，研究者与家乡父老之间的关系，也从熟人或亲人关系变成了询问与被询问、观察与被观察、研究与被研究的田野关系，而本来在文化和地域认同方面属于研究者“自己人”的家乡人，也被他者化了。

由此，又必然会导致返乡的研究者本人产生不同身份的对立，至少会有“今我”与“故我”的对峙，或者“学术的我”与“家乡的我”的交错。[①] 尽管在职业、受教育程度、社会地位等方面，家乡民俗学者同大多数家乡人之间存在着一定的差异，这种差异在一定程度上也有助于研究者把家乡父老加以陌生化和对象化；但是，与他们之间在亲缘、地缘关系和文化认同方面的一致性相比，这样的差异在研究者因田野调查目的而重新参与家乡的各种生活实践之时，又会变得微不足道。研究者因此不得不时时注意协调自己作为学者和作为当地人之间的矛盾，以避免学术研究因过于强调“家乡的我”的身份受到干扰，或与家乡父老

① 祝秀丽：《家乡民俗研究者的角色冲突》，《民俗研究》2006 年第 2 期，第 21 ~ 34 页。

之间的关系因过度注重“学术的我”而受到破坏。然而要真正达到平衡却十分困难。在民俗学对科学性的强调占统治地位的时期，基于强烈的学术目的，研究者的学者身份往往会占据主导地位，研究者与家乡人之间新建立的田野关系，也往往会遮蔽他们已有的亲友或熟人关系。表现在田野过程中，就是研究者能够凭着学者的身份，打破家乡日常生活中的规矩和禁忌。例如，一些在实际生活中本来禁止女性参与的活动、禁止对女性展示的文化现象，对回到家乡调查的女性研究者却会加以开放，允许她们参与和观察。[①] 或者，特许返乡的研究者对某些被认为如果拍照或录音会影响其神圣性的仪式照相。[②] 这在对当地的现实生活、当地人的精神造成扰动的同时，也会影响本属于当地人的研究者的心灵，让他们感到羞愧、尴尬，甚至产生罪恶感。而表现在民族志报告的展示中，则往往是对现实生活中真实人际关系的隐藏——对此我深有体会。我在写作博士论文的过程中，虽然有不少材料是从自己的邻居、亲戚乃至家人那里得到的，但为了回避所谓的“主观色彩”，力图表现出客观、科学的态度，我却特意隐去了自己同这些资料提供者的关系，每当涉及有关自己家人或亲戚的内容时，对于所有的资料提供人，包括我的长辈，我都要直呼其名，并且要严格按照学习过的“田野调查”的有关要求，写出他们的年龄、性别和文化程度等。尽管每当在行文中一本正经地写出自己长辈、亲友的名字时，心中会有一种大不敬的感觉，然而写作“科学论文”的要求，最终还是战胜了这样的焦虑。

从20世纪90年代以来，国内学界对西方人类学、民俗学领域自七八十年代后兴起的各种新思潮、新理论和新方法的译介不断增多，受其影响，中国民俗学在学术范式上逐渐发生了新的转换。在学科定位上，

---

① Kirin Narayan. “How Native Is a ‘Native’ Anthropologist?” In *Anthropological Journeys: Reflections on Fieldwork*, ed Meenakshi Thapan, 169. Hyderabad: Orient Longman, 1988; 祝秀丽：《家乡民俗研究者的角色冲突》，《民俗研究》2006年第2期，第21~34页。

② 安德明：《重返故园——一个民俗学者的家乡历程》，南宁：广西人民出版社，2004年版，第85~89页，第116~119页。

它不再强调学术研究的科学性原则，在研究取向上，则主张对民俗生活整体的观照，研究的重点也开始从过去静态的文本转向了动态的语境及语境中的文本。[①] 随着“研究者与被研究者互为主体”的观念逐渐被接受，田野作业从此变成了“人与人之间的一系列极富人性的相遇”[②]，它不再是“一种走向田野的姿态，而是一种学术主体能动性的实现，能够帮助我们去发现对象本质、去提炼出更切近对象、更符合对象实际，同时又能烛照其社会文化语境和传统规定性的学理性阐释”[③]。

在这种观念影响下出现的许多民族志的新成果，都体现出了十分多样化、个性化的书写风格，这同过去那种“板起面孔”似的、看似科学、严谨的描述方式，有很大的差别。例如，美国著名民俗学家、印第安纳大学教授亨利·格拉西（Henry Glassie）从20世纪80年代以来的著作中，就都充满了富于情感色彩的描写。像他的《巴利墨农的时光消磨》，是作者在爱尔兰一个小社区围绕当地人的日常交流、口头艺术与消闲文化进行长期田野研究的成果。这本厚达852页的著作，不仅熟练采取民族志诗学的文本转写方式[④]，运用一句一行的形式详细记录了大量当地人所讲述的各种口头语言资料（包括故事、歌谣和其他各种类型的日常交谈等），而且对调查者与当地人的互动过程也有细致的叙述，其中还可以读到大量富有文学性的描写。比如，书中写道：有一次，“我”在当地做完调查，准备返回住处时，天已经很黑了，没有一丝的星光。我的田野伙伴彼得送我离开，他对“我”说：“亨利，一路顺利，上帝保佑你！”“上帝保佑你，彼得！”“一切顺利，一路顺风，亨利！”这样

---

① 杨利慧：《从自然语境到实际语境》，《民俗研究》2006年第2期，第5~20页。

② ［日］田村和彦著，周星译：《文化人类学与民俗学的对话——围绕“田野工作”展开的讨论》，载周星主编：《民俗学的历史、理论与方法》，北京：商务印书馆，2006年版，第476页。

③ 参看杨利慧：《民族志诗学的理论与实践》，《北京师范大学学报》（社会科学版）2004年第6期，第49~54页。

④ 廖明君、巴莫曲布嫫：《田野研究的“五个在场”：巴莫曲布嫫访谈录》，《民族艺术》2004年第3期，第14~27页，第100页。

的祝福在“我”身后不断重复，一直到“我”走向大路听不见为止。①假如按过去的观点，书中的这些记述大概都会被当作没有任何价值的琐碎细节，但是从新的民族志观念来理解，这样的描写却富有意义。它在展示有关具体问题的具体认识和具体观点的同时，还让我们看到，一个民俗学者在研究的过程中是如何跟当地人展开互动和交流，并在这种交流中完成对于田野对象的深入调查和全面理解的。对研究者与被研究者之间这种互动交往过程的了解，不仅有助于认识具体研究的展开背景及得出结论的途径，也有助于深入理解学术研究本身的目的和意义。

对于中国民俗学而言，这种巨大的转型，一方面使民俗学摆脱了过去深植其中的科学主义束缚，使学科中围绕家乡研究而产生的基本矛盾在相当大的程度上得到了解决；另一方面，又促使研究者开始把在家乡研究中遭遇的种种问题当成重要的学术问题予以观照，出现了一批讨论家乡民俗学问题的研究成果。

民俗学从科学主义的负担中解脱出来，有助于解决长期困扰家乡研究者如何平衡科学研究与各种主观因素之间关系的问题。他们不必再因担忧对所谓学术研究科学性的破坏，而在田野过程和民族志书写中回避个人情感、既有亲友关系等因素。作为重返故园的研究者，他们往往在经历和体验家乡生活的同时，也在进行学术的观察和思考，而在观察、思考的时候，又可能在经历和体验，能够在相对自然的状态下与家乡人进行交流——这一点，是异乡的研究者无法相比的。在承认学术研究中各种主观因素的不可避免性并把它作为研究的必要组成因素予以接受的前提下，家乡民俗研究者反而要正视如何避免情感等主观因素对学术研究的过度影响问题。就此而言，在研究者与家乡人交流的过程中，出现“学术的我”超越“家乡的我”而占据主导地位的情况，应该是十分正常的。只有这样，研究者才能不断捕捉各种学术信息，思考学术问题，

① Henry Glassie. *Passing the Time in Ballymenone: Culture and History of an Ulster Community*. Bloomington and Indiapolis: Indiana University Press, 1995, pp107-108.

而不是像以往那样单纯地体验亲情、友情或乡情的沟通。在此过程中，家乡研究者当然还是会产生一种身份分裂的心理困扰，但也不必过于放大这种困扰。事实上，即使是纯粹的“家乡的我”，也不可能不思考；而“家乡的我”所对应的那个承载了诸多回忆的“故我”，也不可能永远停留在过去某个时间点而一成不变。返乡的民俗学者带着学术目的和学术视角与家乡人的交流，从本质上说，也可以看成以特定职业身份和经验为内容而展开的交流，同木匠凭着木工技术、医生凭借医术、外出跑长途运输的人回来讲述自己的见闻等与同乡人进行的交流，没有根本的差别。这样来理解，返乡民俗学者带着学术目的，以互为主体的态度同家乡人之间展开的对话和交流，反而会起到加深亲情、友情和乡情的作用，也正是在这一点上，被分裂为两个身份的研究者，又会变成一个统一的我，达到在家乡“看山还是山，看水还是水”的境界。需要指出的是，以研究者和被研究者互为主体的观念，在民俗学、人类学的研究中的确具有革命性的意义，它赋予了研究者一个最基本的理念和视角，那就是要从平等的立场出发，在调查和研究中以平等、尊重的态度对待被研究者，在民族志的相关技术处理上也要时刻注意对研究对象的尊重。与此相关，国际民俗学界曾展开了诸多有关学术伦理问题的讨论和研究，不少国家还制定了十分系统详细的规范。① 但是，一个不争的事实是，无论如何强调互为主体，只要开展民族志的研究，研究者与被研究者之间都不可避免会出现这样的关系事实：观察与被观察，描写与被描写，探究与被探究。因此，民俗学和人类学研究者在自觉接受互为主体的概念不断检讨和调整自己与对象之间的关系、修正学术策略的同时，不应该过分夸大这一概念，尤其是对于以自己家乡和家乡父老为研究对象的学者来说，否则，只能纠缠于学究式无休无止的探讨，既束手束脚，又矫揉造作。

如果说在异文化中进行田野研究，首先必须采取一种可称为“家乡

---

① 杨利慧：《从自然语境到实际语境》，《民俗研究》2006 年第 2 期，第 5～20 页。

化”的措施，以便建立熟悉的田野关系，对家乡民俗学者来说，却始终存在着要把熟悉的人或事加以陌生化、对象化以便进行观察和探究的问题。他必须时刻警惕自己作为“家乡人”的身份、心态和情感对学术研究的影响，既要避免像经典人类学所指出的那样因过于熟悉而忽略很多重要事象和问题，又要克服由于感情的影响而有意无意地过滤或改写某些自以为对家乡具有负面影响的文化现象，甚至对一些具体问题作出违心的论断。而要做到这些，他必须尽可能多地掌握其他不同地区相关的民族志研究成果，从而获得一种比较或对比的眼光，进而超越家乡的限制，完成学术的任务。互为主体的观念，可以提醒家乡研究者避免对自己的家乡和家乡父老过分异己化的处理，却无法改变这种对象化的事实——对此，我们只能尽可能地减少心理上的困扰和不适，却不能彻底消灭它。今天，尽管民族志的研究早已经放弃了通过文化科学探究客观真理的追求，却仍然承认通过“写文化”，我们能够反映部分的真实，揭示部分的真理。这是学术的目标所在，也是迄今为止我们能够认识到的学科之所以安身立命的根本。就此而言，在家乡进行民俗研究尽管在理解的优势、调查者与被调查者主体关系的复杂性等方面具有不同于异乡研究的特征，但在研究的基础、方法和技巧上，很难说二者之间有本质的差别。

第四章　家乡民俗学理念的发展历程与当代价值

第一节　家乡作为思考的起点

有关“家乡民俗学”的问题，是中国民俗学当中一个重要、显著却又被长期忽略的问题，与这门学科的特征密切相关。近年来，我之所以会提出这一命题，并从这个角度来思考中国民俗学的田野实践和理论特点，首先同我个人十多年从事民俗学学习和研究的特点有直接关系。从学士学位论文(《街子乡迷信习俗的调查与分析》）开始，我所研究的主要地区，就一直是家乡甘肃天水，而家乡的民间信仰习俗是关注的主要方面之一。我的硕士学位论文和博士学位论文，都是关于天水地区农事禳灾习俗的研究。回想起来，形成我的这一研究特点的主要原因，大概有两个方面：一方面是在家乡进行调查和研究十分便利。在写作学位论文的那些阶段，作为学生，由于经济力量有限，我很难到其他地方去做田野，而回家调查却能够帮我解决这个难题。同时，家乡熟悉的环境、熟悉的生活文化和熟悉的人际关系，对我尽快确立研究对象、顺利进入深层的调查而言，都是十分现成的良好条件。第二个方面的原因更为重要，它同我所认识到的中国民俗学界对于民俗的理解有关。在学习民俗学基础理论的过程中，各种基本理论著作中关于民俗和民俗文类（genre)的定义以及所举的具体例证，常常会让我联想到自己家乡的生活经验。逐渐地，我开始意识到，原来民俗并不是迥异于日常生活的奇异特殊的事象，也不是被学者从生活实际中抽象出来的玄奥对象，而就是我们生活的一个部分——我们每个人其实时时刻刻都生活在民俗当中。因此，民俗学者的主要任务，并不在于寻找偏远、冷僻的奇风异俗，而是从日常的生活中发现不寻常的意义，在普通的生活中寻找并不普通的诗。基于这样的认识，我在选择研究对象的时候，自然而然地选择了家乡民俗。当然，我所遇到的老师——包括学士论文的指导老师董晓萍、硕士导师刘铁梁以及博士导师钟敬文等先生——在学术上的包容和远见，是使我能够进行家乡研究的重要基础。

在一段时期内，我一直觉得这种研究在学理上是毋庸置疑、不证自明的。随着田野工作和相关经验的增多，以及对传统人类学强调在异文化（other culture）中进行田野作业的原则等的不断了解，特别是受导师钟敬文教授的启发，我在博士论文写作的后期，才开始对学者进行家乡民俗研究的利弊等问题有了一些初步的思考，不过，那时还没有就这一问题做深入的探讨。

这一问题的提出，也是基于对中国民俗学从发轫至今所形成的特征的思考。有关家乡民俗的考察和研究，是贯穿于中国民俗学发展过程的一个重要的、具有连贯性的学术传统，对塑造民俗学学科的理论与方法特性有着至关重要的影响。可以说，去除了那些关于家乡的调查和研究，我们学科中已有的成绩会减少一大半。但对这一重要的学术现象，国内学术界却一直很少关注和讨论。对其中涉及的许多重要学术问题，例如，家乡民俗研究在中国现当代民俗学中有什么具体表现？具有哪些特点？开展家乡研究有什么优势和局限？与国际民俗学及其他相邻学科的有关研究相比，中国的家乡民俗研究在研究视角和方法上表现出了怎样的独特属性？这种属性如何影响和塑造了中国民俗学理论和方法上的特点？等等，迄今为止几乎未有细致的清理和讨论。相反，在当代国际民俗学及人类学领域，关于家乡或本土研究的理论探讨却是十分热门的话题，由此产生的一系列富有深度的思想和观点，不仅深刻地影响了这些学科本身，而且影响了人文社会科学的其他许多领域。这首先表现在民俗学、人类学等学科所共享的民族志研究方法中关于“家乡”（hometown）、“本土”（native or indigenous）、“熟悉的地方”（familiar place）研究的视角转换上。传统民族志研究被认为是一门“文化科学”，它强调客观性、科学性、普遍性和真理性，这使得研究者关于自己文化的研究曾一直因无法满足此要求而受到排斥和禁止。20 世纪 60 年代以来，受一系列二战以后陆续兴起的新思潮的影响，越来越多的民族志学家开始对这种观点提出了反思和批评。他们指出，田野调查和民族志写作总是不可避免地包含着诸多人的主观因素和意识形态的影响，研究者永远也无法达到“纯粹的客观和科学”，而只能通过描述来表达自己对社会、文化、人生的阐释，揭示部分的真理。正是在这种思潮的变化中，“家乡的”“本土的”研究得到了学界的接纳，出现了一大批以自身文化为研究对象的著作，它们逐渐构成了一种新的研究潮流，即“本土民族志”（Indigenous Ethnography）或“局内人民族志”（Insider Ethnography）。在民俗学（包括民间文艺学）、人类学等诸多学科领域，都对这种研究的特征、具体表现形式、得失等问题进行了比较深入的探讨，反思的学术范围也越发广泛，例如家乡研究者的心态与视角的调整、家乡研究者与异文化研究者的差异、如何更好地发挥“局内人”研究者的优势同时避免其不足、研究者的主观性以及他们个人化的田野研究经历对于理解研究对象的作用、对其研究视角的影响、如何把在家乡进行研究的经验运用到异乡的研究中，等等。这些探讨，在极大地促进了民俗学、人类学等领域的家乡研究实践的同时，也进一步发展出了许多具有广泛影响的理论观点。

值得注意的是，如前所述，西方的局内人民族志，是在经过长期的学术反思和理论争鸣之后才逐渐为学界所接受的，而中国民俗学中的家乡研究，则是在缺乏理论探索和充分自觉意识的情形下自然走出的一条道路，二者运用的理论和方法也有较大的差别。这种差别，恰好为我们探讨中国民俗学的特点和独特经验留下了诸多值得挖掘的空白。

第二节　走向自觉的家乡民俗学

笔者的博士论文《天人之际的非常对话——甘肃天水地区的农事禳灾研究》，就属于“家乡民俗学”的一种研究成果。笔者在该文当中，力图对当地日常生活和求雨、禳雹、祛虫等仪式进行细致的描写，并在此基础上对相关问题进行尽可能深入的分析，完成之后，得到了学界同人较多的肯定。在今天，如果结合“家乡民俗学”的视角再对该文做更加自觉的反思，会发现许多值得进一步探究的问题。

同学界以往的相关研究相比，这本书主要有这样几个特点：首先，它以中国农业灾害史和传统农耕文化为大的背景，把求雨、禳雹及祛虫等各不相同的信仰活动看作一个整体，并创用了“农事禳灾”的术语来概括和考察，在相关研究方面具有一定的开拓意义。中国是一个传统农业大国，自然灾害的发生又十分频繁，因此农村社会历来存在着丰富的克服农业灾害、维系正常耕作周期和社会秩序的仪式——符号手段。农事禳灾即其中十分重要的部分。从古至今，这种通过对超自然力的祈求和利用，来期冀解除灾害的象征仪式，始终在许多传统农业地区传承和延续，对人们的生活和观念发挥着重要的影响。对这种文化现象的形态、性质、功能等进行考察，是认识中国民众的观念及文化生活的一个重要角度，也是认识中国文化史的一个重要窗口。但是，长期以来，对这一现象的系统研究却一直比较缺少，而把各种相关仪式看作一个整体，来探究一个特定区域中的民众在面临灾害时的心理、他们对于灾害的理解以及农事禳灾的性质、仪式的组织、功能等方面的论著，就更为罕见。其次，它在分析农事禳灾的结构时，首次提出了“中国民间信仰中的多神崇拜是以地方神崇拜为中心的”这一观点，从而澄清了长期以来相对模糊的一个问题，这对于认识中国民间神灵信仰的性质和结构特征以及其中体现的中国民众的宇宙观、世界观等，具有一定的参考价值。再次，它在分析与民间信仰相关的民间组织所具有的集体性和村落封闭性、民间组织内部的角色分工等问题之时，也提出了自己的见解。最后，它通过系统的田野作业，对一个区域的农事禳灾习俗进行了比较全面、深入的调查和记录，同时以当地人民整体的生活文化为背景，应用民俗学、宗教学、民间文艺学等学科的理论，并结合古文献及其他地区的民俗志资料，来揭示这种习俗的本质、内涵、结构和功能等。在探讨农事禳灾的仪式—象征意义的同时，又着重从对该习俗的社会、心理功能的分析，说明了这一习俗之所以长期延续的原因。这种方法和角度，对于相关问题的研究，也都有一定的参考意义。

而尤其值得一提的是，钟敬文先生在为这本书所作的序言中，明确指出该书的研究属于“土著之学”，由此也可以看出钟先生对研究者进行家乡民俗研究的重要价值一贯所持的积极态度。事实上，钟先生以及在他之前或之后走上民俗学、民间文学学术道路的许多老一辈学者，最初所做的民间文学作品搜集与记录工作，大多是在自己家乡进行的。这种经历，显然对他后来的民间文艺学、民俗学思想乃至中国民俗学的发展道路产生了深远的影响。直至晚年，钟先生始终对扎实的田野工作格外重视，他曾在多种场合高度评价那些经过踏实调查写出高质量民俗志的地方学者，认为他们所做工作的重要性不亚于科班出身的学者们的研究。

我在读书时曾多次跟随钟先生去参加一些学术会议，他每次见到各地来的所谓“基层”的民俗学会会员——比如县文化馆、乡文化站的一些民俗学工作者，从来没有表现出所谓“大学者”的傲慢，而常常都是非常平和地接待和交谈。对这些民俗学者的著作，他也非常重视。这方面最突出的一个例子，同田传江先生在山东红山峪村的调查成果有关。田传江是当地的乡镇干部，他特别热心民俗学的相关工作，经常积极参与山东民俗学会的相关活动，是该学会的会员。田先生经过长期搜集记录所在村落的民俗事象，完成并出版了一本民俗志，叫《红山峪村民俗志》。钟先生看到这本书之后，就请田传江来北师大同民俗学专业的研究生一起座谈交流。这件事后来被媒体用一个非常吸引人的题目——“老农给北师大博士生上课”做了报道。结果又引发了民俗学界另外一个有趣的事件。那是在2002年，我参与了一批年轻同人发起的“民间文化青年论坛”网站的活动，负责其中的“家乡民俗”板块。在这个版块中，我贴出了前面所说的这个报道，接着就引出了一个这样的帖子：

> 请教安老师——您转贴在这里的田传江的报道，说田传江本是个高中毕业的老农，却知道搜集民间文学、搜罗民俗资料，出版民俗志的著作，俨然自发地成了民俗学者。既然这样，还用得着民俗学专业、用得着花那么大的力量，培养这个专业的硕士、博士吗？听说最近北师大有位仁兄，在做博士论文答辩时，就遭到一位答辩委员的诘难，说他对民间传说的分类没有什么价值，因为那种分类“农民都可以做”，他那么做又有什么意义呢？

这个帖子，当时其实是我自己贴的。这样做的目的，主要是对当时听到的一些其他学科有关民俗学的偏颇指责有所反感，也是为了引起有关学科性质的更多讨论。这个帖子贴出去后，版块果然很热闹，不断引出新的讨论，很多人都对民俗学学科本身的不足提出了批评，也有不少人非常冷静、客观地分析我们学科的价值和意义。后来，我结合大家的意见，写了一个比较长的回复：

> 和平里先生的问题提得非常好，称得上一个涉及学科基础的问题……我就尝试着来做一点回答。
>
> 我转帖关于田传江先生的报道的原意，主要是想提供一点家乡民俗调查方面的信息，对这篇报道的措辞等，却没有予以太多注意。其实大家都很清楚，报道中的“老农”“给博士生上课”等字眼，是媒体一贯的修辞策略的体现。事实上，在钟先生的倡议或影响下，北师大民间文学教研室除多次邀请各个国家、各个单位的民俗学者

来举办学术报告外，还曾多次请民间艺人——例如皮影艺人、傩戏表演专家等来进行交流，仅我在那里读书的六年期间，就不知参加过多少次这样的活动。这些活动，假如也都用关于田先生的这篇报道的策略来进行宣传，大概北师大早就以专请“老农”或“文盲”著称了！而钟先生及教研室邀请那些民间文化方面的专家，只是想让整个教研室的师生，在有限的条件下，多一次集中了解相关知识的机会，并借以增加教研室的活力。在这里，所谓“老农”，因为他在民间文化方面的一技之长而受到欣赏和尊重，却并不因他的“下里巴人”的身份而受到“大学教授”“研究生”的轻视。我很遗憾，未能参加那次与田传江先生的座谈，所以不大清楚具体的情形，不过，根据我以往的经验判断，钟老请田先生来的动机，大概也不外乎出于对田先生从一个非专业人士成长为当地民间文化的搜集、记录者的重视，想请田先生介绍他在这方面所做的工作。我想，当大多数人还在自觉不自觉地以“农民”为粗鄙、无知、落后等的代名词的时候，当我们中的许多人沾沾自喜于“知识分子”的身份而自以为“高农一等”的时候，钟老和北师大民间文学教研室的这种做法，其中所体现出的胸襟，应该是一目了然的——当然，我说这是一种胸襟，有人可能并不一定同意，但这都只是个人看法而已，也不是我想要强调的重点，谁也不必为在这一问题上去说服别人而花费过多的精力。

我想，在这里，我们首先要弄明白一个问题：作为当地民俗文化的调查、搜集和记录者，田传江与其他的村民有没有区别？也就是说，他只是一个“老农”，还是一个生活在农村家乡的知识分子？我们看到，田传江虽然生活在农村，但是，从他的知识结构、从他能够把自己生活在其中并习以为常的文化事象对象化的眼光和行为来看，他显然与一般的村民有所不同，用最保守的说法，他也可以被称为“地方知识分子”。而他对象化的那些文化事象以及他把这些事象加以对象化的视角，又属于民俗学的范畴——顺带说一句，我们还不妨做这样一些提问：他是从哪里获得这方面的知识的呢？一般的“老农”有这样的知识吗?!——这就是说，他生活在家乡的民俗氛围当中，又能够跳出这个氛围成为一个观察者，而不只是单纯的民俗实践者，因此，他实际上就是一个民俗学者，是一个以家乡民俗为考察对象的学者。当然，如果我们按照某种或隐或显地存在于学界的等级制度（hierarchy）来为他定位，他可能属于一个“基层的民俗学工作者”。但无论怎么称呼，从他对于家乡民俗所做的工作来说，他同一般的村民并不相同，他之所以被请到大学讲堂，正是因为他的这种不同于一般“老农”的特点。

我在这里强调田传江作为“非老农”的一面，并不是要轻视单纯的“老农”。日前在同一位朋友说及这方面的问题时，他反问了我一句：“老农又怎么了?”是啊，即使他就是纯粹的“老农”，到民俗学研究生的课堂上去“上课”，又有什么大不了的呢？我们除了从中去体会讲者自有他的一技之长、听者自有他的大家风范之外，我不觉得还有什么值得惊诧的。乡村的赤脚医生可能会治好大医院的医学专家都治不了的某种怪病，假如医学博士去向这个赤脚医生请教，大概也不会降低这个博士的身份，更不会由此降低整个医学界的地位吧？“尺有所短，寸有所长。”关键要看“老农”或“工人”给博士生们上的是什么课，如果说都是像田传江先生给民俗学的研究生介绍自己工作经验一样的“上课”，那么，这样的例子大家实际上在许多专业中都可以找出来一大堆，根本没有什么值得大惊小怪的——如前所言，因为我自己考虑欠周到，在转贴关于田先生的报道时没有提醒大家注意媒体特有的修辞方式，让“老农给博士生上课”一类的话转移了一些朋友的注意力，失误之处，还请谅解。

当然，在学术研究的领域，不同的研究者由于所处地位、所具备条件的不同，他们思考的深度、研究的力度以及所达到的成就等，肯定会有所不同，这是普遍存在于每个学界的一种很正常的现象。

拿民俗学界来说，大多数的基层工作者，他们在学术理念、学术视野、研究方法等方面，自然无法同受过系统训练的专业人才相比，后者往往会对学科的理论建构、发展方向等起决定性的作用，前者中的许多人，比如田传江先生，通常都是在后者所建构的理论、方法的影响下展开自己的学术活动的。而每一个学科，也都是在这样的纷繁复杂的局面中不断拓展出新天地的——在学术界，不知要先有多少个名不见经传的“基层工作者”，才会衬托出一个不世出的大师来！诚然，中国民俗学的总体发展水平相对较弱，但是，说惨淡经营也好，说奋发图强也好，它还是在不断地向前迈进。为了给它的进一步繁荣增加一点力量，我们这些人究竟能做多少建构性的工作？这一点倒是很值得重视。

我想，上面这些文字，大概可以回答和平里先生的问题的前半部分了，那就是：我们民俗学工作者能做的，怎么农民都能够做？而简单的一句回答则是：事实上那也能够做我们的工作的“老农”，并非单纯的“老农”，而是一个接受了我们这个学科的基本理念、方法并从事着这一工作的民俗学者！

和兄的问题的后半部分，则是：农民都能做的，我们做了还有什么意义？对于这个问题，我想还是先问一句：农民所做的，和我们做的是不是完全一样？在这里，我想起了邓迪斯教授说过的话：人人都会做梦，但不一定都明白梦的含义；人人都会讲唱民间文学，但不一定都理解民间文学的内涵。顺着这段话，我还想接着再打几个比方：许多农民都知道《三国演义》，而且能够对其中的故事如数家珍，但我们还是需要古代文学的专家；许多农民都会写汉字，但我们还是需要有研究汉字的学者和教汉字的老师；人人都会得感冒，而且大多数人在得了感冒时都能够清楚自己得的是感冒，甚至还可以自己买药吃并治好感冒，但我们还是需要医生，特别是能够治感冒的医生！有一个笑话说，陈景润攻克哥德巴赫猜想难题的消息被报道之后，有人根据报道中关于该猜想的通俗化说明，十分不忿地说："这有什么了不起的呢？不就是一加一等于二吗？小学生都会呀！"

不知道这样的类比，算不算回答了和兄的问题？

"民间文化青年论坛""家乡民俗"版块中的许多讨论，对推进家乡民俗学的相关思考发挥了十分重要的作用。作为讨论过程中最引人注目的一个话题，田传江的个案引出了诸多有新意的观点，尤其是在有关学科属性、学术伦理、民俗学的人文关怀等诸多问题的探讨上，具有极大的拓展和深化意义，因此，我们有必要在这里就其中一些主要内容做详细的介绍。当然，这也是为了更全面地说明，作为学科领导者的钟敬文教授，对家乡民俗的调查研究者及其研究成果，始终是给予充分的尊重和高度的重视。由于钟先生的地位和影响，他的这种态度，既极大鼓励了那些在各自家乡进行调查研究的学者，也无形中进一步推广了民俗学的家乡研究。

在指导研究生时，钟敬文先生对学生进行本民族或自己家乡民俗研究的意愿，也予以了积极的引导、支持和鼓励。我就是其中的一个受益者。我的博士论文，从确定题目、结构到最后完成，自始至终都得到了先生的精心指导。对于论文所采用的以民族志为主体的研究方法，先生从一开始就给予了肯定和支持。在论文写作过程中，我每完成一部分都要念给他听，以征求他的指导意见。我清楚地记得，在一些涉及细致的民俗事象描写和相关分析的地方，例如关于神灵信仰的体系、禳灾仪式的组织等内容，先生都会点头表示赞成，说这是只有中国本土学者才能够做出的调查和分析。

在为我的论文所作的序言中，钟敬文先生曾引用日本著名民俗学家柳田国男先生的观点，说民俗学的研究可以分为三种：一种是走马观花式的"旅人之学"，就是到某个地方跑一跑，看一看，得到一点一般性的信息；一种是"寓公之学"，就是在一个地区住三五年，进行长期考察；还有一种是"土著之学"，就是当地人来研究当地民俗。他认为，最重要的是第三种方式，因为作为当地人来研究当地的民俗文化，占有很大优势，有许多的知识，他根本用不着去专门进行访谈，他从小就亲眼看到、亲身经历那些习俗和活动，所以能比较容易而准确地理解其中的深刻内涵。[①] 钟先生虽然没有专门对这一问题展开论述，但他的视角却给人极大的启发，使我开始对“土著之学”的特点等问题产生了兴趣。我在博士论文的自序中，就对学者研究家乡民俗的利弊等做了一些归纳。

需要指出的是，尽管家乡的调查和研究对我在博士论文中得出一些比较深入的结论具有很大的帮助，但是，从论文正文部分的行文中，却很难看出这项研究究竟是在家乡还是在异乡所做的调查。这是因为，在写作博士论文的时候，我其实在极力地回避所谓的“主观色彩”，力图要表现出客观、科学的态度。比如，像前文所说的，行文中涉及有关自己家人或亲戚的内容时，对于包括自己长辈在内的所有资料提供人，我都要直呼其名，并且严格按照学习过的田野调查的规范，写出他们的年龄、性别和文化程度等，以满足所谓“科学论文”的要求。因此，尽管对在家乡研究没有什么疑问，但对田野过程中与当事人的亲友关系等还是在有意无意进行回避，生怕这种关系的透露，会有损于我的研究的客观性、科学性。这种情况，吴秀杰（德国柏林工业大学民族学博士生）在为这本书所写的评论中，也有敏锐的发现和批评，她把它比作“戴着镣铐的舞蹈”，认为它是受制于“现行制度对博士论文的要求”的结果（《民间文化论坛》2004 年第 4 期）。

确实，学术界长期以来形成的对“科学论文”的要求，是很难允许研究者、特别是学位论文的作者在自己的“学术研究”中表现过多的主观因素的。事实上，许多学位论文都存在这样的问题。我在北师大的师兄弟中，也有不少以自己家乡乃至家人为研究对象或主要资料提供人的，

---

① 钟敬文：《民间信仰研究的新成果——序安德明博士〈甘肃天水的农事禳灾研究〉》，《民族艺术》2001 年第 4 期；又见钟敬文：《婪尾集》，北京：新世界出版社，2002 年版，第229 ~ 238 页。

他们学位论文的行文风格，也无一例外地具有这种突出“科学性”而极力掩盖亲情关系的特点。现在看来，这种做法引起的研究者在心理、情感上的矛盾与冲突，是很值得关注的。

第三节 家乡研究的文化交流价值

我的博士论文，可以说是家乡民俗研究的一种具体实践。以此为基础，我在后来出版的《重返故园——一个民俗学者的家乡历程》一书中，首次提出了“家乡民俗研究”的概念并对它进行了比较全面的论述。

《重返故园》这本书，是廖明君先生所主持的《西部田野》丛书中的一本。当初廖先生邀约我加入该套丛书的写作，给了我一个集中思考和总结自己过去田野研究特点的机会，从而直接促使我开始关注家乡民俗学的话题。在酝酿和结构全书内容的过程中，我越来越清楚地意识到，自己的“田野”就是“家乡”，自己的调查对象大多是我的亲人或朋友，于是，我便把这本书的主题定成了民俗学者带着学术的目的重回故乡。另外，正如前文已经提到的那样，开始这本书的写作之前，我刚刚完成了钟敬文先生的传记《飞鸿遗影》。在传记的写作过程中，我也积累了不少或显或隐的感受和心得，其中之一就是，钟先生早期的民间文学搜集、研究工作是在自己家乡进行的。这种认识，也是引发我从这一角度来思考自己的田野特征的重要因素。

在《重返故园——一个民俗学者的家乡历程》当中，我在围绕“带着学者的眼光回家”这个中心检讨自己的田野经历的同时，结合中国现代民俗学的发展历程以及自己所了解的国际人类学、民族志的发展趋势，对诸如在田野中学者如何进行自我定位、田野研究中的“科学”与“人文”、客观与主观、在家乡做调查的优势与劣势等问题，进行了讨论。在为写作这本书而翻检自己过去的田野笔记、重听田野录音的时候，我注意到，许多曾被自己忽略的问题重新变得清晰和重要起来，而这些问题，是只有在家乡做田野的人才可能遇到、可能正视的。前面提到的伦理冲突问题就是其中的一个。又比如对自己的乡亲在现实生活中遇到的各种困难，外来的研究者可能也会产生同情，但他不一定会像我一样感同身受。这样，虽然我可能会比外来的研究者更容易、更深入地理解各种文化现象，但我所承受的心理负担也会更重。每当直接面对家乡、面对家乡父老的时候，如何应用自己的知识为家乡做贡献的“责任感”或心理负担，常常会油然而生。可是，假如是去异乡做田野，当我们操着不同的语言、怀着不同的情感、带着特殊的目的，对作为研究对象的人群进行观察和研究的时候，这方面的压力要小得多。

由于这本书“田野经验报告”性质的限制，书中对各种问题的讨论并没有完全展开，但它为后来我提炼出“家乡民俗学”的命题并围绕这一问题展开集中探讨奠定了重要基础。作为一个崭新的命题，“家乡民俗学”有着广阔的探索空间，包含着许多值得深入探讨的话题。其中一个富于挑战性又不得不认真面对的重要问题，就是：民俗学本来就在本国或本土开展，这和以异文化为研究对象的人类学在学术传统上有很大不同。后者出现关于本土或家乡研究的学术转向，是学术史和研究取向方面值得研究和反思的一件大事，而前者中出现对家乡的研究，只是一种自然结果，因此，提出“家乡民俗学”似乎没有太大的必要。这样的质疑，在我携相关思考参加第一届民间文化青年论坛会议（2003 年）的时候，就有同人提出过。受这些意见的启发，在进一步思考“家乡民俗学”这个命题的过程中，我也产生过怀疑，即所谓“家乡民俗学”，是不是一个伪命题？因为从民俗学的发展史来看，世界上的许多国家——例如德国、英国、芬兰、日本等，其民俗学从一开始就是指向本土的、本文化的，中国的情况尤其是这样，这同西方人类学从一开始就针对殖民地、异文化的传统有很大不同。那么，指出中国民俗学中“家乡研究”的现象并加以探究，究竟有什么意义呢？

产生这一怀疑的原因之一，大概是由于没有明确界定“家乡”的含义，特别是没有明确“家乡”与“本土”之间的关系。其实，如前文所述，所谓的本土或本国，同我们所说的家乡还是有很大不同。的确，民俗学在整体上是倾向于本土的，但每一种“本土”文化，都不是均质的，而总是存在着亚文化或文化的差异性，“十里不同风，百里不同俗”，就正是对同一文化中的这种差异性的生动描绘。因此，虽然我们说中国民俗学者研究的都是本国的（本土的）民俗文化，但学者同他的研究对象之间仍然可能存在着“风俗背景”的差异性。另一方面，在家乡还是在异地做调查，研究者同被调查者之间的关系、研究者对所调查地区环境的熟悉程度等，也有着很大的不同。

在 2005 年第 4 期的《民间文化论坛》杂志上，我应约编辑主持了一个专栏，题目是《家乡民俗学：从学术实践到理论反思》，其中我所写的《民俗学家乡研究的理论反思》一文，主要就是针对我们这里所涉及的问题来谈的。在文章中，我对“家乡民俗学”中的“家乡”一词，做了这样的定义：“它首先指的是研究者出生于此、生长于此并在此处有比较熟悉或稳定的社会关系、同时又可以被研究者对象化的地方，也就是说，这里的‘家乡’，是民俗研究者的家乡，它既是研究者身处其间的母体文化的承载者，又是可以被研究者所超越和观察的一个对象。其次，这个概念又可以扩大为研究者与之建立了熟悉的人际关系和生活实践关系并可以把它对象化的任何地方，这样，‘第二故乡’一类的地方，也都可以作为‘家乡民俗研究’所关涉的范畴。”而与此相关的“家乡研究者”，则指的是那些能够运用民俗学的理论与方法，对自己家乡的民俗事象进行观察与分析的研究者。

明确了这个前提，我们会发现，对家乡民俗研究的讨论究竟是否成立的问题，其实已经不重要，更重要的是，我们应该把关注的重点转向家乡民俗研究者在田野研究过程中的心理与情感张力，学者与研究对象之间的交流、互动，以及由此产生的民俗学的学科定位等问题。具体来说，这些问题包括：家乡研究者如何把本来与自己处于同一状态的地方、事象和人乃至于研究者自己的生活加以对象化，使之成为一个外在于他的可以被审视、被探究的客体；在这种对象化的过程中，研究者在心智上具有什么样的特点，承受了怎样的情感、伦理等方面的压力；在既是自己的生活空间又是自己工作场域的家乡，研究者是怎样协调自己既作为学者又作为当地人的矛盾身份的；在对家乡民俗事象进行展示（描述）之时，研究者承受了怎样的道德与义务上的困扰，他作为当地人的身份、他对家乡的情感和种种顾虑如何影响了他对所展示内容的选择；在民俗事象的展示过程中，他是怎样处理与作为资料提供人乃至研究对象的亲友之间的关系的；在把自己所熟悉的文化现象向更大范围的读者进行介绍之时，他采取了怎样的技术，来处理那些自己习以为常而异乡人却毫不了解、但对理解民俗文本至关重要的"语境"方面的知识；等等。这些问题，抛开人类学的参照，只就中国民俗学家乡研究传统的发生和发展历史来说，都是需要我们着力探询的。

所以，如果说关于家乡民俗的研究，以往在中国民俗学中只是一种自为的实践，那么，在学术发展的今天，对它进行自觉的理论反思，应该是一种当务之急。

《民间文化论坛》的《家乡民俗学：从学术实践到理论反思》专栏中发表的吕微的文章《家乡民俗学——民俗学的纯粹发生形式》，就从发生学的角度，运用现象学的观点，对家乡民俗学给予了很高的定位，认为它就是民俗学的纯粹发生形式。当然，我自己更倾向于把家乡民俗学看作民俗学者观察生活文化、进行自我反思的一个角度——例如，在自己有关民间信仰的研究中，我会更加自觉地以家乡民俗学的视角，围绕自己家乡一个村落中神庙的重建及神灵信仰的变化情形，来考察民间信仰与社会变迁之间的互动关系。主要关注的问题将包括：在这个不断迈向现代化的村落中，人们对神灵信仰的态度有什么样的不同？村落中的神庙在"文化大革命"之后是如何被重建起来的，中间有什么样的复杂过程？在神庙重建的过程中，来自国家政策、经济力量、集体记忆、个人创造以及制度化宗教的不同力量，是如何相互协商、相互影响的？民间信仰中的不同力量又是如何相互冲突、妥协和融合的？科学技术的逐渐推广、地方旅游业的不断发展以及大众传媒的日益普及，对民间信仰具有什么样的影响？村落中的不同个体又是怎样应用民间信仰的策略资源来提高他们的社会地位的？等等。我想通过细致的调查、详尽的描述，在回答以上问题的同时，也对目前学界有关文化多样性、传统文化与现代化、传统与个人的创造性，以及作为地方与国家乃至全球之关系等话题的讨论，贡献一个中国民俗学者的看法。不过，吕微这种从哲学的视野出发对学科本质问题所做的探讨，却为关于这一话题的研究提出了更高的要求，这对我们就家乡民俗学的话题来探讨更广阔领域的问题，是具有启示意义的。

事实上，围绕家乡民俗学的问题，我们还能够探讨超越民俗学之外的更广大的意义。例如，单是“家乡”这个关键词，就有十分广阔的探索空间，在后现代的语境中，它尤其具有特殊的意义。比如，在社会飞速发展的时代，我们究竟失去了什么？我们要在这种日新月异、让人头晕目眩的变化当中寻找什么？为什么人们在获得了曾经极力追求的现代化的优越生活之后，又要去找寻“故园”的宁静、田野的情趣以及种种在发达的现代生活中无法获得的东西？“故园”究竟在哪里？等等，这些问题足够一个人进行长期的研究了。21 世纪初以来，由联合国教科文组织发起并在全球范围得到迅速广泛展开的非物质文化遗产保护工作，则尤其为我们立足于家乡民俗学的视角又超越狭义的“家乡”来理解民间文化的丰富内涵和价值，开拓了一个更加新颖、更加广阔的新天地。

第五章　从家乡/社区到人类命运共同体：非物质文化遗产保护视野中的家乡民俗学

由联合国教科文组织（UNESCO）在20世纪和21世纪之交发起并引导的非物质文化遗产保护工作，目前已发展成为具有广泛影响的全球性社会文化运动。在这项工作的兴起和发展过程中，不同国家的民俗学曾以不同途径贡献了重要的理论和方法上的支持①，而其二十余年来的实践及所取得的成就，又远远超越了民俗学的范围，并为民俗学重新思考自己的学科定位及学术方向，提供了一个全新的广阔视域。从家乡民俗学的角度来看，非遗保护的全面展开，使得世界各地丰富多样的地方性文化项目得到了在国际舞台展示并被接受为“人类非物质文化遗产”的机会，这与作为民俗研究者家乡民俗的地方性知识在研究者的“中介”作用下获得更大范围认可的过程异曲同工。在这里，家乡民俗学与非物质文化遗产保护之间具有高度一致的特征。可以说，非物质文化遗产保护，就是一种走出家乡的家乡民俗学。

---

① 参看安德明：《非物质文化遗产保护：民俗学的两难选择》，《河南社会科学》2008年第1期，第14~20页。

第一节　非物质文化遗产保护：全球性运动及其中国实践

在2003年联合国教科文组织（UNESCO）通过《保护非物质文化遗产公约》之时，“非物质文化遗产”这个概念在中国还显得十分陌生，今天，它却变成了一个几乎家喻户晓的流行词。在实际生活中，可以看到，无论是企业、地方政府，还是个人或专业团体，都在试图借助“非物质文化遗产”来标称自己所拥有的某一项文化产品，以此来提高相关产品及其拥有者的地位或效益。这方面较突出的一个例子，是几年前当一款著名的凉茶饮料因配方问题受到质疑之后，凉茶相关方做出的反应：

> 随着卫生部“王老吉违规添加夏枯草”的一段声明，号称能降火的王老吉，自己火烧火燎起来。广东省食品行业协会会长张俊修说，“凉茶是国家级非物质文化遗产。广东省食品行业协会没能下大气力向社会传播凉茶文化的社会历史价值与养生健康价值，带来了一些不理解。但对于极个别不对非物质文化遗产实施保护的行为，我们将保留法律追索的权利”。①

“非物质文化遗产”（以下简称“非遗”）在当下中国引起的关注之广、其背后所包含的特殊价值之高，由此可见一斑。

正如在民族主义思潮与民俗学观念影响下，“家乡”及“家乡民俗”被从过去完整的生活中抽离出来、对象化为调查研究的客体一样，在中国，以对传统日常生活文化为观照主体的非遗保护工作的迅速兴起和普及，也是民族文化主权意识不断加强和联合国教科文组织相关主张与实

① 《中国青年报》2009年5月13日。

践持续影响的结果。

20 世纪 70 年代末之后的三十多年间，中国在经济、文化和社会生活的诸多方面，都发生了天翻地覆的变化。在经济腾飞、物质生活取得巨大进步的同时，受快速工业化和全球经济一体化的影响，传统文化不断遭受冲击甚至濒临消亡的状况，也引起了人们越来越多的担忧，如何保护中国传统文化及相关思想观念的传承和延续，成了社会各界普遍关心的问题。而在这方面，知识分子起到了至关重要的作用。

在许多国家，知识分子对于社会文化的变迁往往会有更加敏感的意识和更为强烈的焦虑。由于他们掌握更大的话语权，在他们的倡导之下，这种原本产生于知识分子特定群体的焦虑，会逐渐转变成全民族普遍关心的问题。以中国民俗学的发轫为例，如前文所述，中国民俗学是在五四运动前夕由北京大学一批有远见的教授和学生所发起的歌谣征集运动推动下拉开序幕的。而发起这一运动，既是为了从民间探索建设新文学、重构民族精神的丰厚资源，也是为了在不断推进的电气化、工业化所造成的传统生活文化剧烈变化的情势下，抢救和保存民间传统。① 事实上，这种因现代化而引发的忧虑、相应的行动及其目标，从近现代以来始终在知识分子当中保持着强大的影响，它在民间文化领域的另一个突出表现，就是 20 世纪 80 年代初期由中国民间文艺研究会（即现在的中国民间文艺家协会）发起，并在文化部、国家民委和中国文联支持下启动的“民间文学三套集成”，以及在此基础上进一步拓展形成的“十部中国民族民间文艺集成志书”（简称“十套集成”）工作。开展这项工作的目的，既是为了在“文化大革命”刚刚结束之时重建中国文化传统，更是为了在“改革开放”的大背景下，抢救和保护那些因快速现代化而濒临消亡的民族民间传统。从实际来看，前后持续近三十年、被誉为“文化长城”的“十套集成”工作，其本身在取得辉煌成就的同时，更是为后

① ［美］洪长泰著，董晓萍译：《到民间去——1918 ~ 1937 的中国知识分子与民间文学运动》。上海：上海文艺出版社，1993 年版，第 87 ~ 88 页。

来非物质文化遗产保护工作在中国的顺利展开，奠定了扎实的观念基础，也培养了广泛的工作队伍。[①] 成千上万在不同省市的不同县区、不同乡镇长期参与“三套集成”或“十套集成”工作的地方知识分子，在各自家乡积累了如何把家乡对象化并从中发现和搜集民间文化资料的丰富经验，熟悉调查路径也建立了良好的田野关系，这些都成了中国之所以能够及时、全面、深入地开展非遗保护工作的重要前提。

如果说民族文化主权意识的持续传承和不断增强，是使得非遗保护工作在中国全面展开的内在原因，那么，来自联合国教科文组织的相关政策和行动，则是重要的外在激励因素。三十多年来，联合国教科文组织框架内陆续产生了一系列有关非遗保护的重要行动，并通过了诸多相关的法规或公约，为在世界范围内强调保护传统文化的迫切性与重要性，发挥了十分积极的引领作用。例如，被视为联合国教科文组织非遗保护工作重要源头的、玻利维亚政府于 1973 年提出的有关在《世界版权公约》中增加民俗保护项目的议定书、联合国教科文组织先后于 1989 年和 2003 年通过的《保护传统文化与民俗建议案》（Recommendation on the Safeguarding of Traditional Culture and Folklore）和《保护非物质文化遗产公约》（Convention for the Safeguarding of the Intargible Cultural Heritage），等等。

而引发这项工作的直接导火索，是这样一个事件：20 世纪 60 年代末 70 年代初，美国著名歌星保罗·西蒙（Paul Simon）演唱的歌曲《雄鹰飞过》（El Condor Pasa）风靡世界，为演唱者带来了巨大的经济收益。[②] 实际上，西蒙这首歌是借用安第斯地区（包括玻利维亚、秘鲁等国）一首以民谣为基础创作的著名歌曲的旋律而重新填词改编而成的。歌曲原

① 参看安德明、杨利慧：《1960 年代末以来的中国民俗学：成就、困境与挑战》，《民俗研究》2012 年第 5 期，第 13 ~ 22 页。

② 西蒙演唱的这首歌被收入他和加芬克尔（Art Garfunkel）共同灌制发行的唱片《忧愁河上的桥》（Bridge Over Troubled Water），该唱片曾占据 1970 年度公告牌（Billboard）排行榜第 18 位和轻音乐（Easy Listening）排行榜第 4 位。

先的内容，是为了纪念秘鲁自由战士图帕克·阿马罗（Tupac Amaro），传说他在18世纪末期领导一场反抗西班牙殖民者的战斗时牺牲，死后变成了一只雄鹰，翱翔于安第斯山之上。西蒙重新填写的歌词，延续了安第斯地区人民对自由追求不息的精神，也充满了对当地人民反抗斗争的同情和赞扬，但他的歌曲获得成功之后，仍然引起了许多的争议。不少人认为，西蒙至少应该把一部分收益返还给歌曲的原产地，西蒙本人也因此陷入一场版权纠纷案。① 正是在这样的背景下，玻利维亚向联合国教科文组织提出了有关民俗保护的"议定书"，它的主要目的，是为了反对国内外商业团体或个人对其民俗传统的不恰当使用②——这其实可以看作在文化间的交往互动不断加强、国际商业化活动日益加剧的形势下，在国际交流中相对处于弱势的民族为保护本民族文化的完整和相关权利而发出的一种倡议，其中既包含着民族文化意识的自觉，又包含着对传统文化产业化可能带来的巨大经济利益的诉求。③ 而这种诉求，在今天不同国家和地区实施非遗保护的过程中都有或多或少的体现，它也是相关工作中出现负面结果的一个内在原因。

联合国教科文组织发起非遗保护工作，也同韩国政府的提议有关。④ 1993年，韩国根据自己的经验提交给联合国教科文组织一个"建议案"，建议在联合国教科文组织框架内建立"人间国宝"（即传承人）保护体系，并提供了以评选不同层次"人间国宝"名录的方式来进行保护的方案。⑤ 这种建议，显然对今天非遗保护的思路和操作方式产生了重要影

---

① 参看"El Condor Pasa", Wikipedia(https://en.wikipedia.org)。

② UNESCO Committee of Experts on the Legal Protection of Folklore: "Study of various aspects involved in the protection of folklore"(突尼斯, 1977年7月11~15日), http://unesdoc.unesco.org/images/0002/000280/028098eb.pdf.

③ 安德明：《非物质文化遗产保护——民俗学的两难选择》，《河南社会科学》2008年第1期，第14~20页。

④ ［日］爱川纪子著，沈燕译：《联合国教科文组织的〈保护非物质文化遗产公约〉与韩国》，《民间文化论坛》2016年第2期，第5~11页。

⑤ UNESCO: "Establishment of a System of Living Cultural Properties (Living Human Treasures) at UNESCO" (1993). http://unesdoc.unesco.org/images/0009/000946/094624eo.pdf.

响。与玻利维亚注重知识产权维度的保护目标不同，韩国的目的，更多是为了在快速现代化的过程中保护民族文化本身的传承。[①] 这两个方面的因素，共同促成了联合国教科文组织范畴非遗保护工作的兴起。而后一方面的因素，同中国对有关工作重要性的认识和此前在这方面所积累的经验之间，具有高度的一致性，可以说是吸引中国作为最早的一批成员国参加联合国教科文组织相关活动并加入《保护非物质文化遗产公约》的重要原因。

早在 2003 年，作为对联合国教科文组织相关工作的一种回应，中国文化部、财政部、国家民族事务委员会和中国文学艺术界联合会等部门，就共同发起了中国民族民间文化保护工程，并成立了全国性的管理机构（包括领导小组、专家委员会和保护工程国家中心），在省、区、市等各行政区域，也相应设立了地方一级的组织机构。2004 年 8 月，经全国人大批准，中国正式加入《保护非物质文化遗产公约》，从而成为最早加入该公约的国家之一。中国民族民间文化保护工程国家中心也随后（2006 年）更名为中国非物质文化遗产保护中心，它在为非遗项目相关者提供政策咨询、组织相关普查与学术研讨、建议或指导保障措施在不同地方或社区的实施等方面，发挥着十分积极的作用。

我国非遗保护的工作方针是“保护为主、抢救第一，合理利用、传承发展”，工作原则是“政府主导、社会参与，明确职责、形成合力；长远规划、分步实施，点面结合、讲求实效”。[②] 在这种指导方针和工作原则下，非遗保护在我国已经迅速发展成多方力量共同参与的盛大的社会文化运动。如果说在开始之初，活动的主要参与者是来自学术界的力量，那么现在，政府部门、文化机构、企业以及传承主体等多种不同的力量都在发挥重要作用。不同的相关方，本着不同的目的和动机参与这

---

① ［韩］任敦姬著，彭牧、沈燕译：《“人间国宝”与韩国非物质文化遗产保护：经验和挑战》，《民间文化论坛》2016 年第 2 期，第 12～16 页。

② 中国民族民间文化保护工程国家中心：《中国民族民间文化保护工程普查工作手册》，北京：文化艺术出版社，2005 年版，第 2～3 页。

一工作，矛盾冲突在所难免，最后相互之间必须进行协商，并达成各种各样的妥协。而协商和达成妥协的基础，就在于尽管不同参与者有不同的具体动机，却有大体一致的诉求，即期望通过参与活动获得更多收益，包括经济利益以及文化地位的提升和社会地位的增强等。这使得这项工作变成了充满冲突、协商和妥协的复杂活动，远远超出了学术的范畴。这种特征，也提醒作为学术研究者的我们，对于非遗实践中的各种现象，在保持一种批评立场的同时，也应该以宽容的态度去加以理解。比如许多地方政府，他们积极参与非遗保护的目的，仍然延续了早年“文化搭台、经济唱戏”的思路，只是在策略上略有变化，也许变成了“搭文化台唱经济戏”。对这种做法，前些年学术界一直采取的是坚决反对的批评态度。事实上，任何机构或个人从事任何一项工作，都必须要有一个切合其现实目标的充足动力，仅仅依靠某个高尚的抽象标签，往往很难促使相关行动者完成相应工作。因此，对待地方政府在非遗保护方面的现实诉求，一方面我们要予以警惕和规约，提醒其时刻以保护非遗以及非遗主体的权益为中心，并防止因为过度开发而对非遗本身造成伤害；另一方面，也应该对经济与文化在特定语境下相互支持、协同发展的成效予以“同情之理解”。如果能更好地平衡这两个方面的关系，将会使保护工作得到更加健康的发展。

自全面开展以来，非遗保护在我国已经取得了突出的成就。从统计数字来看，截至2015年，全国共收集了87.9万项非物质文化遗产项目的信息；到2016年底，中国有39个项目被列入联合国教科文组织相关名录（31项代表作，7项急需保护，1项优秀实践）；2005年以来，国家每年投入超过1000万元的专项保护经费①，截至2015年底，中央财政为这一活动共投入了42亿元资金（包括相关机构工作经费、国家级传承人的津贴、奖励基金等）。② 从2005年开始，国务院将每年6月的第二个星

① 《为抢救非物质文化遗产，中国每年投入超1000万》，《时代周报》2015年4月14日。

② 参看《项兆伦在全国非物质文化遗产保护工作会议上的讲话》（2016年1月14日），中华人民共和国文化和旅游部网站（http://www.mct.gov.cn）。

期六设立为“文化遗产日”（2017年起更名为“文化和自然遗产日”），确立了一个号召和提醒公众关注非物质文化遗产的专门的时间，为在国民心目中强化有关非遗的概念和意识发挥了重要作用。2011年开始实施的《中华人民共和国非物质文化遗产法》，进一步提升了各地对非物质文化遗产的重视和保护意识；而清明、端午和中秋之所以能够被列为公众假期，也同非遗保护工作的全面展开有不可分割的关系。

在这样的背景下，民间文化的地位得到了较大提升，不少内容获得了更多的生存空间。许多民间传统，特别是庙会等各种与民间信仰相关的活动，长期在人们的日常生活中延续并发挥着重要功能。然而，在1949年之后的二三十年间，受极“左”思潮的影响，这些传统被视为封建迷信的残余而严格禁止，只有一些坚定的传承者还在暗地里小心翼翼地坚持相关的活动。20世纪70年代末以来，随着国家政策的日趋宽容，各种传统得到了较多复兴的机会，但是，与民间信仰相关的许多内容，仍然处于努力从政治话语体系中争取合法性的状态。这种状况，直到非遗保护工作全面展开之后，才有了根本性的改变。作为非物质文化遗产保护的一个最显著的成就，在中国民族民间文化保护工程国家中心（即今“中国非物质文化遗产保护中心”）发行的《中国民族民间文化保护工程普查工作手册》当中，“民间信仰”被列为非物质文化遗产的组成内容之一，并为之列出了细致的调查提纲。① 而在2006年至2014年国务院先后公布的四批国家级非物质文化遗产名录中，诸如女娲祭典、妈祖祭典、白族绕三灵、庙会、祭祖习俗等多种民间信仰习俗，都赫然在列。② 这可以说是民间信仰在官方话语中获得足够合法性的一种表现。它在保证民间信仰的生存与延续空间、进而保证传统文化传承的完整性的同时，也使得传承和使用这些文化的人们从其所拥有的非遗项目

① 参看中国民族民间文化保护工程国家中心：《中国民族民间文化保护工程普查工作手册》，北京：文化艺术出版社，2005年版，第157~162页。

② 关于四批国家级非物质文化遗产代表性项目名录的具体信息，可参看中国非物质文化遗产网（http://www.ihchina.cn/）之“法规文件”部分。

中获取了更多的历史感、自豪感和认同感。或许正由于此，一些研究者才会把非遗保护运动带给中国的意义上升到文化革命终结的高度。①

除了积极影响之外，非遗保护工作的开展也引发了许多负面效应，其中最为突出的，是它变成了一种在不同国家或地区之间导致或加剧冲突的因素。

随着“人类非物质文化遗产代表作”等联合国教科文组织框架内的各类名录及不同国家和地方层面多种非遗名录制度的不断实施，不同国家、不同地区及同一地区的民众之间因要求某一非遗项目“所有权”（实际上是该项目的“申报主体”或“传承人”）而导致的冲突屡见不鲜，从而在很大程度上干扰了社区之间或同一社区中不同成员之间正常的社会关系。对于许多特定的文化事象，向来会有来自不同地区或群体的多种有关起源地或所有权的主张，而经过长期的分歧与论争，有关民众或社区在这方面已达成了某种妥协或一致——这也为维护相关文化事象的活力奠定了重要基础。然而，名录制度的实施，却会强化已有的紧张关系并破坏已达成的平衡，特别是当它被人们同经济及其他可见或想象的利益联系起来之时。在中国，这方面最引人注目的事件，莫过于前几年中国和韩国互联网用户之间有关端午节“产权”的激烈争论。② 此外，它在国内引发的不同地方之间的争论和冲突，也格外严重。比如，这些年我们可以看到很多对名人故里的争夺，诸如孙悟空故里、貂蝉故里、西门庆故里、潘金莲故里，等等，甚至出现了“伏羲东奔西走，黄帝四海为家，诸葛到处显灵，女娲遍地开花”的现象。

---

① 高丙中：《中国的非物质文化遗产保护与文化革命的终结》，《开放时代》2013 年第 5 期，第 143 ~ 152 页。

② 2005 年，韩国江陵端午祭被联合国教科文组织宣布列入“人类口头与非物质遗产代表作”。由于这一节庆活动也以“端午”命名，并且其主要日期（农历五月初五）和中国的端午节同期，因此，尽管该项目在内容和仪式的形式等方面与端午节有很大差别，许多中国网民仍然认为端午祭源于中国端午节，而联合国教科文组织的宣布会使中国人在全球化背景下丧失对端午节的所有权和知识产权。最终这一事件引起了两国网民之间历时数月的强烈敌意和激烈争吵，并在一定程度上对两国之间的关系造成了损害。

从某种意义上说，上述对于相关文化事象起源地的争夺也无可厚非。因为民间文化的生机，恰恰在于群体之间的互动交流，在不断的争论与争夺当中，它会获得源源不断的生命力，并得到不断的传承和加强。但是，名录认定的制度，却由于其中先天地包含着有关知识产权的诉求，往往会进一步激化相关各方原有的矛盾，使之变成更为激烈的冲突，甚至在全球范围引发一场规模宏大的“遗产圣战”。那么，对于一个特殊的文化符号而言，谁才是真正的拥有者？所谓的传统拥有者，对传统拥有权的界限在什么地方？这一类的问题已在文化研究领域引起了广泛的讨论。[①] 同时，这一制度也会使一种文化的所有权得到体制化、层级化的官方认定（虽然联合国教科文组织一再强调某一项目被列入相关名录并不意味着申报主体对该项目拥有所有权，却仍然无法改变社会大众对“所有权”的普遍期待），这实际上会导致限制甚至扼杀文化传承和延续、并在客观上造成文化间的不平等的效果。

而保护工作中的一些措施，也在传统文化领域制造了新的话语霸权。这主要是从联合国教科文组织层面来说的。这几年，我作为联合国教科文组织非遗审查机构中国民俗学会工作团队的专家，负责了不同国家向联合国教科文组织申报非遗相关名录的多项申报书的评审工作，在评审过程中获得了许多的认识和感想。比如，按照评审标准，申报书是否按照规定的要求来完成，是否提供了要求提供的各项信息，是决定项目能否通过的关键，其中以公文范式为中心的形式主义特征十分突出，也无形中凸显了联合国教科文组织在相关领域的绝对权力。另外，作为一个国际政治博弈的平台，教科文的非遗保护工作中也有非常强烈的政治色彩，这尤其突出地体现在对各种关系的平衡方面。比如中国、韩国和日本，现在只能每两年向联合国教科文组织申报一个项目，原因是这几个国家原先被列入的项目太多了。

可以看到，尽管非遗保护的出发点之一在于承认和维护文化之间的

---

① Michael Brown. *Who Owns Native Culture*? Cambridge: Harvard University Press, 2003, p15.

平等，可是在具体的实施过程中，文化却由于被划分为“被认定的文化”和“没有被认定的文化”而出现了客观上的不平等。[①] 广大民众借助文化传统进行自我表达的权利，也由于阶层的划分而在一定程度上被削弱或褫夺了。

上述问题的主要根源，还是基于联合国教科文组织理想化的理念与不同国家和地区具体实践之间的矛盾，其中一个突出的例证，就是围绕联合国教科文组织“以社区为中心”的要求而产生的矛盾。

按照《保护非物质文化遗产公约》的定义，非物质文化遗产是指“被各社区、群体，有时是个人，视为其文化遗产组成部分的各种社会实践……”[②] 在这里，社区、群体或个人是不是把它当成自己的文化遗产，是判定不同具体文化事象是否属于非遗的关键，可见社区对非遗而言是多么重要。那么，什么是社区呢？联合国教科文组织非遗保护范畴的社区，主要指的是特定非遗项目传承人构成的共同体，它在本质上同“群体”或“传承人”具有同样的内涵。在《保护非物质文化遗产公约》及其衍生文件中，始终在强调社区在非遗保护工作中的中心地位，之所以如此，按联合国教科文组织相关文件的解释，主要是为了保证非遗保护工作能够有效地、可持续地开展下去。[③]

但在具体实践中，又会出现跟这些要求不相吻合的情况。比如，前面提到的中国非遗保护的工作原则，首先一条就是“政府主导”，这跟对社区中心地位的要求还是有一定差距的。而事实上，保护工作由政府主导和引领的情况十分常见，是许多国家现阶段普遍采取的一种工作模式。例如，我看到的不少申报书，都是由经济落后或处于动荡中的国家

---

① 杨利慧：《新文化等级化 · 传承与创新——中国非物质文化遗产保护的成就与挑战以及韩国在未来国际合作中的角色》，《民间文化论坛》2016 年第 2 期，第 17 ~ 20 页。

② 《保护非物质文化遗产公约》，第一章第二条，见联合国教科文组织创意处非物质文化遗产科：《基本文件 · 2003 年〈保护非物质文化遗产公约〉2016 年中文版》，巴黎：教科文组织，2016 年。

③ 杨利慧：《以社区为中心——联合国教科文组织非遗保护政策中社区的地位及其界定》，《西北民族研究》2016 年第 4 期，第 63 ~ 73 页。

提交的。在这些国家，民众要过上正常的生活都很困难，要他们凭着自觉、自主地进行非遗项目的发掘和保护，几乎是不可能的；必须要有相关权力机构，依靠足够的资金或权力支持来加以引领，才能够保证工作的顺利展开。可见，在特定社会历史条件下，要真正实现非遗保护的社区主导并不容易，政府主导还不得不存在一段时期①，这样，在理想化的要求与实践之间出现许多具体矛盾，也就在所难免。

然而，实践中的具体困难，并不应该成为忽略或背离《保护非物质文化遗产公约》要求的借口，相反，相关工作的参与各方，只有时刻以《保护非物质文化遗产公约》为指南，不断调整具体的保护措施和保护行动，才能够达到克服各种困难并保证工作有序展开的效果。我们高兴地看到，《项兆伦同志在全国非物质文化遗产保护工作会议上的讲话》中有很多令人耳目一新的观点，特别是明确强调了非遗保护过程中传承人群的主体地位和社区的中心地位，这可以说是我国非遗工作以对《保护非物质文化遗产公约》精神的坚持为基础、在理论和实践层面取得巨大进步的重要体现。

事实上，从非遗保护工作开展以来，联合国教科文组织具体的工作思路和策略也是处在不断发展和修正、甚至类似不断“打补丁”的状况。在这个过程中，相关学术界发挥了重要的作用，来自学术研究领域的许多新成果，通过教科文咨询机构、有关非遗保护的 NGO 论坛等，对联合国教科文组织在每年政府间委员会上出台新的文件发挥了重要参考作用。就国内学界来说，以民俗学者为主的许多研究者，通过参与非遗相关工作，既对民众的生活文化进行了更充分的观察和思考，也更深入地探讨了非遗保护中存在的深层问题和解决思路。2014 年底，中国民俗学会在联合国教科文组织保护非物质文化遗产政府间委员会第九届常会上当选为联合国教科文组织非遗审查机构成员，任期 3 年（2015—2017）。截至 2017 年 6 月份，该会非遗评审工作团队圆满完成了三年的

---

① 详见下文。

评审任务，一共负责评审了140多项不同国家向联合国教科文组织提交的不同类型的申报材料。这是中国学者全面参与世界性工作的一个标志，它既提升了中国学界在国际机构和相关事务中的地位，又为学界和有关部门更有成效地进行研究与实践积累了经验。可以说，通过更加密切地观察和了解联合国教科文组织与多个国家非遗保护相关的政策和实践，中国民俗学者正在越来越多地通过自己的努力，在联合国教科文组织和中国政府之间，以及政府与社区之间，搭建相互理解的桥梁，来推动非遗保护工作的良性发展。

在多种力量的不断推动之下，我国的非遗保护越来越强调从《保护非物质文化遗产公约》精神出发，并在理念上发生了以下三个方面的重大变化。它们在大大有益于我国相关实践的同时，对联合国教科文组织范畴的有关讨论与思考也具有积极的参考价值：

第一，从“原生态保护”到“整体性保护”。过去，我们常常听到的说法，是要对非遗进行“原生态保护”，还经常看到一些“非遗专家”指责传承人没有“原汁原味地保护”某一非遗项目。实际上，非遗不是“遗留物”，也不是“活化石”，而是现实中的人鲜活地传承和使用的生活文化，它是在不断创造、变异和调适的过程中才得到绵延不绝的传承的，因此，非遗保护必须要以承认和尊重文化的创造性为前提。经过多年来不断的讨论和纠正，现在，我们国内已经很少看到“原生态保护”的提法，取而代之的，则是“整体性保护”① 这种更有包容性和学理性的要求。

第二，从一开始强调自我文化的“杰出”或“独一无二”特征，变成了越来越注意避免类似的表述。这种转变是受联合国教科文组织新的文件要求影响的结果，其原因是为了从概念表述的层面进一步强调文化间的平等，同时规避背离相互平等、相互尊重原则的做法。②

---

① 刘魁立：《非物质文化遗产及其保护的整体性原则》，《广西师范学院学报》（哲学社会科学版）2004年第4期，第1~8页。

② 杨利慧：《新文化等级化·传承与创新——中国非物质文化遗产保护的成就与挑战以及韩国在未来国际合作中的角色》，《民间文化论坛》2016年第2期，第17~20页。

第三，从过去注重保护专业传承人发展到提出“人人都是文化传承人”的概念。这个概念，是作为2013年举办的第四届成都国际非物质文化遗产节的主题语提出的。它是多年来学术界不断积累、不断探讨的结果，也是我国非遗保护主导机构、参与各方和学术界积极互动的结果。以前，非遗研究与保护的重点主要放在“文化专家”身上，注重的是那些大量掌握非遗专门知识的人士，对一般参与者在非遗项目传承过程中的作用却并不重视。经过长期的调查、研究和论争，人们越来越意识到，非遗知识是社区成员共享的实践知识，它的实践和传承，不仅要依靠“文化专家”的保存、生产或展示，更要依靠普通人的理解、接受和共同参与，缺少后一方面的因素，任何一种非遗项目都不可能有存在和传承的基础。

总的来说，非物质文化遗产保护之所以能够在中国发展成具有广泛影响的社会文化运动，是民族自觉意识不断加强，以及中国与国际社会的联系日益密切的结果。作为一项旨在“提高对非物质文化遗产及其相互欣赏的重要性的意识”① 和“从尊重文化多样性的角度促进对话”② 的运动，非遗保护的迅速普及，也为中国社会重新认识自己传统的生活方式带来了重要启示和质的改变。当然，就像家乡民俗在融入或展示于更大文化系统中时必然要发生自觉或不自觉的调节一样，非物质文化遗产项目在从地方性知识向世界性文化转换的过程中，也毫不例外地要进行诸多的自我调整（主动或被动的），唯此方能实现基于文化多样性理念的多元文化之间的有效交流。以中国为例，非遗保护工作的指导原则从早期一味强调“原汁原味”或“原生态”的保护到今天倡导活态保护，

① 《保护非物质文化遗产公约》，第一章第一条，见联合国教科文组织创意处非物质文化遗产科：《基本文件·2003年〈保护非物质文化遗产公约〉2016年中文版》，巴黎：教科文组织，2016年。

② 《保护非物质文化遗产公约》，第四章第十六条，见联合国教科文组织创意处非物质文化遗产科：《基本文件·2003年〈保护非物质文化遗产公约〉2016年中文版》，巴黎：教科文组织，2016年。

就是在摸索中总结经验并逐渐接受联合国教科文组织相关理念的结果。而在联合国教科文组织框架内，有关保护的法案、理念、宗旨，以及具体的保护细则、规范，都以不断开展的学术探讨及国家之间、地区之间、族群之间的协商或妥协为基础，进行了许多修正，目前关于人类非物质文化遗产代表作项目申报材料的论证说明中，从无到有地增加了“避免强调申报项目独一无二”“突出社区知情权”等要求，就是一个例证。这充分说明，以不违背联合国教科文组织框架内所确立的基本原则为前提，在不同国家各自的具体实践中力求开拓适合自己实情、具有自己特点的道路至关重要。只有这样，才能够使每个国家或地区各具特色的非物质文化遗产及相应保护实践得到最大程度的认可和尊重——在这里，我们不妨把各个具体国家或地区理解为非遗保护框架中的“社区”——并在此基础上对国际范围内的整体工作起到积极的共同促进的作用。

第二节　家乡民俗学视野中非遗社区的多样性及其意义

在联合国教科文组织框架下的非物质文化遗产保护工作中，社区是一个十分重要的概念，仅就教科文组织对缔约国在申报人类非物质文化遗产代表作等项目的要求来看，对社区知情和社区参与的强调，就是贯穿始终的基本原则。作为联合国教科文组织非遗审查机构中国民俗学会的非遗评审专家，笔者在评审 2015 和 2016 两个年度一些国家提交的“人类非物质文化遗产代表作名录”和“急需保护的非物质文化遗产名录”申报书的过程中，对这一点有十分深刻的体会——有些申报国的申报文件，尽管陈述论证十分完备周详，所申报的文化事象也格外引人注目，但由于申报书在各个相应环节未能体现非遗项目传承人与社区的参与及引领信息，结果只能按规则建议退回或否决了。

这种看似“苛刻”的评审要求，背后蕴含着深刻而充分的理由。本节将结合家乡民俗学视角及对联合国教科文组织文件的思考，围绕以下内容展开讨论：什么是非物质文化遗产相关的社区？联合国教科文组织强调社区在非遗保护中的核心地位的目的何在，与家乡民俗学对“家乡”的观照之间又有什么样的关系？传承某一非遗项目的社区具有什么样的特征？非遗传承社区与政府等外界力量之间具有怎样的联系？在非遗保护已经成为一项融汇多种力量共同参与的综合社会文化运动的形势下，政府力量应如何更好地按照《保护非物质文化遗产公约》精神、站在家乡民俗学平等对话和同情理解的立场来处理自己与社区之间的互动合作？等等。

在联合国教科文组织有关非物质文化遗产的一系列政策中，社区被赋予极其重要的地位。自《保护非物质文化遗产公约》（2003）通过以来，联合国教科文组织陆续出台了一系列新的相关文件，目的是在总结经验的基础上确保《保护非物质文化遗产公约》精神的正确落实和相关实践的正确展开。从这些文件可以看到，“社区”出现的频率处在持续增多的状态。例如，在2003《保护非物质文化遗产公约》中，有10处提到了“社区”[①]；在联合国教科文组织于2014年颁发的“实施《保护非物质文化遗产公约》的业务指南”中，“社区”出现了61次[②]；而2016年版的“实施《保护非物质文化遗产公约》的业务指南”，涉及“社区”的地方则有117处之多。[③] 2016年年底，在纳米比亚举行的联合国教科文组织保护非遗政府间委员会第十届常会，通过了《保护非物质文化遗产伦理原则》，其所有十二条“原则”当中，有十一条都提及

① 联合国教科文组织创意处非物质文化遗产科：《基本文件·2003年〈保护非物质文化遗产公约〉2016年中文版》，巴黎：教科文组织，2016年。

② 联合国教科文组织创意处非物质文化遗产科：《基本文件·2003年〈保护非物质文化遗产公约〉2014年中文版》，巴黎：教科文组织，2014年。

③ 联合国教科文组织创意处非物质文化遗产科：《基本文件·2003年〈保护非物质文化遗产公约〉2016年中文版》，巴黎：教科文组织，2016年。

“社区”并把它放在重要位置，唯一没有明确提到“社区”的是第八条，该条内容为：“非物质文化遗产的动态性和活态性应始终受到尊重。本真性和排外性不应构成保护非物质文化遗产的问题和障碍。”[①] 实际上，强调尊重非遗的动态性和活态性，也就是在强调对传承人或社区有关非遗的自主权利的尊重，因此，从这一条中，我们仍然可以体会到对于社区意愿与权益的重视。可以说，“社区”已经成为贯穿非遗保护全过程的关键词，社区参与乃至社区主导，已经成为联合国教科文组织非遗保护工作最重要的一项原则。[②]

从《保护非物质文化遗产公约》及其多种衍生文件来看，联合国教科文组织在有关非遗界定、保护计划的制订和实施，以及申请进入各类名录的程序等各个环节的说明中，都十分强调社区的核心位置——“各社区、群体，有时是个人”是否把某一项目“视为其文化遗产组成部分”，是决定该项目能否被界定为“非物质文化遗产”的基本前提。[③] 而在实施与保护相关的所有措施的过程中，“社区最大限度的参与”[④]，以及“将社区、群体或个人，置于所有保护措施和计划的中心”[⑤]，则是始终凸显的原则。在联合国教科文组织“人类非物质文化遗产代表作名录申报表”（以下简称“代表作名录申报表”）和“急需保护的非物质文化遗产名录申报表”（以下简称“急需保护名录申报表”）当中，这一原则在第三条和第四条中有着尤其明显的体现。这两种申报表的第三条，都

---

① 联合国教科文组织：《保护非物质文化遗产伦理原则》，巴莫曲布嫫、张玲译，《民族文学研究》2016 年第 3 期，第 5 ~ 6 页。

② 杨利慧：《以社区为中心——联合国教科文组织非遗保护政策中社区的地位及其界定》，《西北民族研究》2016 年第 4 期，第 63 ~ 73 页。

③ 《保护非物质文化遗产公约》，第一条，见联合国教科文组织创意处非物质文化遗产科：《基本文件 · 2003 年〈保护非物质文化遗产公约〉2014 年中文版》，巴黎：教科文组织，2014 年。

④ 《保护非物质文化遗产公约》，第十五条，见联合国教科文组织创意处非物质文化遗产科：《基本文件 · 2003 年〈保护非物质文化遗产公约〉2014 年中文版》，巴黎：教科文组织，2014 年。

⑤ UNESCO. Aide-Mémoire for Completing a Nomination to the Representative List of the Intangible Cultural Heritage of Humanity, For 2016 and Later Nominations, No. 92.

是有关保护措施的内容。“代表作名录申报表”第三条要求，申报国必须论述“相关社区、群体或个人如何确保该遗产项目的存续力？过去和现在为此做了哪些努力”，“社区、群体或个人如何参与制定所提出的保护措施，在实施过程中他们又将如何参与”；“急需保护名录申报表”第三条则要求申报国“说明相关社区、群体或个人过去和现在为确保该遗产项目的存续力而付出的努力”，“阐述确保社区、群体或个人全面参与该保护措施的机制。提供尽可能详细的信息，以说明相关社区，特别是实践者，以及他们在实施保护措施的过程中所发挥的作用。这里的说明应涵盖两个方面，一则参与其间的社区乃技术支持和财务资助的受益方，二则社区积极参与了所有活动的规划和实施”。两种申报书的第四条，则都强调申报过程中的社区参与和社区认可，要求说明“相关社区、群体或个人如何积极地参与准备和编制申报材料的各个阶段”，以及对遗产项目的申报“尊重相关社区、群体或个人的意愿，经其事先知情同意”。而社区对相关申报的知情同意，“既可通过书面或音像形式，也可通过根据缔约国法律制度及相关社区和群体丰富多样性所采取的其他方式予以证明”。举例来说，假如社区成员对他们所传承的某一文化事象，并不期望加以公开或展示，那么，无论这样的事象在外人看来多么古老、多么有价值，都不应该在政府或其他任何外界力量的主持或推动下，把它列入任何一个层级的非物质文化遗产名录。

然而，同对社区的强调形成对比的是，无论是《保护非物质文化遗产公约》还是其他相关重要文件，都没有对非物质文化遗产保护中的“社区”做出明确的定义。之所以存在这样一个问题，其原因在于“社区很难界定——就像非物质文化遗产一样，相关社区和群体是动态的。社区和群体的概念还可以因不同的政治语境被不同的人以不同的方式来理解……大部分国家具有文化和民族—语言上的多样性，而且各个国家以不同的方式来对待其多样性……有的国家认可土著社区，有的则不然；那些刚刚度过国内问题困境的国家则更希望关注普遍的认同，而不是内部的差异”[①]。这种坦诚的表述，一定程度上也体现了联合国教科文组织在相关问题上的苦衷：作为国际博弈的平台，它制定的有关非遗保护的各种文件，必须充分考虑和照顾国际政治关系，而不是仅仅满足理论要求；不对“社区”进行界定，是因为其中牵涉到十分复杂多样的现实及相关理解，难以一概而论。

不过，综合联合国教科文组织所发布的多种文件，我们还是能够对“社区”的本质做出这样的解读：尽管社区很难被抽象地界定，但是就非遗保护的语境而言，“它们是直接或者间接地参与相关非遗项目的施行和传承的人”[②]。也就是说，联合国教科文组织强调非遗领域的社区、群体和个人，其最终目的，还是指向那些直接或间接参与某一非遗项目的实践或传承、并以该非遗项目为其文化遗产之一部分的人，“社区”，不过是对这类“人”在不同语境下不同表现形式的一种表述而已。

从这个角度来理解社区，我们就可以对联合国教科文组织强调社区重要性的意义有更进一步的认识——非遗保护的最终目标，实际上还是在于保护那些实践和传承相关非遗项目的人，保护这些人对自己文化的自豪感和自主权。这一点，正是联合国教科文组织非遗保护思想和理念先进性的体现，也就是说，就整个保护工程而言，对人的关心要远甚于对文化的重视。通过保护各种各样的非遗项目，突出相关项目传承者对该项目的传承权、主导权，非遗保护最终是要导向提升相对处于弱势地位的大量非遗实践者地位的目标。

从上文的讨论可知，“社区”在某种意义上是可以同“传承人”相互置换的一个概念，二者是对同一对象不同侧面的表述。那么，作为“传承人”的“社区”，又具有什么样的特点呢？

---

① UNESCO. 2003 Convention for the Safeguarding of the Intangible Cultural Heritage: Strengthening National Capacities for Safeguarding Intangible Cultural Heritage, Training of Trainers Workshop, 10 ~ 14 January, 2011, Beijing. NOM 5.3, Slide 15.

② UNESCO. 2003 Convention for the Safeguarding of the Intangible Cultural Heritage: Strengthening National Capacities for Safeguarding Intangible Cultural Heritage, Training of Trainers Workshop, 10 ~ 14 January, 2011, Beijing. NOM 5.12, Strategies for Community Participation, p. 415.

2013年6月，在成都举办的国际非物质文化遗产节，提出了“人人都是文化传承人”的主题语。这一表述的出现，对多年来非遗实践与研究领域及相关学科中过于强调“文化专家”而忽视大多数普通民众在文化传承中作用的取向，具有积极的矫正作用，体现了学术界和文化遗产保护实践者观念上的进步。长期以来，在非遗研究与保护领域，以及民俗学等与非遗问题密切相关并为后者提供学术支持的学科当中，对于文化主体的关注，大多都集中在那些因熟练掌握某一特定传统知识而不同于社区一般成员的“文化专家”身上。这些“文化专家”，由于熟悉相关传统知识而成为调查研究者主要的资料来源和关注对象[①]，也成了非物质文化遗产保护的主要对象，这在为学术研究或非遗保护实践提供资料搜集的便利、并从客观上有利于相关工作取得积极成效的同时，却弱化或掩盖了更广大范围的一般人的作用，从而为正确认识和对待非遗社区或传承人造成了极大的阻碍。“人人都是文化传承人”观点的提出，正是在反思上述问题的基础上不断调整和改进工作思路的结果。

然而，在承认某一社区中的所有成员都是文化传承人的前提下，反过来，又必须对传承群体（即社区）内部的结构特征及层次关系有更清楚的认识，只有这样，我们才能够真正领会并处理好“人人都是传承人”的命题，避免简单地把社区视为整齐划一的团体的做法。值得赞扬的是，在联合国教科文组织框架内近年来围绕社区特质所展开的讨论中，已经在这方面形成了颇有见地的新看法，即：“社区并非是均质的，在一个社区或者群体之内，对于非遗的认同和保护事宜可能会有不同的意见。”[②] 这对当下非遗保护实践的顺利开展，显然具有十分重要的、可供操作的指导意义。

---

① ［美］理查德·鲍曼：《民俗界定与研究中的“传统”观》，见理查德·鲍曼著，杨利慧、安德明译：《作为表演的口头艺术》，桂林：广西师范大学出版社，2008年版，第208~221页。

② UNESCO. 2003 Convention for the Safeguarding of the Intangible Cultural Heritage: Strengthening National Capacities for Safeguarding Intangible Cultural Heritage, Training of Trainers Workshop, 10 ~14 January, 2011, Beijing. NOM 5.3, Key Concepts of the Convention, P. 82.

那么，社区的这种“非均质性”究竟是如何表现的，其内部组成元素之间又具有什么样的关系呢？在这方面，我们可以借助民俗学、人类学界已有的相关成果，来认识和思考其具体状态。

日本人类学者渡边欣雄在对日本冲绳社会的研究中发现，民间知识具有“层积性”或“动态性”的特征，这表现为相关知识的掌握者对于该知识存在着“全知”“半知”和“无知”的区别。“全知”指掌握者对于这种知识无所不知，“半知”指对该知识一知半解，“无知”则是对该知识全然不知。① 与此相似，一些民间叙事研究者在有关口头艺术的表演与传承的调查研究中，也注意到一种神话传统往往会有“积极承载者”和“消极承载者”两类传承群体。前者主要指“社区中对地方掌故、区域历史以及民间传统怀有兴趣的老人、民间精英以及虔诚地信仰相关神灵的香会会首或者一般信众”，他们“所具有的神话知识通常更加丰富，能讲述的神话往往更多，也更愿意主动讲述”。后者则是“也知晓一定的神话故事，但是相对而言，其神话知识较少，往往只能叙述故事的核心母题，而无法完整、生动地讲述完整的神话，而且在生活中一般并不主动讲述这些神话知识”的人。②

以上两种概括，都注意到了民间知识或口头传统（均可理解为非物质文化遗产）传承群体的多样性，后一个例子中的研究者更明确指出“消极承载者”在神话传承中具有与“积极承载者”同等重要的作用，这对于纠正以往过于强调“文化专家”而忽视大多数普通民众在文化传承中的作用的做法，具有十分积极的推进意义。然而，它们更多地还是一种有关人们对具体内部知识掌握状况的静态分析，而较少从知识实践和传承的角度来思考。因此，所谓“全知”“半知”和“无知”的划分，主要是从静态角度对某种民间知识掌握者所做的分析，侧重的是离开该

---

① ［日］渡边欣雄著，梁景之译：《民俗知识的动态研究》，《民族译丛》1994年第6期，第46～51页。

② 杨利慧、张霞、徐芳、李红武、仝云丽：《现代口承神话的民族志研究——以四个汉族社区为个案》，西安：陕西师范大学出版社，2011年版，第23～24页。

知识具体应用语境时人们对于此知识了解程度的差别；有关“积极承载者”和“消极承载者”的研究，尽管比以往只关注那些讲述能手的研究视角有了很大拓展，却仍然没有把那些不会讲述任何故事却能够理解这些故事的社区成员包括进来。实际上，民间知识在大多时候是一种实践的知识，而不仅仅是提炼出来的、抽象化了的知识，只有结合某项知识的具体实践来分析一个社区中共享该知识的成员结构，才能够对社区成员的传承人属性有更清晰的认识。

我在家乡甘肃天水地区进行农事禳灾研究的过程中，曾有这样一个发现：就静态而言，人们对某一民俗知识具体内容的掌握，的确存在着量的差异。比如对求雨仪式的具体细节，只有阴阳先生等极少部分的专门人士有全面的了解和掌握。这些专门人士的指导和主持，是仪式活动得以完整、正确进行的重要保证。这些人士，可以称作相关知识的“保存者”或“传播者”。而大部分的参与者，则对这一知识的具体内容，或者一无了解，或者只有片断的了解。于是，就此方面而言，便出现了“保存者”或“传播者”同一般参加者的分别，这类似于“全知”和“半知”、或“积极承载者”和“消极承载者”的区别。但是，当这一知识被付诸实践的时候，就不仅需要“保存者”的参与、主持，而且也需要一般人的共同参加。两者的协力合作，是使得一种民间知识得以实施的基础，也是民间知识之所以能够成为作为“民间”的全体社区成员共享知识的保障。因此，无论是“保存者”还是普通参加者，他们实际上都是这种知识的“实践者”或“行动者”。他们之间的差别，只在于对这种传统知识的被抽象化了的具体内容掌握的多少，而对这一知识的应用领域、性质和功能等，所有的普通参加者同专门人士一样，都有着深刻的理解和自然的认同。而这也是作为“单纯实践者”的普通参加者，一旦受到“作为知识保存者的实践者”的指引，便可以十分确当地把这一知识付诸实践的一个重要前提。[①]

---

① 安德明：《天人之际的非常对话——甘肃天水地区的农事禳灾研究》，北京：中国社会科学出版社，2003 年版，第 182～183 页。

这种发现，主要得益于以家乡为中心，以平等交流、同情理解的家乡民俗学视角为基础的观察，因此，更能准确清楚地描述社区内部成员之间的层次性与多样性：就某一民俗知识（或非物质文化遗产）的传承与实践而言，一方面，相关社区的全体成员都是它的传承人；另一方面，社区或传承人在具体传承和实践该民俗（遗产）项目过程中，尽管能够通过分工协作来达成目标，却又不可避免地表现出明显的“作为非遗知识保存者的实践者”及“单纯实践者”之间的差异。而认清社区或传承人这种非均质性特质，对于非遗保护来说，将既有助于对社区内部成员予以一视同仁的对待和理解，又有助于避免采取过于简单化、理想化的措施，特别是在如何通过充分的交流协商来保障更广大成员的意愿得以实现方面。

第三节　社区与政府力量的协调：家乡民俗学的立场

从联合国教科文组织的各种文件来看，对社区的强调，主要是以对政府力量主导性的警惕或规避为前提的。也就是说，它主张尽量减少政府力量的强力干预：对于是否承认某一文化事象属于非遗，是否申报某个层级的非遗名录，诸如此类的一切事宜，都应该遵循社区的意愿而非政府的主导。这种基于官方与民间二元对立的规定，主要是因为担心处于绝对强势的政府力量对非遗项目过度的干预和影响而做出的。它具有充分的历史和现实依据，对保证非遗保护工作的正常开展、保障作为传承人的社区在遗产运动中的权益，也至关重要。

但在具体的保护实践中，却往往会出现与上述理想化的要求不完全吻合的情况。

首先，可能需要政府力量唤起民众对其所拥有的非物质文化遗产的重视。这个过程，往往因不同国家的具体国情而有所差异——在有的国家也许根本不需要，但在有的国家却必不可少。以中国为例，许多属于

“非遗”范畴的文化项目，由于曾长期处于被主流意识形态批判或禁止的状态而在社会上、包括在其传承者当中，对它们形成了各种偏见，或以之为愚昧，或以之为鄙俗，不一而足。一旦要人们把它们当成所谓“文化遗产”来光明正大地传承，往往需要进行相关的宣传或教育。“五四”时期的歌谣学运动，很大程度上就具有这种启发歌谣的主人正视自己文化传统的作用。而1949年以后的一些极“左”思潮，对人们有关传统文化的认识，尤其具有深刻的影响。因此，只有去除人们在这些影响下形成的对自己文化传统的偏见和自卑心理，他们才可能理直气壮地参与到非物质文化遗产保护相关的活动中来。而要达到这一步，来自社区外的政府先期进行主导性的宣传可以说十分必要。从这一点来说，至少在初始阶段，要做到社区的自主与引领是十分困难的。

另一方面，实际上，所有社区，就像家乡民俗学中的“家乡”一样，通常都是在与外来力量的互动当中进一步认识自己文化的价值的。许多现在被命名为“非遗”的文化事象，原本可能就是某个社区生活文化的基本组成部分，在它作为生活的一部分为人们所使用的时候，社区成员由于司空见惯并不会对其“额外的”价值有太多的认识或体会，只有在与外部力量的互动交流过程中，他们才可能通过“他者的眼光”反过来发现自己文化的附加意义。作为非物质文化遗产的价值，既在于其对原有社区民众所具有的特殊的生活实践与文化认同等方面的特殊意义，又在于因教科文组织所发起的社会文化运动带来的附加的意义，而这种意义的形成，在很大程度上有赖于非遗传承人（社区）在同外部力量（包括政府力量）交往过程中产生的有关自我文化的新理解。从这个角度来说，要想使社区不受强力干预地保持自己对于某一文化项目的理解和态度，也是不可能的。

其次，与上一个问题相关，有些社区或群体的传承人对自己的文化传统，可能会存在不同的理解。正如上一节指出的，有时在社区内部的“文化专家”与一般实践者之间，就具体文化项目甚至会出现截然不同的看法和处理态度。在这样的背景下，究竟以哪一种声音为主来开展相关工作，又存在着很大的矛盾。这时候，来自联合国教科文组织的政策和理念，客观上往往会发挥干预作用，为社区内部某种声音占据主导地位，产生支持和引导的效果。

再次，不少地区，存在着经济条件落后、相关技术薄弱的困境，需要来自外部的力量支持。在某一文化事象的保护方面，许多“社区”自身很难满足相关要求，而只能依赖政府的力量。就这种情形而言，要使名录申报以及保护计划的制定和落实等不受政府力量的制约，完全是不现实的要求。

可见，因具体国家和地区状况的不同，在联合国教科文组织对社区参与、社区引领的要求同非遗保护的具体实践之间，会出现许多具体的矛盾，以上只是简单列举了几项而已。既然如此，我们又该如何协调和处理这些关系呢？

在这方面，最为根本的还是要依照《保护非物质文化遗产公约》精神，充分认识尊重社区（传承人）意愿与权益的重要性——这是非遗保护的主旨，是联合国教科文组织发起这一运动的基本意义。

从具体操作来说，很长一段时间内，要在非遗保护中真正实现社区主导将是“不可能完成的任务”——从我所评审的多个国家“代表作申报表”和“急需保护申报表”可以看出，政府力量主导实际上是最常见的一种保护方式。但是，它同时也是“明知不可而为之”的一项重任。通过不断强调社区在各个环节的参与和知情权，联合国教科文组织的相关文件，以一种强制性的方式，不断提醒和强化着所有成员国重视社区的意识，这样的策略最终必然会导致一种质的变化。

那么，对于政府部门来说，如何更好地按照《保护非物质文化遗产公约》精神，逐渐调整并摆正自己与社区在非遗保护中的关系呢？在这一问题上，美国公众民俗学者所倡导和践行的“文化会话”（cultural conversation）① 理念，可以提供积极的参考。“文化会话”的观点强调，

① Nicholas Spitzer. Cultural Conversation. In: *Public Folklore*, eds. Robert Baron and Nick Spitzer. Jackson: University Press of Mississippi, 2008. pp 77-103.

公众民俗学者应该以一种协商对话、合作交流的态度，作为“文化协调者”来对待文化传承人，在一种平等的关系模式中，既向社区成员展现学者自己的思想和情感，又了解该社区文化的意义及民众的意愿，从而达成一种基于交互协作的文化展示。这种观点，实际上也就是家乡民俗学所强调的平等对话、同情理解的视角，而与“文化会话”主张不同的是，家乡民俗学还多了一种基于互为主体观念与学术理性态度以当地人的身份进行自觉反思的立场。在这样的立场下，作为外来者的调查研究者或参与者同作为局内人的社区成员之间，会逐渐缩小差距，从某种意义上而言，对于被表现出来的特定民俗事象，他们同时具有了“社区成员”的性质。这样一种身份，不仅使他们具有了参与社区文化事务的资格，更重要的，是让他们能够时刻从社区的立场及社区成员的情感出发，来思考和处理相关事务。在非遗保护实践当中，相关的政府机构、特别是这些机构具体的个人，假如能够站在家乡民俗学的立场、以“文化会话”的态度，真正做到“以社区为家园”，来参与每个社区的工作，克服强势过度干预的立场，将必然会为朝向一个更伟大的目标开启通途，这个目标就是，以非物质文化遗产保护为契机，保障人的权利，尤其是相对处于弱势的群体的权利，进而为促进人的全面发展做出切实的贡献。

第四节　以社区为中心构建人类命运共同体

联合国教科文组织之所以格外强调非遗保护中以社区为中心的原则，主要是由于两个方面的原因：一是因为联合国教科文组织认定“只有社区最大限度地参与到保护的整个过程中去，并在其中发挥主要的作用，非遗保护才能可持续地、有效地开展下去”①。二是为了限制政府等居于

① 杨利慧：《以社区为中心——联合国教科文组织非遗保护政策中社区的地位及其界定》，《西北民族研究》2016 年第 4 期，第 63～73 页。

强势地位的力量的过度干预，凸显相对处于弱势地位甚至社会底层的非遗传承人群的作用并保障其权益。

从非遗保护的实践或具体操作来说，这两个方面的理由足以充分说明坚持以社区为中心的原则的合理性和重要性。诚然，假如作为拥有和实践非遗项目主体的社区失去了保护该项目的主动性，或在保护活动中处于边缘地位，任何保护措施都不可能产生长久的效果；而在以联合国教科文组织为发起者、以相关国家政府机构为重要推动实施者而开展的非遗保护工作中，社区尤其容易处于弱势或边缘化状态。强调社区在非遗保护工作中的重要地位，就是为了从根本上避免或改变以上这些状况。而事实上，它也的确产生了一定的效果——尽管由于具体环境的限制，大多数的保护工作距离真正落实“以社区为中心”的原则还很远①，但在许多国家或地区的保护实践中，从观念到具体行动，都越来越多地体现出了对社区参与、社区知情等问题的重视。②

但是，强调以社区为中心的非物质文化遗产保护，是否会导致地方或群体的保守主义呢？③ 这种担心也不无道理。举例来说，人类学、民俗学等学科中近年来盛行的区域性、个案式研究，在为认识和理解丰富多彩的区域文化，以及文化同具体社区之间的复杂动态关系提供大量出色成果的同时，也引发了越来越多的问题，特别是其中对相关社区或族群“独特”属性与“特殊”认同的梳理、宣扬乃至强化。从某种意义上说，它们逐渐变成了学术界为大众贴上的标签，使许多地区或人群中本来处在或有或无、或隐或显状态的有关认同的意识，变得日益明确和强烈起来，最终变成建构和突显不同文化、不同群体和不同地区的特殊性

---

① 杨利慧：《以社区为中心——联合国教科文组织非遗保护政策中社区的地位及其界定》，《西北民族研究》2016 年第 4 期，第 63 ~ 73 页。

② 安德明：《非物质文化遗产保护的中国实践与经验》，《民间文化论坛》2017 年第 4 期，第 17 ~ 24 页；张举文、周星著，王宇琛译：《中国非物质文化遗产实践的核心问题》，《民间文化论坛》2017 年第 4 期，第 5 ~ 13 页。

③ 吕微：《反对社区主义——也从语词层面理解非物质文化遗产》，《西北民族研究》2018 年第 2 期，第 24 ~ 32 页。

与差异性，进而引发种种矛盾与冲突的新根源。当前世界，民族之间、文化之间以及宗教之间形形色色的冲突，大有愈演愈烈之势。这当然不能完全归咎于学术界的影响，但学术研究究竟在这方面发挥了什么样的作用，又应该进行怎样的调整，却是值得我们认真反思的。

不过，就像“家乡民俗学”中“家乡”的概念是与“民俗”密切相关、并在同更广阔的异乡比较中形成的那样，非遗保护《保护非物质文化遗产公约》所凸显的“社区”，也是一个具有开放性、包容性的概念，如前文所述，它是以“非遗”为纽带、以对不同非物质文化遗产传承主体的承认、理解和接受为前提而得到强调的。尤其值得庆幸的是，从具体操作层面看，联合国教科文组织对于非遗保护实践中因强调社区中心原则而可能造成的负面效果，也有足够的警惕和预防。这一点，结合非物质文化遗产保护的宗旨来看，我们就会有更清楚的认识。

非物质文化遗产保护工作所针对的对象，当然是各民族丰富多彩的非物质文化遗产项目。但是，面对国家之间、地区之间或民族之间日益错综复杂的关系，面对当今世界不断涌现的种种矛盾和冲突，联合国教科文组织发起这一社会文化运动的最终目标，已经不再局限于文化本身，而是更多地指向了作为文化遗产主体的人，或者说是人类社会——它是要以非物质文化遗产保护为媒介，创建人类社会交流合作的新平台。对这一目标，联合国教科文组织前总干事博科娃有十分明确的阐述：“世界正在寻找促进和平和可持续发展的新的道路。此时，我们需要有凝聚力的项目，让不同的人走到一起。《保护非物质文化遗产公约》就是这样一个对话和行动的平台。每个国家、每个社区都可以在这里主张自己的权利，分享自己的愿景并发挥文化多样性的创造性力量以巩固我们共同的价值观。”①

可见，在非遗保护工作中强调社区的重要性，只是一种工作策略，

---

① ［保加利亚］伊琳娜·博科娃：“序言”，见联合国教科文组织创意处非物质文化遗产科：《基本文件·2003 年〈保护非物质文化遗产公约〉2014 年中文版》，巴黎：教科文组织，2014 年。

或最多属于阶段性任务，而不是最终目的。其最终目标，还是对于全人类的关怀。在保障每个具体“社区”的意愿和权利得到充分表达和重视的前提下，构建不同社区之间更容易、更畅通、更和睦的交流通道，从而为缓和或消解不同族群、不同地区之间的矛盾冲突发挥作用，可以说是它最重要的宗旨之一。

这种“人类关怀”，还体现在联合国教科文组织有关非遗保护的许多观念与具体措施上。以它所主持的影响广泛的代表作名录评审活动为例，该名录名称为“人类非物质文化遗产代表作”，强调任何一项被列入其中的非遗项目都属于人类共享的文化，而不应该被理解为某一申报主体的专利。正因为此，联合国教科文组织对所有成员国提交的“人类非物质文化遗产代表作名录”“急需保护的非物质文化遗产名录”和“优秀实践名册”申报书，都十分注意纠正其中出现的“独一无二”“杰出”“非凡”等用来形容相关项目的词汇，因为其中体现了明显的地方主义色彩。[①] 又如，联合国教科文组织文化部国际标准司的司长林德尔·普罗特在谈到保护非物质遗产的意义时曾说：“教科文组织 1998 年的《世界文化报告》将重点放在保护文化的多样性上，这不仅是出于对少数人群人权的考虑，而且是因为对人类的知识和文化资源来说，对那些已经延续了几千年，现在却正以惊人的速度消亡的传统风俗、语言和生活方式进行保护是极其重要的。也许有一天，地球上这些其他的生活方式会被证明对人类的生存是至关重要的。可能某一天，技术灾难、气候巨变或基因突变会将我们居住的地球彻底改变，那时，我们就需要利用我们所能找到的各种不同的方法来帮助人类适应新环境。”[②] 其中对于人类未来整体命运的关怀，可以说跃然纸上。

---

① UNESCO. Intergovernmental Committee for the Safeguarding of the Intangible Cultural Heritage, Tenth session, Decisions. Windhoek, Namibia, 30 November to 4 December, 2015. http://www.unesco.org/culture/ich/doc/src/ITH-15-10.COM-Decisions-EN.doc

② ［澳］林德尔·普罗特：《定义‘无形遗产’的概念：挑战和前景》，见联合国教科文组织编，关世杰等译：《世界文化报告：文化的多样性、冲突与多元共存（2000）》，北京：北京大学出版社，2002 年版，第 147～148 页。

由此可见，联合国教科文组织所倡导的非物质文化遗产保护，其目标同建设人类命运共同体的事业具有高度的一致性。

人类命运共同体理念的提出，是为了应对和解决人类社会当前所面临的种种难题与危机。在这些难题与危机当中，由于文化问题所引发的矛盾与冲突，占有十分重要的比例。据联合国的一项统计，全世界的主要冲突中，有四分之三与文化层面有关。[①] 为什么会出现这样的状况呢？不同文化之间存在的较大差异，是引发冲突的一个原因，但这只是表面的原因。更深层的原因，在笔者看来，还是由于差异在不同文化的拥有者与传承者之间没有得到充分的了解、认可和理解。

不同文化之间的差距，也就是作为相关文化主体的社区或群体之间的差距。以非物质文化遗产社区为例，因非遗项目本身的不同，其社区范围大小也不一样，既可能是较小的群体，又可能是较大的族群甚至更大的民族国家。无论其大小，一旦形成，它都具有建立在一个共同文化纽带之上的稳定性和内聚性，并因此而体现出一定程度的排他性特征。尽管非遗社区内部也存在非均质性特征[②]，但在就相关文化事象与社区之外更大范围的组织或群体交往时，社区成员在主要认同、主要诉求等方面，更容易取得一致。社区的这种排他性，在不同社区接触、交往的过程中，因其相互了解程度的不同而具有不同的效果，有的情况下只表现为些微的差异，在缺乏相互交流、了解的社区或群体之间，则可能表现为较激烈的摩擦、纠纷乃至冲突。因此，“弥合不同文化间的差距，不仅对于和平、稳定与发展至关重要，而且也是当务之急”。[③] 事实证明，对话和交流，是弥合文化间差距最为有效、最为重要的手段。非物质文化遗产保护，则是国际社会通过多方努力搭建起来的一个成熟的文化交

---

① 联合国：“世界文化多样性促进对话和发展日”（http://www.un.org/zh/events/culturaldiversity-day/index.shtml）。

② 杨利慧：《以社区为中心——联合国教科文组织非遗保护政策中社区的地位及其界定》，《西北民族研究》2016 年第 4 期，第 63 ~ 73 页。

③ 联合国：“世界文化多样性促进对话和发展日”（http://www.un.org/zh/events/culturaldiver-sityday/index.shtml）。

流平台，必然能够为建设人类命运共同体的宏伟目标发挥重要作用。

从家乡民俗学的视角看，这个平台，建立在“文化多样性”这一共同认可的原则之上，通过强调“以社区为中心”的保护思路，首先为不同文化提供了充分展示其特征以及相互之间差异性的机会。任何文化项目，只要属于“各社区、群体，有时是个人，视为其文化遗产组成部分的各种社会实践、观念表述、表现形式、知识、技能以及相关的工具、实物、手工艺品和文化场所”，并且“符合现有的国际人权文件，各社区、群体和个人之间相互尊重的需要和顺应可持续发展”①，就都有资格在这个平台以申报、列入名录等不同形式得以展示。而展示出来的项目，由于是按照联合国教科文组织要求在社区自愿的基础上呈现于相关社区之外更广泛的领域，因此，其中能够准确而全面地体现社区的意愿、情感以及相关文化项目的总体特征。同时，这样展示出来的非遗项目，对于社区之外的人们而言，无论多么陌生乃至怪异，又都能在承认和尊重文化多样性这一基本理念的规约下得到认可。这样，随着不断接触，不断了解，原来被视为“奇风异俗”的某个特定社区或族群的文化现象，以及其中所表达的相关传承者的情感和观念，对于社区或族群外的广大成员来说将不再怪异，而是变得逐渐可以理解和接受，这其实也就是中国传统思想中所谓的“和而不同”，或者谚语所说的“百里不同风，千里不同俗”的境界。

以上可以说是立足于社区的非遗保护在文化交流方面可以达到的第一重效果，即为不同社区的不同文化提供充分展示差异性和多样性的平台。其第二重效果，则是促进不同社区、不同文化之间的相互欣赏、相互尊重。无论是在怎样不同的文化传统之间，只要人们有了相互接触、相互展演自己的传统文化的机会，就一定都会为相互认可、相互接受创造良好的开端。在把“我”或“我们”的相关事象与“我们”之外的事

① 联合国教科文组织创意处非物质文化遗产科：《基本文件·2003 年〈保护非物质文化遗产公约〉2016 年中文版》，巴黎：教科文组织，2016 年。

象都一视同仁地看作“文化”或“非物质文化遗产”的观念影响下，“我们”文化的价值得到了充分的彰显，“我们”之外的文化所具有的价值也会得到越来越多的认识和了解，并逐渐成为“我们”能够承认、欣赏和享用的内容，进而围绕特定非遗项目，促成包括原来小范围的“我们”及其之外相关非遗社区在内的一个新的范围更大的“我们”。

第三重效果，是随着交流的不断增加、不断深入，在各非遗社区当中促成一种基于文化比较视野的高度自信。从家乡民俗学的角度来看，这种自信，来自家乡或社区内部成员在同他乡或社区外部文化不断交流互动过程中形成的自觉反思，它既体现为对自己文化所具有的优长与价值的充分肯定，又包括对其文化的不足或弊端的坦率批判与自觉改进。后一方面，在多元文化交流、比较和融汇的背景下，尤其具有举足轻重的意义。它将在很大程度上消除非遗保护中可能出现的保守主义，使以非遗保护为媒介的文化交流走向更深入的境地，从而为进一步的文化融合打下厚实的基础，并在构建人类命运共同体的进程中发挥更加积极有效的作用。

当然，必须承认的是，非遗保护并不能解决所有的问题。笔者在2015～2017年间，连续三次作为中国民俗学会代表团成员参加联合国教科文组织保护非物质文化遗产政府间委员会常会，每次会议期间，都能看到两个有着世仇的国家在现场因双方相关的具体项目是否被列入代表作名录而剑拔弩张地相互批判甚至攻击的情形。这充分说明，基于多种因素而产生的族群之间或国家之间的复杂矛盾，非但无法通过文化对话加以缓解，文化对话的相关平台，反而会为相关矛盾与争斗的延续提供新的机会。也许，我们可以乐观地说，上述两个国家之间的这种对话，尽管充满火药味，但非遗保护平台毕竟也为双方相互的接触和交流创造了条件，假以时日，它也可能会逐渐发挥一种促成相互谅解、相互包容的作用。

总之，作为非物质文化遗产保护运动中的关键概念之一，“社区”

是被看作可以与“传承人”相互置换的一个概念来加以强调的，而在这个意义上对社区在保护实践中的参与、知情乃至引领权利的强调，体现了联合国教科文组织力图通过文化的保护来保护相对处于弱势的非遗传承人的权益的根本目标。而从家乡民俗学的基本思路出发，我们又可以进一步看到，非遗保护中的“社区”同“家乡民俗学”中的“家乡”之间，有着高度的相似性。正如“家乡”概念是在同异乡的比较中形成、并且始终包含着潜在的开放性和广阔的比较视野一样，非遗保护领域对“社区”的重视，首先是为了在一个广泛的社会文化运动中突显和提升原本处于相对弱势地位的非遗传承人的地位，增强他们在相关实践中的作用。其次，更为重要的，它也自始至终是以对文化多样性的尊重和对不同文化之间可交流、可比较性的认可为前提的。对社区主体性的强调，同家乡民俗学的立场与视角有高度一致之处：它们都是以平等对话的态度，在外来者与在地者的交流互动当中，共同促成一种新的文化结果。这种结果，既来源于外来者输入的某个概念（“民俗”或“非遗”），又立足于在地者的情感与主体性（以他们的意愿为基础而确立），其基本前提，是把无论外来者还是在地者一视同仁地看作平等的主体，并对其主体间性予以充分的承认与尊重。在此前提下，可以进一步发现并承认每个社区的非均质性与多样性，这种非均质性和多样性，表现为社区成员在传承和实践非遗项目的过程中存在的“作为非遗知识保存者的实践者”同“单纯实践者”之间的区别，以及相互协作。他们通过不同的分工，共同促成了相关非遗项目的延续与实施。由于社区内部的多样性与复杂性，加上不同国家的文化传统、政治形态和经济条件等方面的不同，使得具体的非遗保护实践往往很难避免政府力量处于主导地位的情况。但是，对于参与非遗保护的任何国家或地区而言，这并不能成为忽视社区参与、社区知情和社区引领的理由，相反，政府力量应该借鉴家乡民俗学的立场，以一种“文化对话”的态度，尽量克服具体实践过程中强势干预的立场，作为“文化协调者”平等地参与到保护工作当中，为最终促成非遗保护中以社区为中心的局面，以及普通人的全面发展而做出切实的努力。这种形式的非遗保护，以感同身受的同情之理解为原则，在坚持文化多样性理念、承认和尊重文化差异的基础上，既能使更具体、更个别的诉求得到充分的表达，又能使相关文化传统的个性化特征得到相对完整的体现和彰显。这种充分的表达与彰显，为不同社区和群体之间的相互了解、相互沟通与相互理解，创造了必要的条件，并为从本质上解决不同文化之间的冲突、进而促成范围更大的社区或共同体，也即人类命运共同体，提供了重要保障。从这个角度来说，家乡民俗学的立场和视角，其实完全可以超越狭义的家乡或民俗学的范围，为更广泛的人类交流提供具有积极参照意义的一般框架。

第六章　人类交流的基本形式：家乡民俗学视角下的“讲故事”

作为民间文学中占有重要位置的一个文类，故事历来是民俗学、民间文学研究领域关注的主要对象。20世纪七八十年代以来，随着学科理论视角的发展，研究者对包括故事在内的各种形式的民间文学作品的研究，从过去以作品文本为主的探讨逐渐转向了对语境及语境中的文本的考察，从“表演”“交流”的角度来思考和分析民间文学作品的属性与功能等，日益成为研究界的共识。[①] 对于故事研究而言，关注动态的、综合的“故事表演”或“讲故事”，也从此成为研究的重点，进而推动了相关理论、方法以及有关具体问题讨论的进一步深化和完善。

与民俗学领域的学术转向相呼应，其他相邻学科当中，近年来也出现了不少从“讲故事”的视角来探讨不同领域具体问题的成果。而这一视角的引入，显然为这些成果在相关领域取得全新突破奠定了别具一格的基础。例如，荷兰学者田海（Barend ter Haar）的著作《讲故事：中国历史上的巫术与替罪》，通过梳理中国历史上有关巫术替罪观念的故事传播及其实际影响，对讲故事在社会动员方面所具有的强大力量进行了细

---

① 相关信息和讨论可参看杨利慧、安德明：《美国当代民俗学的主要理论和方法》，见周星主编：《民俗学的历史、理论与方法》，北京：商务印书馆，2006年版，第595～638页；刘晓春：《从“民俗”到“语境中的民俗”——中国民俗学研究的范式转换》，《民俗研究》2009年第2期，第5～35页；杨利慧：《语境、过程、表演者与朝向当下的中国民俗学——表演理论与中国民俗学的当代转型》，《民俗研究》2011年第1期，第7～32页。

致分析。尽管由于全书以揭示历史真实为目的，因此并没有对故事讲述的具体机制进行分析，但在对历代相关资料的爬梳中，作者深刻鲜明地展现了作为口头交流的故事讲述的内在属性与功能。① 又如，哈佛大学教授王德威在近期有关中国现代文学的一篇论文中，鲜明地提出了“讲好东北故事”的主张，并以之作为从文学角度构建作者所倡导的“东北学”的重要路径。文中对“故事”和“讲故事”这两个概念所做简要而有深度的分析，尤其具有超越一般狭义理解、揭示“讲故事”更丰富内涵的启发性。②

近年来，“讲好中国故事”作为一个重要表述，不仅在中国学术界、也在社会各界引起了广泛的关注和呼应。这种现象的形成，同我国国家领导人的倡导有直接关系③，但更为重要的，还是根源于“讲故事”本身的丰富内涵与价值。正因为如此，我们看到，仿佛是不约而同地，2021 年年初美国新当选总统拜登的就职演说，通篇贯穿的理念，也是如何“讲好美国故事”。为什么要说讲好中国故事或美国故事？自然是因为“讲故事”蕴含着强大的力量，它能够导致与其他交流方式截然不同的良好效果。显然，在这种表述中，“讲故事”已不只是具体民间文学的讲述活动。它以具体故事讲述或表演行为所蕴含的基本属性为基础，通过充分的归纳、提炼和升华，又被赋予了超越特定讲述行为的更加丰富的象征意义和实践指导价值。在这个意义上，可以说，“讲故事”作为千百年来人类所共有的行为，以其在特定语境中交流表达的具体活动确立和积累的基本机制，构成了面向当代、面向新形势实际需要的重要交流形式。

结合家乡民俗学和民俗学表演理论的双重视角，通过考察民间文学

① ［荷］田海著，赵凌云、周努鲁、黄菲、李瞳译：《讲故事：中国历史上的巫术与替罪》，上海：中西书局，2017 年版。

② 王德威：《文学东北与中国现代性——“东北学”研究刍议》，《小说评论》2021 年第 1 期，第 60 ~ 75 页。

③ 学而时习：《习近平：讲好中国故事，传播好中国声音》，《求是网》2021 年 6 月 2 日（http：//www. qstheory. cn/laigao/ycjx/2021 – 06/02/c_ 1127522386. htm）。

领域的“讲故事”活动，以及民间文学范围之外各种经典文献相关内容中表现出的“讲故事”的属性，来分析故事讲述（表演）的内在交流机制及其在塑造特定社会关系方面的功能，将不仅有助于深刻理解和揭示作为方法的“讲故事”在人类交流系统中的内涵、地位和价值，也必然有助于从另外一个角度拓展家乡民俗学的范畴和意义。

有鉴于此，需要说明的是，在本章的讨论中，我们将从最宽泛的意义上来使用“讲故事”这一概念——它既是指具体的民间文学讲述活动，又是指蕴含着具体讲述活动所确立的基本属性又超越了具体行动的特殊交流形式。与此相关，在具体的讲述/表演当中，“故事”指的是一切包含情节的叙事，而在交流形式的意义上，“故事”是指所有被运用交流技巧加以表达的内容。

第一节　“讲故事”在日常交流中的强大威力

俗话说：“好马出在腿上，好汉出在嘴上。”从历史上看，中国历代著名的舌辩之士，都是讲故事的高手。在每一个重要的场合，通过讲故事的交流形式，他们大都能够达到预设的交流目标；有时即使没有达到预期目的，讲故事的手段至少也为突破特定情势下的交流困境，带来了意想不到的效果。例如：

> 孟尝君将入秦，止者千数而弗听。苏秦欲止之，孟尝曰：“人事者，吾已尽知之矣；吾所未闻者，独鬼事耳。”苏秦曰：“臣之来也，固不敢言人事也，固且以鬼事见君。”
>
> 孟尝君见之。谓孟尝君曰：“今者臣来，过于淄上，有土偶人与桃梗相与语。桃梗谓土偶人曰：‘子，西岸之土也，挺子以为人，至岁八月，降雨下，淄水至，则汝残矣。’土偶曰：‘不然。吾西岸之土也，土则复西岸耳。今子，东国之桃梗也，刻削子以为人，降雨

下，淄水至，流子而去，则子漂漂者将何如耳。’今秦四塞之国，譬若虎口，而君入之，则臣不知君所出矣。”孟尝君乃止。（《战国策·齐策三》）①

在上述这段记述中，苏秦通过向孟尝君讲述一则神奇传闻（或“鬼故事”），达到了数千门客都没有达到的劝阻孟尝君前往秦国的目的，讲故事的强大威力由此可见一斑。当然，数以千计的其他门客，在劝告孟尝君时，不一定没有采用讲故事的手段。从孟尝君对苏秦所说的“人事者，吾已尽知之矣”，再结合讲古比今的对话方式普遍见诸早期文献记录的状况来推断，其他劝说者应该也讲述了不少故事。但为什么唯独苏秦能够成功呢？答案也在孟尝君的那句话里：“人事者，吾已尽知之矣；吾所未闻者，独鬼事耳。”他希望能听到鬼怪之事。而苏秦十分机敏地抓住了这一线索，根据孟尝君的要求，讲述了一则“鬼事”。与一般的故事讲述者不同，苏秦的高明之处，就在于能够及时掌握听者的期望，并适应听众的需要来选择、设计恰当的故事，调整讲述策略。从这里可以看到，讲故事固然是一种重要的策略和手段，但在此前提下，讲述者能否适时根据听者的需求来安排相关的讲述内容乃至讲述的方式，对最后能否达成相应目标而言尤其重要。这一点，也正是我们在后文将要展开讨论的表演理论视角下“讲故事”内在机制的组成要素。

类似的记载，在早期的文献中我们还可以找到很多。像《战国策》所载邹忌通过讲述自己亲历的“吾妻之美我者，私我也；妾之美我者，畏我也；客之美我者，欲有求于我也”事件，起到了劝谏齐威王广开言路、改良政治的效果。②《孟子》所载孟子在与齐宣王的对话中，借助讲述周文王治理西岐、公刘喜欢财物且府库充盈以及周太王古公亶父喜爱美女等故事，对宣王自称的“好勇”“好货”和“好色”三种缺点进行

① 〔汉〕刘向辑录：《战国策》，上海：上海古籍出版社，1985年版，第373～374页。
② 〔汉〕刘向辑录：《战国策》，上海：上海古籍出版社，1985年版，第324～326页。

了分析，并指出了其中所包含的正面价值，在鼓励君王正视自我、勠力国事的同时，也保证了双方交流的顺利进行①，等等。

有关讲故事所具有的强大威力的最著名例子，莫过于《一千零一夜》。这部卷帙浩繁的故事集通篇以讲述一个完整的大故事来结构：古代有一位国王叫山鲁亚尔，他因发现王后“不贞”，将其杀死后，每夜都要娶一个少女，次日凌晨即杀掉。宰相的女儿山鲁佐德为拯救其他无辜女子挺身而出，让父亲将自己送进了王宫。进宫当夜，她通过讲故事吸引了国王的注意，第二天天亮时，故事正好讲到最精彩处。国王为了继续听故事，暂时没有杀她，让她下一夜继续讲述。结果，山鲁佐德的故事讲了一千零一夜，最终感化了国王，与她白首偕老。山鲁佐德所讲述的那些故事，也构成了《一千零一夜》的全部内容。② 总体来看，这部故事集，以一个故事的讲述为主线，通过以大故事套小故事的表现方式，不仅本身对“讲故事”的独特魅力与功能进行了整体的诠释，而且以每一篇具体的故事，展示了“讲故事”在方方面面的价值和意义。“讲故事”作为特殊交流方式和生存策略的强大影响力及其产生的出色效果，在其中得到了淋漓尽致的表现。

第二节　“讲故事”在经典文献塑造方面的特殊功能

作为一种重要的交流策略和技术，“讲故事”不仅为具体实践的顺利完成发挥了积极的引领作用，而且构成了许多经典文献或宏大叙事赖以行文并得以传世的基础，对其能够最终成为经典有着不可替代的意义。这样的例子，在我国先秦时期的诸多重要文献中比比皆是。例如，《论语》《孟子》当中，除了包含大量上文提到的叙述主人公通过讲故事来

---

① 万丽华、蓝旭译注：《孟子》，北京：中华书局，2006 年版，第 27 ~ 28 页。

② 参见纳训译：《一千零一夜》，北京：人民文学出版社，1982 年版。

达到劝谏、告诫、教导等目的的内容，大多数篇章的文体本身都是在“讲故事”。像《论语》“先进”篇的“南容三复白圭”“颜渊死”，“微子”篇的“长沮、桀溺耦而耕”“子路从而后”，《孟子》中有关孟子“见梁惠王”“见齐宣王”“见梁襄王”一类的内容，及其“公孙丑”下篇中的“孟子将朝王”“孟子自齐葬于鲁”“孟子致为臣而归”“孟子去齐，宿于昼”，等等，自然属于这方面的典型例证；而两部著作中俯拾皆是的对话体篇章，其内在结构本身，实际上也可以看作是以“讲故事”的形式构建起来的内容，因为这些内容赖以展开的相互对话的背后，必然隐含着有关交流行动或事件的叙述。

2021年国庆假期期间，我在回天水老家时，听弟弟讲了这样一件事：他有一天拿着一部图文版的《大藏经》翻看时，正好被村里一位对佛经感兴趣的老先生看到，就让他介绍书里的内容。弟弟对他讲了其中的一个本生故事，还把书借给了他。过了些天，老先生来还书时，对他说，这里面讲的都是故事，像《六祖坛经》一类，虽然都很吸引人，但这可不是“经”，因为里面没有咒语，也不是在直接讲述道理！弟弟说自己当时还和老先生进行了辩论。他告诉老先生：“您以为经文应该是什么样的呢？它不见得都要直接说大道理，许多经文其实都是通过平凡的故事来讲道理的！”老先生的理解代表了大多数人对于宗教经典的看法，但我很欣赏弟弟的见解，它体现的是对于宗教经典本质属性更恰当、更深刻的认识。

如同上文所介绍的《论语》《孟子》等儒家经典一样，许多重要的宗教经典文献，除了像《道德经》这样直陈道理的文本之外，其实也多是以“讲故事”为重要方式乃至基本框架而构筑起来的。例如，基督教《圣经》的开篇，就是在讲述一个神圣故事：“起初，上帝创造天地。地是空虚混沌，渊面黑暗；上帝的灵运行在水面上。上帝说：‘要有光’，就有了光。上帝看光是好的，就把光暗分开了……”而从全书来看，讲故事更是构成了整部《圣经》文体的核心特征。

佛教的各种重要经典，像《六祖坛经》，本身就是一个长篇故事。而著名的《金刚经》和《般若波罗蜜多心经》，除了贯穿其中的对话体背后所隐含的“讲故事”特性之外，均以“讲故事”为基本框架来展开：“如是我闻：一时，佛在舍卫国祇树给孤独园，与大比丘众千二百五十人俱。尔时，世尊食时，著衣持钵，入舍卫大城乞食。于其城中次第乞已，还至本处。饭食讫，收衣钵，洗足已，敷座而坐。”(《金刚经》)[①]“观自在菩萨，行深般若波罗蜜多时，照见五蕴皆空，度一切苦厄。”(《般若波罗蜜多心经》)[②] 两篇经典，都借助“讲故事”（叙事）的代入和铺垫，来展开全篇并述说深层的道理，故事讲述形式所蕴含的质朴性与亲和力，为强化思想言说的实在性和神圣性奠定了厚重的基础。

第三节　表演理论视角下“讲故事”的内在机制

“讲故事”为什么能够发挥上述强大作用？这首先同“故事”这一文类本身的内在属性有关。如美国民俗学者理查德·鲍曼讨论口头艺术时所说的：“某一社会中的各种口头艺术形式——故事、史诗、民歌、仪式性的礼拜、政治演讲术，等等——在它的语料库中往往是最公开受到品评、最受欢迎并与其他言语体裁有着明确分界的部分，对这些形式的表演，常常为研究言说的民族志工作者提供了一个进入更大的言说方式体系——一个社区的社会生活赖此而得以实现——的重要切入点。”[③] 就具体的故事讲述或表演而言，我们可以把故事理解为“时间和因果秩序中那些尚未形诸语言的事件”[④]，或理解为一种特殊的话语形式。这种形

① 鸠摩罗什译：《金刚经》，见鸠摩罗什等译著：《大藏经》（精华本），沈阳；万卷出版公司，2008 年版，第 3 页。

② 〔唐〕玄奘译：《般若波罗蜜多心经》，见鸠摩罗什等译著：《大藏经》（精华本），沈阳；万卷出版公司，2008 年版，第 165 页。

③ ［美］理查德·鲍曼：《中译本序言》，见理查德·鲍曼著，杨利慧、安德明译：《作为表演的口头艺术》，桂林：广西师范大学出版社，2008 年版，第 18～19 页。

④ ［美］华莱士·马丁著，伍晓明译：《当代叙事学》，北京：中国人民大学出版社，2018 年版，第 111 页。

式本身具有的内聚性，以及诸多外在形式上的明显标定，像“从前……”之类的“特殊的套语”①，都能够使得它显著区别于其他一般话语，并能从一整段的话语流中被提取出来。同时，故事又具有高度的艺术性，能够迅速激起讲述者和聆听者从不同角度关注的兴趣。正因为此，相比之下，人们在日常交流中才更愿意听故事，而不是其他形式的内容。

在具体的社会生活中，人们之所以要讲故事，同娱乐目的有很大关系，但又不只是为了娱乐，更多时候还是为了借助这种特殊的艺术形式来进行交流。这一点，也正是民俗学表演理论结合民俗学、语言人类学与交流民族志中新的理论成果，以“表演”来理解和解读包括故事在内的各种口头艺术的讲唱活动的重要前提。按照这一理论，各种口头艺术在本质上都属于“表演”，表演指的是一种交流模式，在这种模式中“表演者对观众承担着展示交流技巧的责任”。② 这也就是说，像口头艺术中的其他文类一样，故事的完整意义，必须在“讲述”（表演）中才能得到彻底的实现和展示。讲故事，自然要充分借助和发挥上述故事的内在属性，同时，它又发展出了丰富的交流策略和完整的交流机制，为处于特定交流语境中的交流各方建立了特殊的交流平台。

在这个特殊的平台上，故事的讲述者（表演者）和听众/观众处于密切互动的状态。“表演者会改造自己的表演，以影响——感动、说服、开导、愉悦——他/她的观众，并期待得到观众的品评作为回应。同样，观众的反应对于表演的展开过程也具有相应的影响。”③ 这就使得故事讲述（表演）过程的参与各方，都能从不同角度影响整个讲述活动并对其最终的完成发挥作用。本文开始时引用的苏秦劝说孟尝君的记载，如前所述，属于恰当把握讲故事过程中这种互动关系因而收到良好交流效果

① ［美］理查德·鲍曼著，杨利慧、安德明译：《作为表演的口头艺术》，桂林：广西师范大学出版社，2008 年版，第 24 页。

② ［美］理查德·鲍曼著，杨利慧、安德明译：《作为表演的口头艺术》，桂林：广西师范大学出版社，2008 年版，第 77 页。

③ ［美］理查德·鲍曼著，杨利慧、安德明译：《作为表演的口头艺术》，桂林：广西师范大学出版社，2008 年版，第 104 页。

的典型例子。进而言之，在表演理论框架下的“讲故事”，讲什么，并不完全是由讲者来决定，而是讲、听双方协商的结果；如何讲，也不只是讲者自己的专权，而是要根据听者的反馈及现场氛围进行适时的调整。有这种充分保证听者权利的交流机制，加上交流内容（故事）本身的内在吸引力，讲故事便自然而然地成为最受欢迎且富有影响力的交流方式。

2019 年春夏之交，我回到家乡甘肃天水，在老家所在街亭小镇的爷山跟踪调查当地民间信仰重建问题。在这个自己从小长大的地方，尽管我也有不少熟人，但由于常年在外，我对很多人、很多事也十分陌生，这给调查造成了一定的障碍。有一天，我在山上看到参与重建华佗祖师殿的几位不认识的工人正在休息闲聊，就走近他们，正好听到一位年龄较大的工人在说当年村里某人因为打砸华佗祖师神像而受到惩罚的传闻故事。这个传闻我小时候也听老人讲过，这时候在华佗殿的现场听起来，有一种别样的感觉。见我这个陌生人过来，那位讲故事的工人稍微停顿了一下，但其他人大概由于集中注意力听故事，并没有显出什么异样，故事也就继续讲了下去：“那小伙回家后，当天下午就腿疼得厉害，把他爸妈都吓坏了。家里想了好多办法，可是咋治也治不好，结果，他一辈子都成了瘫子。”他的讲述到此结束，我抓住大家瞬间沉默的机会，马上问了一句：“那小伙子后来怎么样了呢?”讲故事的工人听我一问，显得很高兴，甚至有几分得意，又接着讲起传闻中的主人公以后的经历。讲完之后，他又主动问我从哪里来，是做什么的。结果，很快我们就变得相互熟悉起来。我从他们几位工人那里得到了很多关于近几年爷山一些庙宇重建过程的详细信息。

从我的这次田野经历可以看到，在讲故事的过程中，故事讲述的发展方向并不完全取决于讲述者，听众、甚至是随机出现的听众，都有可能起到引导故事进展的作用。同时，尤为重要的是，讲故事的情境常常很容易让参与者放下拘谨，打破僵局，从而迅速构建起一个从陌生到熟悉的新的交流关系。这种关系，与家乡民俗学的调查框架异曲同工，能够有效保证交流的持续进行。2014 年我在美国首都华盛顿参加史密森民间生活节时见到的一个场景，也可以作为后一方面认识的证明。

史密森民间生活节是美国史密森学会主办的大型传统节庆活动，一年一度，以7月4日为中间节点在华盛顿举行，为其14天。经过数十年的发展，该项活动已经从展示美国传统文化的节会转变成了吸引世界许多国家参与的大型文化展示平台，每年都有一个或几个国家作为主宾国参会。[①] 2014年该节庆的主宾国是中国和肯尼亚。两国都派出代表各自优秀传统项目的民间艺术家参与活动，我则应邀担任中国文化事象展示的解说和翻译工作。一天晚上，在宾馆由主办方提供给参会人员每晚休闲交流的活动大厅，我看到几位中国剪纸、刺绣艺术家正同一位肯尼亚音乐家聊天。我怕她们相互之间语言不通，急忙过去帮着做翻译。没想到走近了，却发现几个人聊得很开心。尽管中国艺术家说的是普通话，肯尼亚艺术家说的是英语，但大家连比带画，笑声不断，语言的隔阂好像丝毫没有影响交流。我加入之后，得知她们是在说怎么讲故事的话题。（真不知道她们开始时是通过什么沟通方式就这个话题达成一致的！）在我的帮助下，肯尼亚歌手顺利地让中国艺术家了解了她的想法并跟着她唱了起来。她教给了大家一段肯尼亚的故事演唱："Hatiti，hatiti. Hatiti jo，organ jo..."意思是："故事，故事，讲个故事吧，讲个故事吧。"一唱一和之间，大家的交流达到了高潮。

我后来经常想起当时大家的欢声笑语，也总在感叹其中体现的跨文化交流过程中的奇迹。现在看来，两国艺术家当时之所以能够在没有翻译的情形下自如沟通，很大程度上是因为她们都处于一种由"讲故事"框架所约定的特殊氛围。这种氛围的特点就是轻松、自由、包容、平等、互动、共享。它能够迅速吸引人，并很容易让人融入其中，达到情绪和感情上的互通交融，感受和领会交流过程的主要旨趣。

综上所述，如果要对表演理论或交流民族志视角下"讲故事"的内在机制做一概括，那么，它必然包含如下这些要素：首先，是交流双方

---

① 详见第九章第五节。

（或多方）达成了有关故事讲述（表演）的共同立场、态度，以及共同认可的交流氛围。这尤其表现为相互尊重、相互制约的互动关系，以及通过表演（讲述）活动来推进故事的达成的共同目标。这一要素占有最为核心的位置，有了它，即使缺少下面所说的其他因素，也不会对整体的进程造成太大的影响。其次，是交流各方拥有共同的语言，这既是指相互理解、共同使用的言语，也包括相互认可和接受的言说模式，这种模式的特点是亲近的、平和的、平等的、趋向于积极沟通交流的。再次，交流各方了解和掌握着相同的语料库或知识库。最后，交流各方拥有共同的修辞策略和象征体系。而以上这些要素，尤其是其中所体现的突出的主体间性和去陌生化取向，同家乡民俗学的本质属性高度一致。从这个角度来说，“讲故事”的交流其实也可以看作实现家乡民俗学基本理念的重要途径。

第四节　作为交流方法的“讲故事”及其在国际交流中的意义

从民俗学表演理论的视角来看，“讲故事”可以视为人类的一种本能追求。故事本体及其价值的实现，不在于其文本的内容，而在于文本呈现的方式或形成的途径。从家乡民俗学的角度来看，这个途径又构成了一个重要的特殊的交流平台，构筑了一种特定的主体间的交流关系，为交流参与各方提供了一个众声共鸣的机会。

由具体讲述情境中的“讲故事”框架所确立和限定的表情、语气、姿势、态度等，使得“讲故事”变成了一个开放、共享的交流平台。这个平台能够超越日常生活交往中的其他关系，而暂时构建起另外一种关系模式，其中的交流各方为该模式所约束，处于相对平等的地位。它既可以帮助处于交流情境中相互并不熟悉的人相对自然地进入交流过程，让陌生关系迅速变成熟人关系，又可以使参与交流的所有主体在一个相互接受和认可的框架中得到平等交流的机会。这种平等性，以承认差异为基础，保证了交流各方之间的相互尊重，以及交流的充分展开。在以上这些意义上，我们可以说，“讲故事”已不只是具体的特定情境中的狭义故事讲述活动，而具有了更加深刻的作为交流方法的意义。这种方法，以相互尊重、平等交流、积极互动、致力共赢为基本特征，具有广泛的适用性。而“讲故事”中的“故事”，也就不限于民间文学的一个文类，而是指借助具有以上特征的策略平易、亲和地加以表达的各种内容。

在由讲故事所确立的交流平台中，交流各方都平等地具有表达的权利和自由。讲故事的交流一旦开始，就在讲述者（表演者）与听众之间促成了一种约束，或者可以称作交流框架下的“临时契约”，它具体表现为表演者要承担并接受听众对自己的表演效果进行艺术评判的责任，相应地，听众也要以积极的互动来影响整个故事讲述过程的完成。其中同时也体现着努力实现沟通交流、促成故事讲述的最终达成的共同目的。这也就使得讲故事的交流，对交流各方而言都有着与生俱来的亲和力与亲近感。

在强调平等立场的同时，讲故事的交流方式又直面承认交流各方在特定交流语境中所处的差序关系，这使得它在实现交流主体之间真正的平等方面更具有实践性和有效性。讲故事的交流框架，从一开始就表现为对交流各方主次关系——即客观存在的讲述者/表演者与观众之间的差异——的认可，但是，这个主次关系只是具体交流过程中交流各方分工的不同，并不是交流主导权与被动性的区分；同时，在讲故事的进程中，开始阶段的主次关系并非固定不变，而始终是动态的，在交流互动的过程中可以随时发生相互的转换。

具体而言，一方面，讲故事的交流框架本身就贯穿着一种平等的契约，使交流各方对交流进程有着相同的主导权，这从无论讲述还是聆听的行为都建立在自愿基础上这一点就可以得到证明。对于处于相对次要位置的听众来说，即使无法左右故事讲述的进程，他（她）也完全可以通过选择不再聆听来中止交流的进行。

另一方面，如前所述，在故事讲述/表演的过程中，听者可以对讲述者的讲述效果等进行评判和反馈。通过表情、肢体语言乃至直接的插话等，他能够随时表达自己的意愿、感想和观点，从而影响整个交流的发展方向。也即“从表演者的角度说，表演要求表演者对观众承担展示自己达成交流的方式的责任，而不仅仅是交流所指称的内容。从观众的角度来说，表演者的表述行为由此成为品评的对象，表述行为达成的方式、相关技巧以及表演者对交流能力的展示的有效性等，都将受到品评”。①

因此，在讲故事活动中占据主要位置的讲述者，不仅仅要讲，还必须听，必须随时留意观众的反应并适时调整自己的讲述策略乃至讲述内容，唯有这样，才能保证交流的顺利进行和最终完成。而相对处于次要位置的听众，不仅仅是单纯在听，而是能够通过多种形式的表达，左右交流的总体进展。这就是说，在整个讲故事的交流过程中，讲者和听者的角色差异会随着交流的进行而发生随机的转换，处于相对次要位置的角色，往往可能反而会对整个交流发挥主导性作用。

综上所述，在“讲故事”确立的交流机制中，我们必然会看到一个宣讲的主体和相对的客体，其间存在着一定的主次关系。“讲故事”的框架，在承认特定交流关系中客观存在的这一主次差异的同时，又充分地保证了交流双方（或多方）的平等权利，为交流参与者提供了平等交流的空间。这个空间，不是以理想化的原则来空泛地强调平等理念，而是首先以实事求是的态度直面、承认并允许技术层面的差异与不平等在特定事件中的先天存在，继而以此为前提来规避实践中的不平等。这必然会更有成效地促成交流过程与交流结果的平等。

在此前提下，互动、理解、沟通、交流，这些在当代人类社会交流领域具有广泛影响的关键词，在“讲故事”这样一个框架中都能够获得充分的、完全的展现，从而也能够使交流的目标得到完整的实现和张扬。

---

① ［美］理查德·鲍曼著，杨利慧、安德明译：《作为表演的口头艺术》，桂林：广西师范大学出版社，2008 年版，第 12 页。

有鉴于此，我们可以说，讲故事的确不是一言堂里的说法，① 而是大合唱的表达。它能够为我们在多极化的国际形势和多样性理念下认识和解决不可避免存在的主次关系矛盾并维护多元秩序提供新的解决思路。

2011 年，我在评审北京市东城区丁香胡同小学（北京市汇文第一小学）完成的研究成果《以故事文化为切入点，带动构建学校文化的行动研究》时，有机会了解到该校的讲故事实践，对作为方法的讲故事在教育领域的重要意义有了强烈的感悟。该成果提出了“讲故事”的教育理念，尽管这主要是针对教学实践的提法，而且相关探索还存在需要进一步加强的地方，但其具体实践和初步理论归纳，对我结合交流民族志视角来思考讲故事问题，还是起到了积极的启发和拓展作用。该校的具体实践，在深入发掘由该校著名的孙敬修老师早年所开创的深厚的故事教育传统的基础上，借鉴教育学、文化学以及故事研究的相关成果，别具新意地以“讲故事、听故事、编故事、写故事”等一整套的思路和方法，融进学校的道德教育、美学教育、科技教育、素质教育等各个方面，全面带动学校文化建设，形成了更加鲜明的办学特色。在具体的教学活动中，学校继承孙敬修老师多年积累的教育思想，强调对学生一视同仁，并根据学生的理解能力，使用学生能够理解的语言，采取生动活泼而又多样化的方式，来进行学校教育。可以看出，在这样的理念下，“讲故事”不再只是一种外在的活动形式，而是具有了人与人交流过程中所持基本态度和观念基础的意义；故事教育也不再只是一种教育方式，而更是一种教育理念，其中包含的是教师与学生平等、包容、互为主体的思想。但与此同时，该项研究又没有走向另一个极端，即盲目强调学生的主体性和创造性，忽视教师的引导作用，而是始终突出教师在教学过程中积极的主导位置，突出教师和学校的责任。这一点，就像故事讲述活动中虽然充满讲述者和听者的互动，但讲述者却始终掌握着讲述的主动

① 王德威：《文学东北与中国现代性——“东北学”研究刍议》，《小说评论》2021 年第 1 期，第 60 ~ 75 页。

权一样，实际上都有着坚实的现实基础。

以上案例进一步证明，讲故事的交流方式，完全可以超越其狭义的民间文学表演的范畴，而适用于更加广阔的社会实践领域。同时，它也让我们进一步看到，在任何一种交流活动中，不可避免都会存在处于主要位置和相对次要位置的参与者，存在层级或秩序的差异。假如忽视具体交流关系中的这种客观差异，而只单纯强调抽象的平等，反而很难真正实现交流各方之间的平等。讲故事的交流模式，在承认和允许某种程度差异的前提下，为人类分享知识与经验、达成交流融合的良好关系提供了有效的通道，以及更为恒久的机制。正因为这样，我们说，讲故事不只是一个具体的行动，更是一种态度、立场和方法，作为交流的重要形式，它具有不可取代的作用。

总之，讲故事的交流方式，能够为交流各方确立平等、尊重、轻松、自由的人际关系，使交流得以轻松自由地展开，并使交流的内容在融洽、轻松的气氛中得到自然的传播，使交流各方相互之间的了解、接受和理解得到自然的发生，最终为交流各方达成最大程度的妥协奠定重要基础。可以说，这种交流方式，对于实践家乡民俗学所蕴含的间性立场及“平等交流、相互尊重”“同情理解、共情批判”和“朝向当下”的理念和原则，进而推动人类命运共同体的建设，必然能够发挥切实有效的促进作用。

下编　家乡民俗学的田野实践

家乡民俗学的研究由于始终以家乡为对象而展开，不免常常受到研究者“家乡人”身份的影响。一方面，在这一过程中，研究者如何“化熟为生”，从自己熟悉的日常生活中发现问题？如何从身边亲密的家人和朋友那里获取资料？如何在伦理观照中把握学术研究的尺度？……这些都是家乡民俗学者在具体实践过程中经常遇到的重要问题。直面这些问题并自觉、策略性地加以应对，是推动家乡民俗学发展的必由之路。另一方面，“家乡”概念的特质和意义是在与“异乡”的对照中得以彰显的。身在异乡，田野研究过程中虽然缺乏熟人社会中的诸多便利，但是，相比之下也没有过多情感上的顾虑，更易于保持相对冷静、客观的立场。这一“异乡”的视角以及相关田野研究经验，对家乡民俗学的调查和研究具有重要的参考和补足作用——它使研究者可以参照家乡的经验来理解异乡的文化和生活，并在与异乡的对比中对家乡获得更加深入的体会和感知；尤其重要的是，能够使家乡民俗学的视角和方法在更广阔的范围获得运用和检验，进而为促成地方性知识向民族国家乃至世界知识或文化体系的拓展、融入，发挥积极的作用。本编将以作者个人在家乡多年来的田野研究以及家乡以外地区的调查为个案，力图以自我为镜，探索并展示家乡民俗学田野实践的有益经验。

第七章　同情之理解基础上的田野研究
——有关民间信仰类口头叙事的探讨

在口头叙事当中，与民间信仰相关的内容占有很大的比重。这一类的内容，既反映着相应的民间信仰观念、仪式活动，又在信仰本身的传承和延续方面发挥着重要的维系功能。因此，对它的考察，必然要结合对复杂的深层信仰心理与社会生活的解读，方能获得有一定可信度的认识。对于田野研究者来说，了解一个地区的民众深层的信仰心理与社会生活，是最有挑战性、最需要下大力气来处理的环节，没有长期深入的体验，往往很难获得真正有价值的信息。本章试图以作者在家乡所做的有关神奇传闻、神话与传说的两项研究成果为案例，来展示家乡民俗研究者对家乡传统的“同情之理解”是如何为探讨这些文体所蕴含的复杂内涵与多重关系发挥作用的。

第一节　神奇传闻：事件与功能

在传统的民间叙事学（folk narrative）领域，长期以来主要为研究者所关注的，是神话、民间传说、狭义的民间故事、笑话、史诗、叙事歌谣等叙事文类（genre），但近年来，一些一直被民间叙事研究所忽略的口头艺术形式，例如个人叙事（personal narrative）、都市传说（urban legend)、传闻（anecdote）等，开始越来越多地引起了学者们的关注，并由此构成了作为叙事学研究对象的新的文类。

传闻是一种具有久远传承历史的口头艺术形式，在中国的农村和城市都有着广泛的流传，其数量之丰富，甚至超过了传说。但是，在中国民间叙事学领域，长期以来一直对它缺乏专门的探讨。一些相关的论文和著述，在偶尔涉及这一文类时，也往往只是把它作为与“民间传说”相区别的一种事象，用以说明“民间传说”自足与独立的特性，至于这种事象本身，则是被排斥在“口头文学”之外的。[①]

本节将立足于对作者家乡甘肃天水地区的田野调查资料，选择“传闻”中的一种——神奇传闻——进行初步的考察和分析，希望在以此引起大家对“传闻”这一叙事文类更多关注的同时，为在熟悉的地方进行田野研究提供更多具有反思性的参考。

在天水市北道区双溪乡的双溪村、黄坡村等毗邻地区[②]，流传着这样一个故事[③]：

20 世纪 80 年代初期，黄坡村人求雨的时候，作为主持者的黄

① 例如在段宝林教授等著的《中国民间文艺学》中，为了明确作为“具有文学意义的”“狭义的”民间传说的定义，作者指出：“在我国古代，对传说还有两种叫法，一种叫传闻，一种叫传讹。但这种传闻、传讹所包括的内容，有些并不是严格意义上的传说，只是一代一代口传下来的东西。例如在扬州市的瓜州镇，人们传说水里有种水猴，人游泳时遇上了它，它就会把人拖下水，堵住人的七窍，憋死人。这种传闻没有什么故事情节，可人们就是这么传的，因此，它只是一种泛指的传说，还不能算口头文学意义上的传说。”（参看周红兴主编，段宝林、王树村等著：《中国民间文艺学》，北京：文化艺术出版社，1987 年版，第 216 页）在这段文字中，作者能够注意到“传闻”“传讹”之类的口头艺术现象，并对它与传统民间文学研究领域的其他类似文类的不同予以说明，实属难得。但遗憾的是，该书著者却没有抓住这一现象做深入的探讨。这种情况，在笔者所熟识的一些研究者中也有所体现：他们在研究当中、特别是进行田野研究时，都曾注意到传闻或类似传闻的口头艺术形式的大量存在，且认为这种现象值得关注，却很少有人进行专门的研究。

② 为了保护当地民众和资料提供人的利益，此处按照民俗学、人类学的惯例，对所涉及的村落和人物采用了化名。不得已处，敬请读者和当事人原谅。

③ 这里所说的“故事”，指的是所有具有一定情节的散文叙事，而不是民间文艺学中狭义的“故事”。本章对这一词语的使用，基本上都是从这一层意义上来说的。

老人无意中违背了斋戒的规则，在回家吃饭时吃了两个鸡蛋，结果回到神庙不久，就突然昏倒在地。人们把他送到乡卫生院检查，却根本查不出病因。后来有人从他女儿那里得知，她为了关心父亲，曾偷偷在老人的饭里加过两个鸡蛋，于是几位主事者马上到该村求雨主神八海龙君的庙中替老人忏悔和求饶。结果，黄老人很快就醒了过来，吐出一团蛋清之后，便恢复了正常。①

这一故事当中的黄老人，不仅确有其人，而且至今健在。他在某次求雨过程中吃鸡蛋以及随后生病、病愈的事也曾真实发生过。这一点，黄坡、双溪以及其他几个相邻村落的人都在传说，我没有进入民俗学专业学习的时候，就在不同场合听好几位同乡讲过。开始攻读民俗学专业的学位之后，为了做学位论文，我回老家围绕求雨等习俗进行了多次调查，其间更是多次听不同的人提到这件事。因为父母同黄老人很熟悉，我又专门向他本人求证此事，不仅得到了他的确认，还听他再次详细介绍了“事情的经过”。

这一经历，促使我开始集中关注在家乡地区普遍存在的同一类口头讲述内容。我发现，在天水地区的农村，无论是在平时的生活中，还是在举行各种信仰仪式的活动中，这一类的故事都有着大量的讲述。那么，这类口头艺术（verbal art）形式，能否按照传统民间文艺学的体裁分类来进行划分？如果不能，它又属于什么文类？应该如何界定它？

以讲述黄老人“亲身经历”的这则故事为例，可以看出，这一类口头艺术所讲述的内容，并不一定具有很强的故事性，但都关联着某个具有强烈现实色彩的事件：事件的主人公或发生地点，都是具体的生活实践中存在的，并且往往是讲述者及听者经常接触和熟知的；事件则大多是作为主人公的现实生活中“那一个”或“那一群”确定的人所亲身经历，或者，至少是其亲眼所见的。从这一点来说，这类口头艺术类似于

① 笔者1995年夏调查资料。

狭义的“传说”——它们都是具有强烈真实性、与真实的人或事密切相关的口头叙事。但是，民间文艺学领域所谓的“传说”，通常都具有一定的传承性和比较强烈鲜明的情节；而这类故事所讲述的内容，则往往是即时出现，具有较强的当代性，而且通常是在熟悉所关涉的某个人、某件事或某一物的特定人群当中流传，往往会随着该特定群体成员的减少（亡故）而逐渐被遗忘乃至消亡。因此，我们可以称之为“传闻”，以同传统民间文学当中所谓的“传说”相区别。

本节所要探讨的传闻，都同民间信仰观念有一定的关系，即其讲述的多为某种超自然力量显现的事件——这也是天水地区流传的传闻当中占有主要比例的部分。马林诺夫斯基曾以“巫术底当代神话”① 及“活着的传说”② 等来称呼类似的口头故事，李亦园在提到这类故事时，称之为“现代的神话”③。在这里，我们则从“传闻”的角度，把它称作“神奇传闻”。

丹麦著名的民间文艺学家本特·霍贝尔（Bengt Holbek）在一篇研究家庭传闻（Family Anecdote）的文章中，对家庭传闻这一文类的特征及其与传统意义上的“民间传说”的区别做了初步的归纳，他指出：由于家庭传闻与个人经历（personal experience）密切相连，所以它们一般不会代代相传；它们不一定有精妙的语言，甚至不具备一个完整的叙事结构。它们大多是描绘在一种情境（situation）中某人说了或做了什么有特点的、有趣的、愚蠢的或可笑的事情。家庭传闻存在于活着的记忆当中，存在于讲述人自己的家庭范围。假如这种文类能够发展出固有的叙事品格，假如它能够因为具有自足的特性而流传到下一代或原来所流传

① [英] 马林诺夫斯基著，李安宅译：《巫术宗教神话与科学》，北京：中国民间文艺出版社，1986 年版，第 71 页——该书系李安宅据原作者的论文《巫术科学与宗教》和《原始心理与神话》一书翻译合编而成。

② [英] 马林诺夫斯基著，费孝通等译：《文化论》，北京：中国民间文艺出版社，1987 年版，第 72 页。

③ 李亦园：《人类的视野》，上海：上海文艺出版社，1996 年版，第 326 页。

的家庭以外，那么它也就有机会转变成一种传统意义上的文类。① 本特·霍贝尔关于传闻存在于活着的记忆当中的认识，可以说是抓住了这一文类的一个本质特征，他所概括的家庭传闻的这些特点，在神奇传闻文类中也有部分体现。在这里，我将结合自己在家乡的调查和体验，对此做进一步的阐发。

作为口头艺术的一种形式，神奇传闻本身实际上已经有很长的传承历史。但其所涉及的内容，却往往都是当代的、新的事件，而且总是能够结合新的时代、新的环境和新的人物，经常不断地产生着，始终保持着“当代”的特征。尽管如此，所有这类传闻中的内容，却都是围绕着一个传统的中心展开，这个中心就是神的灵验。从它的主题来看，大体上包括以下几种内容：

1. 因虔诚敬奉神灵或严格遵行有关的仪式而使得某种心愿实现。例如：

> 秦安县古月镇水泉村，1995 年夏天求雨，很快即告成功。当地群众欣喜若狂，马上请来了秦腔剧团，为方神“三娘娘”唱戏。②

又如：

> 秦安县北沟乡北沟村，1995 年夏天求雨，很久未能如愿，人们于是把方神“黑脸龙王爷”的神像，放在阳光下曝晒。最后神像脸庞被晒裂，终于下了场雨。③

---

① Bengt Holbek. 1990. The Family Anecdote: Event and Narrative. In *Storytelling in Contemporary Societies*, 103-112. ed Lutz R hrich and Sabine Wienker-Piepho. Gunter Narr Verlag Tübingen.

② 笔者 1995 年秦安县采风资料。

③ 秦安县县志办刘先生（男，30 岁）讲述，笔者 1995 年采风资料。

2. 由于对神不敬而遭到了神的惩罚。例如：

北道区双溪乡柳叶村每年夏收之后，都要为方神唱一场戏，但是，1994 年夏天，由于某些原因，村中没有请戏班唱戏。结果，次年夏季，方圆各村都或多或少下了雨，柳叶村却一直很干旱，致使该村大多果园遭受了极大的损失。①

又如：

双溪乡双溪村，早年有一棵闻名方圆数十里的大松树，树身三人难以合抱，共有九条主要枝干，称“九股松”。70 年代末 80 年代初，需要新建公社大院，地址选在了“九股松”所在之处，在当时公社一些主要领导看来，该树又是充足而上好的木料。但在当地人观念中，九股松是具有灵力的神树，而公社干部大多是当地人。受这种观念影响，对于如何处理此树，他们也颇为犹豫。因为他们担心，如果砍倒九股松，会给自己带来灾难。因此，公社干部连续数天开会讨论此事，谁也不先开口说同意砍树。后来一位姓张的干部，由于实在忍受不了长期拖延的疲劳，随口说了一句：“那就砍了算了！”于是大家纷纷赞成，最后砍倒了九股松。但是，此后 10 多年间，张某却遭遇了各种不幸，家中妻子儿女大多遭受了灾难，他自己也于近年在受尽身心煎熬后故世了。②

3. 由于违犯了某些社会公德而遭受神的惩罚。例如：

双溪村崇福寺所在之山，称作“爷山”。山上有许多苍松翠柏。

---

① 据柳叶村田老人（女，50 岁）讲述。

② 双溪村王老人（男，68 岁）讲述，笔者 1995 年采风资料。又据双溪村刘老人（男，58 岁）讲述，笔者 1996 年采风资料。

60 年代的一天，当地突然下了一场大暴雨，电闪雷鸣，十分骇人。其间随着一声巨响，爷山上的一棵大柏树，树皮从根到顶，全部被剥了下来。大大小小的树皮撒遍了山下村中的半条街。人们后来在那棵柏树的树身上，清楚地发现了五条手爪抓过一般的印迹。当地人说，这是由于该村李某对其祖母及母亲十分不孝，惹怒了雷神，要来抓走李某之头。在当时雷电交加之际，李某看到一个类似大鱼的脑袋，吐着舌头，在半空中从窗外往屋内挤。他惊恐地躲在了祖母的衣襟下，其祖母也苦苦向雷神求饶。后来雷神放过了李某，但盛怒之下，顺手抓起了爷山最高处的那棵柏树。不少人至今还记得，他们当时在雨停后，曾跑到大街上去捡树皮来做木柴，许多人都捡到了一大捆。①

4. 神灵或其他超自然存在的力量通过各种征兆显现出来。这类传闻，尤其多地体现在关于湫的神异特点上。湫，本意是水泉，但天水地区的人们，都以之特指求雨时需要祈得的少量“神水”，即神灵赐给雨水的信息物。它需要在湫泉或湫洞去求得。每一位求雨的主神都有自己的湫泉或湫洞，一般距神庙四五里到四五十里不等，是该神所固定拥有的圣地，也是求雨仪式中人们必须前往的地点。湫泉是一汪泉水，一般为川谷地区所常有。湫洞是一个比较潮湿的山洞，洞顶石上可以渗出水来，多为山区所有。当地人对于求来的湫，都有“湫发”的说法，即每次取得的湫，只在湫瓶底上有一点水珠，但在返回的路上或回到庙里，瓶中的水却会满满地溢出来。这是大雨即将来临的征兆。② 双溪村方神的湫泉，在距村中二里左右的一处山坡上，是从山中渗出的一汪山泉。当地人对它也有类似的传闻：该湫泉平日水流只有一点儿，但每逢下雨之前，渗出的水流却会变得很粗。不过，双溪村人求雨时却不能在这里

① 双溪村安老人（女，56 岁）讲述。笔者采风资料。

② 双溪村徐某（男，46 岁）、何某某（会长）、大槐村赵老人（男，67 岁）等，皆讲到此事，并对之深信不疑。笔者数次采风，均能听到这类说法。

求湫，因为取了这里的湫，天马上会下泥浆，而不是雨水。①

以上这些传闻，从内容来看，可以分为两类：一类有情节，一类没有情节。有情节的一类，都是叙述一个事件的经过，虽然这种事件的情节并不一定都很丰富、鲜明，但至少其中均包含着一个现实的故事。没有情节的一类，则都是陈述一个事实，这个事实，在信仰世界里被相信是真实存在着的。按照狭义的叙事学，只有前一类内容可以称作“叙事”，后一类内容则不属于这一范畴，就此而言，这两类内容似乎相差甚远，那么，把它们统一用“传闻”来概括，究竟是否妥当呢？

实际上，除了表面的“具有情节”和“不具有情节”的差别，这两类内容之间更多的还是相同的特点。其相同点，首先是我们在前文提到的：它们所涉及的，都是同具体生活环境中真实存在着的人、物或真实发生过的事密切相关的事件或现象，这些人、物或事，同讲述人、听众都有着现实的、客观的密切联系，也就是说，它们都是同一种“活着的记忆”相关的内容，不是“我的经历”“我的见闻”，就是“我（们）所熟悉的人的经历或见闻”。除此而外，其相同点还包括以下三个方面：

第一，它们都对与讲述人及听众密切相关的人和人、人和周围环境之间的既有关系，起着重要的解释、说明乃至维护和巩固其合理性的作用，并作为实用的地方知识，直接指导着人们的现实生活。例如前述关于双溪村方神湫泉的传闻，讲不能在这里求湫。而多年来双溪村求雨时，都是舍近求远，到其他村落从别的神灵的湫洞或湫泉取湫。每当问起人们这样做的原因，他们总是会以这则传闻来解释。可见，这些内容，不仅是活在讲者与听者的记忆里，而且也活在他们的生活实践中。

第二，它们都可以作为素材或源泉，为形成内容更加丰富、结构更加完整的传说或狭义故事提供基础。

第三，就不具有情节的一类内容来说，其传承的时间可能比较久远，

---

① 据双溪村王某某（男，38 岁）讲述。然而当笔者分别于晴天和下雨之前到该湫泉去观察时，却发现在两种状况下山泉的水流并无不同。笔者 1996 年夏天采风资料。

例如关于“湫发”的说法，并不只是当代即时产生的口头艺术文本。但是，在每一则表现为陈述形式的这类口头文本背后，往往会附带着数个描述具有强烈现实真实性事件的传闻，既进一步证明着所陈述事实的真实，同时也使这一类的传闻更加密切地同现实联系起来。还是以关于“湫发”的传闻为例，与这个一般性的陈述同时存在的，是大量的“某某年我们村求雨时，我（们）看见湫从瓶子中往外冒”一类的叙述。可以说，无情节的传闻中这种被陈述的事实，其实是从内容相同或相似的多个事件中提炼的结果。而在它传承的过程中，与之相关的富有现实性的新的事件，会不断替换代表过去时代的事件，成为围绕着这一被抽象出来的事实并加强其合理性、可信性的重要证据。因此，这一类的传闻，对现实生活中诸多关系和法则的规范作用，其实更为直接、更为强大。

这些特征，既是使我们把以上两类内容均称作“传闻”的依据，同时，也是使传闻这一文类区别于传统民间文艺学意义上的“传说”的本质属性。

神奇传闻所讲述的事件，大多依附在现实中某些真实的事件或事物之上，包含着丰富的真实的因子。但是，与客观的事实相比，传闻中的事件却表现出较大的不同。这些不同主要体现在以下两个方面：其一，发生过的事件，被同某种在我们以现代科学的眼光看来并无直接关系的解释联系了起来，使得两种在科学意义上互不牵涉的事件，由于这种解释而相互具有了因果关系。例如，黄老人的吃鸡蛋与生病，确有其事，然而在传统信仰观念保持着强大影响的社会中，他生病的原因被自然而然地同违犯禁忌的行为联系在了一起。而人与事件的确然存在，反过来也起到了进一步强化信仰解释的合理性以及信仰力量的“真实性”、灵验性的作用。上述张某遭受许多挫折缘于九股松被砍、双溪村早年的大暴雨起因于李某的不孝、柳叶村人由于前一年未唱戏而次年遭受干旱以及诸多村落因求雨而使得干旱解除等传闻，均属于这一类。其二，某些特殊的事象，被加以了某种夸张。例如，关于“湫发”、双溪村方神湫泉因天气的阴晴而变化等说法，都是出于对神灵巨大力量的虔诚信仰，而把作为神圣象征物的事象加以某种夸大处理的结果。

造成这种结果的一个根本原因，在于民间信仰（宗教）在人们观念中有着强大而深厚的影响。围绕着坚定的信仰观念，每一种宗教信仰中，都形成了一套自成系统的逻辑体系。它把一切问题都纳入这一体系之中，予以了合理化的解释。尽管按照现代科学的立场来看，这种解释的前提可能是不成立的，但在信仰所流行的社会里，它却十分自然、十分合理地解决了现实中的各种困扰和迷惑。

口头信息传播的特点，也是导致这种结果的一个主要原因。我们可以利用传播学中的有关理论，对此做进一步的说明。在有关传播（communication，也可译为“交流”）的诸多研究当中，“香农—韦弗模式”，是十分简明而且具有一定说服力的一个理论。该模式把信息的传播描述成一种直线性的单向过程，如下图所示：①

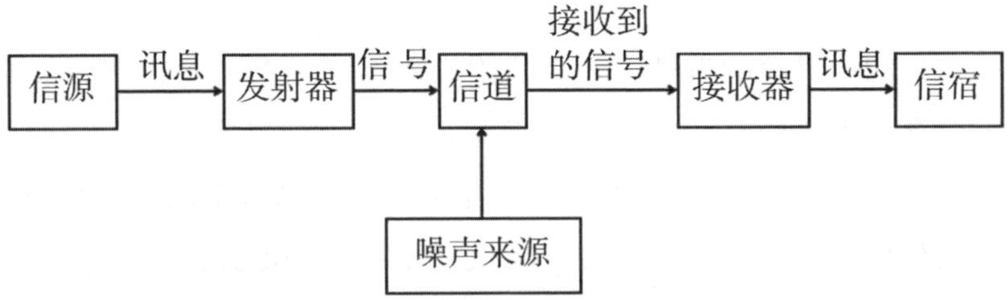

由上图可见，即使只有一个单一源头的传播，其最后到达信宿的讯息，也不可能同最初发出的信息完全一样。因为接收器在接收到讯息之时，很可能会受到噪音的干扰，从而导致发出的信号与接收的信号之间产生差别。同时，一个或者一组信息，从信源经过发射器到达接收器，最后到达信宿，中间要经过几个环节的转化，即从“讯息”转化为“信号”，又从“信号”转换为“讯息”，等等。而每一次的转换，都有可能导致信息的增加或减少。因此，“由信源发出的讯息与由接收器还原并送

① ［英］丹尼斯·麦奎尔、［瑞典］斯文·温德尔著，祝建华、武伟译：《大众传播模式论》，上海：上海译文出版社，1987 年版，第 19 ~ 21 页。

达信宿的讯息，这两者的含义是不一样的”。①

事实上，传播不可能只是一个单向的过程。同样的一个讯息，可能会从多个源泉发出；接收讯息的，又往往会成为新的“发射器”，而最初发出讯息的，也可能会又一次成为讯息的接收者，所以，传播的过程其实是永无止境的、循环性的。② 这也就导致了随着传播过程的延续，讯息可能会越来越同原初的形态具有较大的差别。

就传闻的形成来说，一个或几个已经发生过的事件（信源）开始被讲述，即意味着它已经转换成了讯息。在这一转换中，事件必然要被赋予人的理解。一方面，事件之所以被讲述，是因为它具有可讲述的价值。在旁观者或当事者的回忆与讲述当中，它们会以一种独特的魅力，给生活增添情趣，并满足人类心灵中对于传奇的渴望。另一方面，讲述者乃至听众所共同拥有的传统文化背景、他们的观念基础和知识水平等，又会自然而然地渗透到事件当中，为事件赋予意义，从而使之具有更加丰富的内涵和更大的吸引力。而在涉及与超自然力量有关的范畴之时，传统民间信仰的观念往往会成为一种支配性的基础观念。它使得每一个新的事件都同古老的信仰主题结合起来，并且使得几个相互之间可能不具有任何关系的事件之间，具有了某种神秘的因果联系。

在以后讯息的传播中，事件的这种被赋予的意义，始终作为“故事”的主题不断流传。在具有相同文化背景的社会环境中，这一“主题”会不断同人们心目中相同或相似的观念相沟通，并不断得到强化，

---

① ［英］丹尼斯·麦奎尔、［瑞典］斯文·温德尔著，祝建华、武伟译：《大众传播模式论》，上海：上海译文出版社，1987 年版，第 21 页。

② 以香农—韦弗模式为代表的单线传播模式，后来在传播学领域受到了批评。受索绪尔（Ferdinand de Saussure）言语周圈模式理论的启发，在控制论、系统论等理论的影响下，20 世纪 60 年代末 70 年代初，传播学领域兴起了一种强调传播中的反馈（feedback）的环形传播模式，认为信息的发送者在发送信息的过程中会不断受到来自传播过程本身以及信息接收者的反馈信息的影响，因而要不断调整自己的信息；同时，信息接收者在信息传播过程中也充当了发送者的角色。这样一种模式，被认为是更加完整地描绘了传播的过程。参看 Winfried Noth. 1990. *Handbook of Semiotics*, pp176-180. Bloomington and Indianapolis: Indiana University Press.

成为影响“事件”传播的主导因素。这，也就是上图中的“噪声来源”。正如由于噪声不可避免的影响，到达“信宿”的讯息不可能同原来的讯息完全一致那样，民间信仰观念的悄然渗入，也使得曾经发生过的事件，在传播的过程中变得更加丰富、生动和富于传奇色彩，从而最终成为“传闻”。①

作为传播媒介的口头语言十分活跃和易于变化的性质，又为一个信息（事件）在流传中适时地因人们的理解而发生变化提供了基础和便利条件。口语的随意性、不固定性，很容易导致讯息在传播过程中的记忆不清。而不同场合、不同氛围中，人们所具有的观念，则会适时地填补这种空白：他们根据自己的理解，或者是随机增加某些内容，或者是有意无意地遗失某些内容。这就使得民间口头传承通常只保持一个大体固定的主题，许多具体的细节则经常处于变化当中。这一点，也就是民间文学的变异性特点。

总的来说，从客观的眼光看，传闻都是有一定的事实依据的。不过，这些事实在传播的过程中被给予了夸张化的处理，表现在神奇传闻中，这种夸张就是超自然力量的显现。然而，对民间信仰观念构成了其生活逻辑的一个重要部分、并在日常和非常时期都讲述和聆听这些传闻的民众来说，神奇传闻中的事件自然是真实的，特别是其中对事件以及几个客观上看来毫不相干的事件之间的神秘联系进行解释的观念，更是不可怀疑的。当传闻形成之后，其表达形式及某些事件的细节，由于口头语言的变异性特点，会不断地发生变化。但是，这种观念却始终会作为核

① 这一过程，按照罗曼·雅各布森（Roman Jakobson）关于口头交流的功能的阐释来说明，或许更为恰当。雅各布森认为，在口头交流过程中，是“发信人”（addresser）把“消息”（message）发送给“收信人”（addressee），为了达成这一目的，必须要有一个具有参照意义的、能够为收信人所捕捉的“语境”（context），要有一套对发信人和收信人双方来说完全一致或至少部分一致的“语码”（code），还要有一种能够让交流双方处于交流状态的“接触”（contact）。这六种因素共同参与、并以不同的功能构成了一个完整的交流——参看Winfried Noth. 1990. *Handbook of Semiotics*, pp185-187. Bloomington and Indianapolis: Indiana University Press.

心而得到保留。

综上所述，神奇传闻的形成，主要是由于民间信仰观念的影响。反过来，这种传闻对于民间信仰观念，又具有极大的强化作用。由于神奇传闻所涉及的内容，都是“发生在人们身边的事件”，因此，它具有十分强烈的真实性和可信性，很容易让讲者和听者都产生心灵的共鸣和情感的认同。同时，神奇传闻的内容往往具有与日常生活状态不尽相同甚至截然相反的“非常”的特性。这种与自己周围的生活息息相关又具有一定传奇色彩的特征，使得神奇传闻既乐于为人们讲述又易于为人们所倾听，也使它比一般的口头语言传统，在强化人们的观念方面，具有更加强烈的影响力。尽管人们讲述传闻的目的可能会多种多样——在平常的讲述可能更多是为了消遣，在仪式中的讲述则主要是为了宣教或警诫——但客观上这种内容的经常讲述却起到了强化其中所包含的经验与教化意义的作用，从而为诸多的民间信仰观念和行为提供了各种鲜活的证据，为民间信仰的不断延续提供了有力的保障。正如马林诺夫斯基在提及“巫术底当代神话”的作用时所指出的：“神话不是过去的时代底产物，不只是流传下来的不相干的故事；乃是活的力量，随时产生新现象随时供给巫术新证据的活的力量……一方面有一套有条有理的传说，成为部落底民俗信仰，另一方面同时又有一串活着的故事，浩浩荡荡由着当前的事态流动出来，常与神话时代的故事种色相同。”①

具体而言，神奇传闻所具有的作用，至少表现为以下三个方面：首先，它为民间信仰活动的灵验性提供了有力的证据。其次，它以诸多的“前车之鉴”强化着人们对于违犯社会道德、违犯信仰活动规则的戒惧。再次，也是最重要的一点，它增强着人们本来已经具有的关于神灵无所不在的信念。当神奇传闻在民间信仰仪式举行的过程中被讲述时，这些作用便尤其突出，它强化着民间信仰仪式活动中的非常氛围。

---

① ［英］马林诺夫斯基著，李安宅译：《巫术宗教神话与科学》，北京：中国民间文艺出版社，1986 年版，第 71 页。

所谓氛围，可以看作是时间、环境、人的行为与情感或情绪的总和，是个体对其所处环境的感受，也是这一环境对于个人心理所施加的影响。在任何一种时空中，只要有人出现，便都会呈现出一种氛围。每一个人，每时每刻都生活在一种氛围当中，并且受到它的影响。一般来说，除了因个人情绪变化等可能造成的例外，相同文化背景或共同生活环境下的人们，对于一种氛围的感受是基本相同的。不过，对个体而言，不同氛围的影响又有强弱之分。这种分别，是由每一种时空本身的特点、这种时空中人的行动、个体的情绪等诸因素之不同而决定的。当个体的情绪激烈之时，当个体所处时空中的某种事件或状态持续时间较长时，或者当某一事件的发生比较激烈、规模较大、影响范围较广时，氛围的作用都会比较强烈地显现出来。在相反情况下，它的影响则比较弱小，甚至不易觉察。

从天水地区的情况看，民间信仰活动中的特殊氛围，对参加者的心理和行动往往会产生巨大的影响，从而为信仰活动目的的达成奠定重要的基础。而这种特殊氛围之所以能够形成，是多种因素共同作用的结果，其中，丰富的神奇传闻在日常生活中的讲述以及在仪式活动时期作为警诫的宣讲，则起到了至关重要的作用。

第二节　文体的协作与互动

——以甘肃天水地区伏羲女娲信仰中的神话和灵验传说为例

在民间信仰领域，口头艺术发挥着十分重要的作用。所谓口头艺术，指的是在一定场合下，通过演唱、讲述或展示等途径在人们之间交流、传播和传承的内容与形式都相对固定的言说方式，包括神话、传说、故事、谚语等多种不同的文体。与民间信仰相关的各种口头艺术文体，既是民间信仰的有机组成部分，又对信仰的延续和传承起着强化的作用，因此，对于它们同宗教信仰之间关系的探讨，是许多民俗学、人类学研究者长期关注的话题。马林诺夫斯基就曾经把口头艺术中的重要文体——神话称作信仰的“社会宪章”（sociological charter），认为它“表达、增强并理顺了信仰，它捍卫并加强了道德观念，它保证了仪式的效用并且提供引导人的实践准则”，“对土著来说，它是比当今现实更重大、与人类关系更密切的远古现实。现代人类的生活、命运及种种活动都是由它决定的。它为人们提供了仪式和道德行为的动机，还告诉了人们如何去进行这些活动”。①

事实上，除了神话，在某一特定的信仰范畴，往往存在着其他各种口头艺术的文体，它们共同对信仰的延续发挥着作用。那么，这些文体之间究竟处于一种怎样的关系，是杂乱、随意地混合在一起，还是相互之间存在一种有机的联系？对于信仰本身的完整性而言，它们的关系又具有什么样的意义？

鲍曼在围绕文体、行为、事件和角色四个因素分析“表演”问题时曾经指出，这四种因素处于相互作用、相互依赖的关系，而一些特殊的文体，往往会在特定的事件、由特定表演者以特定的方式加以表演。②可以看到，鲍曼和他所引用的佘泽（Joel Sherzer）已经注意到了不同文体在语境、功能、表演者等方面存在不同分工的现象，不过，他们并没有明确指出文体之间的协作关系，也没有对此进行深入具体的阐述。

近十年来，我在对甘肃天水地区的民间信仰及相关神话、传说和谚语等进行田野研究的过程中，多次触发了对信仰领域口头艺术文体之间相互关系问题的思考，本节就是对这些思考的进一步明晰、深化和拓展。它将主要围绕甘肃天水地区的伏羲女娲信仰，针对上文所涉及的问题，来探讨和揭示在民间信仰及相关仪式当中，不同的口头艺术文体是如何相互协作并共同发挥作用的。

---

① ［英］马林诺夫斯基：《神话在生活中的作用》，见［美］阿兰·邓迪斯编，朝戈金等译：《西方神话学读本》，桂林：广西师范大学出版社，2006 年版，第 244、250 页。

② ［美］理查德·鲍曼著，杨利慧、安德明译：《作为表演的口头艺术》，桂林：广西师范大学出版社，2008 年版，第 33～41 页。

伏羲、女娲是中国创世神话中显赫的人类始祖和文化英雄。相传伏羲发明八卦，创制网罟，教民渔猎；女娲抟土做人，炼石补天，创立了婚姻制度。尤为著名的是，伏羲、女娲还是人类的始祖：他们在一场灭世的大洪水之后滚磨卜婚，最后兄妹成亲，重新繁衍了人类。因此在许多地方，他们成为民间信仰中被尊奉的“人祖”（被称作“人祖爷、人祖奶奶”，或者又称“人宗爷、人宗婆”“高祖公、高祖婆”等），成为神灵世界中尊贵的大神。

甘肃天水地区伏羲女娲信仰悠久深厚。据北朝时期郦道元（约466~527）所著《水经注》的记载，太皞庖牺氏（即伏羲）生于成纪。尽管学术界对于成纪到底在哪里至今尚有争议，但研究者大都认可在今天水市秦安县北的说法。由于天水一带“诞生过”伏羲，所以被称作羲皇故里；而距离市区不远的秦安县陇城乡，则传说是女娲故里。因此，天水有“两皇故里”的美誉。

在天水境内，有两座较大的伏羲庙，均最晚在明代就已落成，至今是人们祭拜人祖伏羲的最重要场所。其中一座建在市北渭南乡的卦台山上，相传这里是伏羲画卦的地方，所以又叫“画卦台”。山上原建有伏羲庙、午门、牌楼、钟楼、朝房、僧舍等，1949年以后大多被毁坏。1990年以来，这里的伏羲庙得到重建，庙中新塑了伏羲像，还在旁边增添了一座女娲像。据负责重建庙宇的人员介绍，过去这里并没有女娲塑像，因为古书里记载女娲是伏羲的妻子，所以在重新建庙时，主事的人便增建了女娲神像，以表尊敬。前来朝拜伏羲的人，也都要向女娲焚香祈祝。

另一座伏羲庙位于天水市区西街，俗称“人宗庙”。它的始建年代，一说是元至正七年（1347年，按《伏羲庙卦台记》碑载）；一说是在明正德年间（1506~1520），由于当地官吏往卦台山祭祀伏羲不便，所以才在州治地方修建了这座庙宇。[①] 该庙曾几经修缮，如今庙中存留的建筑

---

① 张士伟、李虎生编：《神圣伏羲氏》，天水：内部发行，1993年版，第207~216页。

主要有太极殿、先天殿等，太极殿中保留着明代所塑的伏羲坐像，另有一座较小的行像，供祭祀时抬出游行用。整个建筑群占地 3700 多平方米，是现存全国最大的祭祀伏羲的庙宇，至今香火十分旺盛，是天水伏羲信仰的中心。

天水伏羲庙祭祀，始于宋、金时期。作为人文始祖，伏羲在人们心目中享有崇高的地位，围绕对他的崇拜，民间形成了丰富多样的祭祀仪式和其他习俗活动。到了元代，天水伏羲庙祭祀被纳入官祭，定于每年春秋两季，申明礼部，由官府出资，官员主祭，并以太牢祭祀。此后祭仪逐渐正规化、制度化，规格也不断提升，到明嘉靖年间，天水市区的伏羲庙成为全国性的规格最高的伏羲祭祀中心。清代中期以后，天水伏羲庙的官方祭祀逐渐弱化，但民间的祭祀和相关习俗活动却始终保持着旺盛的活力，一直持续至今。

每年正月十六，相传为伏羲生日。在此前后，市区伏羲庙都要举行盛大的庙会，吸引城内和方圆各地的信仰者前来进香、祈福。最热闹的是从正月十五的元宵夜到次日凌晨这段时间，伏羲庙内常常是人头攒动，水泄不通。来这里的进香者，除了许愿、还愿，大都要进行“灸百病”的活动。伏羲庙内，有数株高大的古柏。古柏原有 64 株，按六十四卦方位排植，象征伏羲六十四卦之数，被称为伏羲卦柏。历经多年风雨之后，这些柏树目前只存活 37 株。每年庙会期间，当地人按天干地支六十甲子排列循环，选择其中一株为当值卦柏，它被认为是喜神树，能够代表伏羲的旨意，尤其具有治病疗疾的神奇力量。前来赶庙会的人们，先在伏羲像前焚香化纸、跪拜叩头，然后再到任意一棵柏树前——当然，最受人关注的还是那棵喜神树，把自己带来的红纸人粘贴在树上，并用香火灸病，即用香头灼烧纸人身上与病人伤痛部位相应的地方。通常，进香者是为自己的病痛来灸，也有不少为亲友灸的。人们相信，通过这种活动可保百病痊愈。由于每年灸百病的人数众多，每棵古柏的树身都被烧出了许多斑痕，当地文物部门为了保护这些活文物，不得不用铁皮和竹帘遮住树身。

农历五月十三日，相传是龙的生日。1988 年，时值龙年，天水市政府于当日首次举办了规模盛大的伏羲祭祀典礼，参加者包括市各部门领导、特邀代表、各界群众代表以及在天水旅游的港澳地区和国外人士。祭典活动经过精心准备，程序谨严，庄重肃穆。祭典期间，还举办了天水风情艺术展、伏羲传说故事连环画展、龙年邮票展、民间艺术花卉盆景展等多种活动。经过《中国日报》、《人民日报》（海外版）媒体的报道，活动形成了较大的影响。于是，自 1989 年开始，天水市政府正式将五月十三日的祭典活动确定为伏羲文化节，一年一度，每次三天，并形成了固定的祭祀程式：节日开始后，先由政府主持公祭，再由群众自行祭祀，礼乐具备，隆重热烈。随着活动年复一年的举行，这一节日的影响日益增大，吸引了越来越多来自全国各地的人士以及我国港澳台地区、东南亚地区的华人。

在伏羲庙周围，比较清晰地体现和流传着伏羲和女娲的神话，尤其是伏羲画八卦、兄妹滚磨成亲的故事，它们是通过塑像、庙内的楹联、匾额以及寺庙建筑布局等具体实物来展现的。太极殿中，从明代保留至今的伏羲坐像即是手持八卦的形象。神像的右侧有龙马塑像，左侧则陈列着两对石盘，从上面所刻图案看，当为河图洛书石盘。1995 年，我和杨利慧前去调查时，天水市博物馆的一位馆长告诉我们，那两对石盘是伏羲、女娲当年在南山、北山滚磨成亲时所用的石磨，陈列在这里，是为纪念他们滚磨成亲、繁衍人类的功绩。其中旧的一对，已缺了半块，是明代旧物，曾因庙宇年久失修，半埋入土中，1985、1986 年重修古迹时挖出，然后又重铸了一对新的放在这里。这种解释，在遮蔽了与伏羲相关的河图洛书神话的同时，又以讹传讹地强化了伏羲、女娲兄妹婚神话。

悬挂或镌刻在伏羲庙廊檐、立柱上的历代流传下来的大量楹联和匾额，也从不同的角度，宣讲了伏羲的神话功绩。例如，“网罟佃渔，促使人文演进；系词爻象，蕴藏宇宙精华”“一画开天，三才参化；百王维统，五帝肇基”“庖牺以养牲而召，群众生活初上轨；画卦代结绳之治，后世文明始生芽”“间推象数，先天探始；欲访龙图，后世问津”“不缘八卦开神钥；谁为三才泄密藏”，等等。

此外，在每年庙会时民间组织祭祀伏羲时宣读的祭文，更会详尽列举和歌颂伏羲的神圣功绩，例如“制嫁娶”“正姓氏”“结网罟”“教渔佃”“始画八卦”，以及教人饲养牲畜家禽、充实人的厨房，等等。在仪式活动中，它必须通过文字加以表现，并且经过主祭者在神前宣读之后再焚化，这一过程，实际上也使相关神话得到了一次集中的宣讲。

不过，总体来看，有关伏羲的神话在当地的口头流传并不十分普遍。就笔者几次调查的情况看，除了很少一部分人能够讲述伏羲创世的事迹（包括他和女娲兄妹婚的故事），大多数人对相关的神话讲述不多，所讲内容也十分简单，往往只是“人宗爷画了八卦”（“爷”是当地对神灵的尊称）、“人宗爷制造了人烟”这样的主要母题，大都没有具体的细节。与此形成鲜明对比的，是有关伏羲如何在日常生活中显灵的故事，不仅流传广泛，而且内容丰富，情节具体生动，人们谈论起来也是兴趣十足。

1996 年，我和妻子杨利慧再度前往伏羲庙考察时，正有几位中老年人在义务为庙里描绘放置磨盘的石桌上的花纹。虽然热心于庙里的事务，而且正在描绘放置磨盘的石桌上的花纹，但是他们大多说自己不知道伏羲、女娲的神话。有一位伏羲路街道居委会的主任，她很热衷于为伏羲服务，不过似乎也不知道更多伏羲的故事。但当我们问她伏羲是否灵验，她马上说，灵得很，早年这里挨日本人轰炸，庙后落了几十颗炮弹，但都未炸开；前几年发大水，把天水冲了，伏羲路就没事；前几天市里下大雨，但庙这边的地方雨就很小。她也觉得奇怪哩，有人说雨不敢下这里。

关于庙里那尊至今保存完好的伏羲塑像，那位主任也讲了自己听一位远房爷爷说过的一个故事：“在‘破四旧’时期，有一天，一帮人手持家什冲进伏羲庙要砸塑像，突然，在塑像四周出现了很多蛇，天水人管蛇叫小龙，视它为神物，那些人一看到这么多小龙，就害怕了，于是都溜了，就这样塑像被保住了。”她说，这个传说在当地广为人知。

除了天水市区的伏羲庙，在市东环城公社七里墩大队的大道上，有一尊20世纪90年代新塑的女娲像。女娲人头蛇身，长发齐腰，膝下围绕着几个娃娃。市文联的张主任告诉我们：天水是伏羲、女娲的故里，七里墩是天水的东大门，在这儿塑一座女娲像，是为了让下火车的客人一进天水，就看到天水的标志；因为城内已建有一处伏羲庙了，所以这里就不设伏羲，而塑女娲像。但后来又有人悄悄告诉我们：这尊女娲像的塑造，是由于1991年盛传天水要发生地震，于是人们除广求诸神保佑外，又在伏羲庙里唱了20天大戏，还在七里墩塑了一尊女娲像，以祈求得到这一对人祖的庇护。据说此招果然灵验：那一年，天水地区平安无事。

离天水市区不远的秦安县陇城乡，有“娲皇故里”之称，据说这里是女娲诞生、造人、补天以及最终死葬的地方，建有女娲庙。据明代秦安籍的胡缵宗撰于嘉靖十四年（1535年）的《秦安志》卷二记载：“（陇城之北）有女娲庙，庙建于汉以前。娲皇，成纪人也。故陇得而祀焉，今庙存而祀废矣。”按照这一记述，陇城女娲庙可谓由来久远，但其初建的确切年代目前还无法断定。

陇城女娲庙在它漫长的存在、延续过程中，历经兴衰。它曾于清乾隆初年，因龙泉山崩而毁坏，于是被移建于陇城东门内；后因清水河侵蚀城址，又移置东山坪；同治初年，回民起事，庙又被毁，继而重建于陇城南门内；光绪年间，女娲庙被迁至城隍庙院中，与当地方神大娘娘的庙相比邻。“文化大革命”中，庙又遭拆毁。如今的女娲庙，又称作“娲皇宫”，是1989年由群众集资，在其旧址（城隍庙院内）上重新修建的。据老人们回忆说，清代时庙里的女娲像约一尺来高，坐东向西。民国二十五年曾有人为它拍过一张相片，相片中女娲坐在石头上，披散着长发，身穿树衣；右腿盘，左手放左腿上，右手托五花石；左右有龙护绕。如今的庙是1989年新建的。庙中有一尊颈戴贝壳项链、腰穿树叶短裙、手托五花彩石的女娲塑像，塑于1992年。据说村里不少人对此像不满，认为它显得就像一个现代女青年一样。不过，无论从过去还是现在的女娲塑像都突出其手托五色石的形象可以看出，人们始终是要通过塑像来强调女娲补天的神圣事迹的。

每年的正月十五，陇城有盛大的女娲庙会。届时附近各乡镇以至各县城和天水市里的人们，都赶来为女娲娘娘“过会”。除了单独的进香者，各村还要组织马秧歌、高抬、高跷等各种形式的社火来这里表演，陇城村则会邀请秦腔剧团连唱三到五天大戏。这些敬神娱人的节目，会吸引更多的男女老少，使得狭窄的街道往往被挤得水泄不通。女娲庙所在的大院内，烧香磕头、许愿还愿的香客，也是摩肩接踵、络绎不绝。

当地有关女娲“生于风谷，长于风台，葬于风茔”的说法在地方知识分子中流传较多。村外风谷中的一处洞穴，被当地人称作“女娲洞”，据说女娲曾在此洞中住过，或说女娲即在此出生，亦有说其在此修行的。另有一眼“龙泉井”，相传女娲当年是汲此井水，抟黄土为人的。此外，作为乡政府所在地的陇城村，以前曾叫“娲皇村”。

有关女娲的神话在香客中也有所流传。1996 年，我们第二次去陇城女娲庙会考察时，就听一位赶会的香客讲过这样一则神话：传说“女娲爷”时，天下没有一个人。有一天她在水边梳头，水里映出她的影子。她想：咦，要是有这样的人做伴多好玩！她就用水里的泥巴捏了一男一女两个人，捏好了往水里一扔。等她梳好头，水里“咕噜噜”出来了两个小孩。从这以后世间才有了人，所以说是女娲制下世（界）的。

但总体而言，同天水市区伏羲信仰的情形相似，陇城当地女娲神话的讲述远不如女娲显灵传说流传得那样普遍、兴盛。女娲造人补天、兄妹成婚的显赫功绩似乎只有个别文化干部和乡村里的知识分子知晓，一般民众所知较少，而且也不甚关心。他们津津乐道的是大量的灵验传说，这和他们的现实生活更贴近，甚至休戚相关。

乡文化站杨站长的大儿媳告诉我们：“风沟里有女娲爷的湫泉，又大又清凉。前几年有人说那是神水，好多人提了盆盆罐罐去抢，说那水喝了可以治百病。有一年我妈病了，我爸也去淘过泉的。”该村一位姓柴的老人也说：“以前有人照了女娲爷的像，结果一过潼关，像就没了。人们说这是神感应（灵验）。”

杨泰老人尽管说自己不迷信，但是也讲了几件类似的传闻。一件是某位女导演来陇城不拜女娲，结果去爬女娲洞时摔了下来。另一件是女娲的老（旧）庙废掉以后，陇城卫生所就设在里面。（庙上拆下来的）木料扔了满院子。附近一些老百姓就偷偷把木料拿回家去。后来村里有个女人说她是女娲，对人说："你去把卫生所的所长叫一下。"所长不想去。可那女人说非去不可，所长就去了。女人对他说："你拿个笔记本记上。"她就讲：谁家拿了几筐木料，谁家拿了几筐木料。所长就都记下了。当时老百姓拿走木料，卫生所也没办法。结果这个女人说了出来，而且说得一点不差，人们很害怕，纷纷把拿走的木料又送回来了。人们都说"女娲感应（灵验）"。还有一件事是：有一年，老百姓捐钱要修女娲庙。当时（庙）被农机站占着。农机站不走（迁）。站长说："我就不走。女娲要是感应的话，那我就完（死）了。"这么一说，有一天他晚上回家去，第二天就没了。从那以后，谁也不敢拦了。以前县长打电话说，不叫占农机站，现在也不敢（阻拦）了。乡党委书记说："你们县上要叫拉倒老百姓搭的木架子，你们自己派人来拉，我们不拉。"结果就没拉。从此以后，大家开始齐心协力修庙。

从以上的叙述可以看到，在天水的伏羲女娲信仰中，神话和灵验传说是两种比较常见的口头艺术文体，但其表现形式及其对于信仰本身的作用却各不相同。在人们的口头交流中，神话讲述得比较少，但在作为信仰和仪式中心场所的庙宇设施（如神像、匾额、楹联）中，以及在特定的仪式活动（如宣读祭文）中，相关的神话却有清晰的呈现。可见，神话内容主要是在特定的场合以实物展示或文字记述的特殊方式来呈现，而并不一定只表现为口耳相传的方式。这种与庙宇结构和仪式过程相融合的展示方式，从一个侧面体现了神话自身的神圣性和严肃性，同时又为增强庙宇的威严和仪式的肃穆提供了基础性的元素。由于伏羲、女娲的神话事迹已经成为人们普遍认可的最根本的事实，成为人们信仰观念的基础，因此，对于广大信众来说，神话的具体内容也不一定要以多么复杂的细节来展现，而往往可能只是一句话，例如，“人宗爷、人宗婆制造了人烟”“人宗爷画了八卦”，等等，或者，甚至只是一个被广泛接受的对于神灵的称谓，例如，“人宗爷”“人宗婆”。这种最简单不过的表达，以不容置疑的态度，陈述了人们对于相关神话事迹的坚定信念，把繁复的细节，浓缩为一个简单、明了、易记的象征，并使得人们凭着共享的有关地域文化和历史的知识库（repertoire）①，能够随时领会和理解这一象征背后的丰富内涵，并通过这一象征实现彼此之间的交流。

神话所讲述的，是神灵在远古时期的伟大事迹，从一个角度讲，也就是神灵成神的原因。人们在一般场合对这些内容的口头讲述相对较少，这也是神话严肃性、神圣性的一种体现，也就是说，在信仰世界里，什么时候、以何种方式或者由什么人来宣讲或展示相应的神话，实际上有着看似随机却十分严格的规范，在很大程度上，它应该是通过某种特殊的途径、以特殊的态度献给神灵，而不是一般性地讲述的。在河南淮阳太昊陵庙会（当地称“人祖庙会”）期间，大量香客会在伏羲庙内演唱经歌，内容大都同伏羲神话有关。这种口头表演，尽管因不同香客日程安排的不同表现出较大的随机性，但其中始终存在着一个最根本的规定性，就是必须要面对神灵来演唱，其目的一定是敬神。②

灵验传说的讲述场合，则没有太多的限制。有关这种文体的口头交流，无论是在平时的生活中，还是在举行各种信仰仪式的活动期间，几乎可以在任何情况下进行。这种传说的主要内容，往往同人们的现实生活密切相关，几乎每个具体故事都关联着某个具有强烈现实色彩的事件：事件的主人公或发生地点，都是具体的生活实践中存在的，并且往往是讲述者及听者经常接触和熟知的；事件则大多是作为主人公的现实生活中“那一个”或“那一群”确定的人所亲自经历，或者，至少是其亲眼所见；但与客观现实不同的是，传说中的这些人、地点和事件，都被同

---

① 参看 Dell Hymes. “*In Vain I Tried to Tell You*”: *Essays in Native American Ethnopoetics*. Philadelphia: University of Pennsylvania Press, 1981, p6.

② 杨利慧：《女娲的神话与信仰》，北京：中国社会科学出版社，1997 年版，第 191 页。

某种在我们以现代科学的眼光看来并无直接关系的解释联系了起来，使得几个在科学意义上互不牵涉的事件，由于这种解释而相互具有了因果关系，从而使神灵在具体生活中如何发挥实际的效应（灵验）得到突出的宣扬，前文所述伏羲保佑地方免于水灾和地震、女娲湫泉治病及女娲惩治阻挠修庙者等故事，均具有这样的特征。

由于灵验传说所涉及的内容，都是“发生在人们身边的事件”，具有突出的“真实性”和“可信性”，因此，它能够为神灵的灵验性提供有力的证据，并时刻以诸多的“前车之鉴”提醒人们时刻保持对冒犯神灵行为的戒惧，同时，它对神灵的地方化也有积极的促进作用。

或者是信仰具有明显地方特征的神灵，或者是通过从方方面面寻找其与当地发生特殊联系的因素，或使之在神力的特殊性上体现出当地独有的属性，来把那些具有广泛地域性的大神加以地方化，这样的处理，既是民间信仰领域常见的形式，也在许多宗教信仰中普遍存在。例如，在天主教中，尽管不同地区的信徒信仰的是同一位上帝，但仍然存在某个特定教堂更为权威、更为灵验的观念。位于美国新墨西哥州 Chimayo 地区的天主教堂奇马约圣殿（El Santuario de Chimayo），由于能够提供具有高度灵验性的治疗疾病的“圣土”而闻名于世，并每年吸引 30 余万信徒从四面八方前来朝拜，就是一个典型的例子。① 对于神灵的这种地方化的处理，反映了人们力图借助同他之间更密切的地缘关系，来更加亲近、更加直接、更加容易地祈求神灵，并更加顺利地达到目的的一种愿望。在中国，这尤其可以看作人情化的社会关系在信仰王国的体现。②

从大量口头流传的各种灵验传说来看，尽管伏羲女娲是人类始祖和具有普遍性的大神，但在天水地区人们的心目中，这两位大神实际上已经成为地方化的当地保护神。有关他们如何繁衍人类、发明文化的事迹，只是一种背景，而不再是人们所关注的重点。对于大多数人来说，他们

---

① 笔者 2013 年 4 月在美国新墨西哥州的调查资料。

② 安德明：《从农事禳灾看民间信仰中的地方神》，见中国民俗学会编：《中国民俗学年刊 1999 号》，上海：上海文艺出版社，1999 年版，第 270 ~ 281 页。

最为关心的，是神灵如何凭着特殊的神力以及与当地人民特殊的关联在现实生活中发挥作用的问题。事实上，也正是由于伏羲、女娲有这么多与人们的现实世界相关的灵验神迹，他们才能从遥远的过去走向当下的生活，也才能够持续受到人们虔诚的礼拜。

如果说，人们最初是为了纪念伏羲、女娲过去的功绩而立庙祭祀两位神祇，那么，在以后的发展中，越来越多的人则是为了其现世的灵验而祈求和祭拜他们。因为对任何一位神灵而言，尽管他在过去功勋卓著，值得纪念，但倘若缺乏在现实生活中发挥功用的能力，人们对其敬奉的动力必然会大大减弱。在这里，神话和灵验传说两种文体协作互动，从不同的维度发挥各自的功能，共同巩固和加强了神灵信仰体系的完整性和有效性：讲述神灵过去功绩的神话，确立了神灵信仰的基础并成为长期维护信仰合法性的主要因素，灵验传说则不断使神灵从过去的英雄转化为时刻关照人们当下生活的佑护者，并以讲述场合的随机性、灵便性，为神灵在信众当中保持持续强大的威望和吸引力奠定了更为扎实的基础。

类似的情况，也大量体现在有关其他神灵来历的传说及其灵验传说的互动当中。例如，天水市区及原街子乡等市郊一些地区，有深厚的城隍信仰传统。围绕各处的城隍庙，有无数有关城隍灵验感应、佑护信仰者的传说，这些传说吸引了越来越多的信众、以日益虔诚的心理加入敬拜“城隍爷”的行列。据方志记载，天水城隍为汉代名将纪信将军，因替汉高祖牺牲而被封为神。[①] 这种有关神灵来历的解释，也体现在一些庙内所保留的古碑当中，部分掌握较多历史知识的当地人，在口头交流的时候不时也会提及，而且会在为城隍敬献牌匾时，特意标示“本镇城隍纪大将军”这样的称谓，以显庄重。不过，相比于城隍如何在现实生活中保佑某个具体的人治愈顽疾，或考中大学，或找回财物等一类的灵验传说，有关城隍来历的说法，不仅知道的人很少，人们讲述和传播的兴趣、热情也小了许多。与伏羲女娲信仰中的情况一样，对于神灵来源

---

① 贾缵绪：《天水县志》，兰州：国民印刷局，民国二十八年（1939）版，卷二，第11页。

的解释，主要在确立和强调神灵信仰的合法性方面具有重要意义，而在维持信仰的延续方面，灵验传说则发挥着不可替代的作用。

综上所述，一方面，在一个特定的信仰范畴，往往存在着多种口头艺术的文体。这些文体，可能会以口头交流的形式加以表述，也可以通过实物或文字的形式加以呈现，其表述或呈现方式的不同，往往和文体本身的属性、功能及应用语境等有直接的关系，其间存在着看似随意实则严格的内在规律。就天水地区的伏羲女娲信仰来说，相关神话内容往往通过神像、匾额、楹联、祭文等获得展示，而较少一般场合的口头讲述，这实际上是神话这一特定文体神圣性、严肃性的体现。灵验传说则以讲述场合的随机性，随时随地以口头交流的形式巩固和强化着对于神灵的信仰，两者在应用语境方面存在着一种有机的互补关系。另一方面，神话也许是促使相关信仰形成并确立其合法性的根源，但对广大普通信众而言，维系并不断强化这一信仰的，却是大量的灵验传说。人们信仰神灵的主要原因，并不在于他曾经做了什么，以及为什么成为神，而在于如许许多多的灵验传说所证明的那样，他能够在人们的现实生活中发挥实实在在的护佑功能。也就是说，吸引广大进香者的，并不是讲述神的来历或人类起源的神话，而是不断证实神的现实功能的各种灵验传说。正是这类传说，使遥远的人类始祖贴近了人们的现实生活，成为日常生活中无所不能、神奇灵验的保护神，从而起到了维系、巩固和强化相关信仰的作用。

总之，借助在家乡生活文化中的长期实践与体验，结合有计划的自觉田野调查，我更加清晰深入地观察和认识到了民间信仰领域相关口头艺术之间的关系及其功能：作为表达、强化和维系民间信仰的重要手段，神话为信仰合法性的存在提供了持续的基础，灵验传说则为其在现实生活中始终保持强大的影响提供着源源不断的动力。二者分工协作，构成了一个有规律的互动之网，并从不同向度共同保证了信仰系统的完整、传承和延续。

需要进一步指出的是，与在异乡的研究不同，在家乡进行民间信仰的田野研究，我总是置身于一种“信息海洋”当中。在其中，由于传统人际关系的支持，我周围的每个人，随时都能成为信息的提供者，这使我能够得到所需要的无限多的信息。这些信息，包括大量与私人经验相关的传闻等，几乎是不可能对外人开放或宣讲的；同时，不少内容中所涉及的具体人物、事件及其象征意义等，即使展示给外来的调查者，也很难为对方所理解。作为熟悉家乡传统的“自己人”，我却不仅能够在一种相对自然的交流框架中获得丰富的“内部知识”或“默会知识”[①]，而且能够通过一种感同身受的共鸣，理解这诸多信息的复杂含义和价值。以上个案研究，如果说在有关民间信仰类口头叙事的文体研究上有所发现的话，主要还应该归功于这种家乡民俗学的视角。当然，在这个过程中，如何及时地从那些“信息海洋”中辨析、选择和提取各种有效成分，把它们变成自己讨论核心问题时的有机支持资源，而不是深陷于漫无边际的琐碎材料里，这又是我自己以及所有在家乡开展民俗研究的同人必须认真面对和思考的一个难题。

---

① ［日］田村和彦著，周星译：《文化人类学与民俗学的对话——围绕“田野工作”展开的讨论》，见周星主编：《民俗学的历史、理论与方法》，北京：商务印书馆，2006 年版，第 456～485 页。

第八章　基于家乡生活经验的村落民族志

作为家乡民俗学者，必然要经历从民俗生活的实践者向民俗文化研究者的身份转换。这种转换，为研究者提供了一个特殊的机会，使他能够在工业化与城市化的复杂背景下，借助返乡的工作，来体验回家的“神圣旅程”——这是一种令人向往、充满柔情的体验，可以让研究者暂时“逃离”大都市疲于奔命的生活，在想象的田园风情中获得一种休憩，并缓解因社会快速变迁而引发的各种焦虑。在这样的过程中，研究者的主观情感与学术任务、过去的经验积累与当前的调查结果往往交织在一起，共同促成有关具体民俗事象的考察，其中，研究者以往参与相关民俗生活的经验及由此形成的认识和理解，尤其会作为认知与交流的基础，在田野考察和资料分析中发挥重要的参照作用。

第一节　古村落保护的目的、对象和策略

——来自街亭村的报告

近年来，对于非物质文化遗产的保护工作，在中国引起了越来越广泛的关注，其涉及范围之广、动员力量之众，都达到了一个空前的状态。这种情况的出现，如前所述，一方面同以联合国教科文组织为代表的国际社会在相关问题上达成的共识以及所做的努力有关。另一方面，更是

同中国社会在现代化进程中对民族传统文化的自觉意识不断加强有直接关系。面临日益加剧的工业化和全球化浪潮的巨大冲击，如何保持本民族文化的独特性，维护本民族的传统价值观，成了社会各界许多有识之士关心和着力解决的问题。这就使得对于民族传统文化、特别是非物质文化的抢救和保护工作，迅速在一个较为广泛的层面开展起来。

有关古村落保护的工作，正是适应这种社会发展形势和学术潮流而全面展开的一种行动。它涉及的对象十分复杂，牵涉的领域十分广泛，为此而工作的部门、人员的性质也有很大差别。就目前的形势来看，简而言之，它所涉及的对象，既包括物质文化方面的内容，也包括非物质文化方面的因素；它所牵涉的领域，包括了学术、法律、政策、道德、经济乃至人的权利等诸多方面；而从事这一工作的主要力量，至少包括了政府机构、学术团体和商业机构等众多的单位及其成员。作为保护工作的发起者和执行者，学术界、政府以及商业机构，虽然凝聚在了一个共同的“保护”的大旗之下，但他们的目的不尽相同，其要保护的对象和保护策略也并不完全一致。因此，如何更好地协调各个方面的关系，以促使这一工作顺利发展，是值得深入探讨的问题。

在学术界，对于保护工作，不同学科领域的出发点和具体做法也各有差别。当前，投入这一工作的学者，至少包括了来自民俗学、艺术学、建筑学等诸多学科的专业人士。基于不同的具体对象和研究视角，对这一行动本身，他们往往会得出具有特定适应性的不同结论。本节的目的，是希望从民俗学的角度，以对一个古村落的考察为基础，来探讨这一行动所包含的学术问题：一方面，从学理上对这一行动本身的性质、意义、思想渊源等进行初步的分析；另一方面，在此基础上，为这一行动的顺利开展贡献具有一定参考价值的思路和策略。

站在民俗学的立场，对包括古村落保护在内的非物质文化开展保护工作，我们首先需要回答这样两个问题：第一，倡导文化“保护”是否是一种违背历史发展规律的行为？第二，这种“保护”是否与文化的拥有者也即民众的意愿相一致？

民俗现象在代代传承的过程中，总是会不断适应特定的自然和社会环境而发生变异，这种变异性，是民俗的固有属性。[①] 唯其如此，一种习俗才可能持续下去，成为所谓的“适应性习俗”。[②] 民俗是这样，其他传统文化也都具有相似的特征。[③] 而对民俗以及其他传统文化的“保护”，却会限制甚至扼杀文化适应特定历史语境而变异的特性，限制人们在新的时代为传统赋予创造性因素和新的生命力，从而最终导致适得其反的结果。与此相关联，强调对传统文化的保护，还可能同文化的创造、持有者的意愿及现实生活发生矛盾，客观上对其精神和生活造成干扰和影响。这种担心并非杞人忧天。当从事文化保护工作的部门或人员从狭义的角度来理解“保护”问题、把文化保护与保护某种自然现象等同看待之时，就一定会出现负面的效果。事实上，目前在学者当中也经常能听到这样的观点：要保护“原生态的民俗文化”。这样的提法，正代表了一大批人士的观念，那就是把民俗文化当作一成不变的、可以脱离其创造、拥有者而独立存在的遗留物，来加以控制和操作。

不过，假如我们从广义的、积极的角度来理解文化“保护”，以上两个问题也许并不成问题。面对传统文化急剧变化乃至消亡的现实，包括民俗学者在内的任何有责任感的人文社会科学领域的学者，都有义务采取某种行动。文化保护工作就正是一种能够为大家普遍接受的行动。从学理上来说，这种工作可以归为“系统文化干预”的范畴。文化干预是由美国民俗学者大卫·E. 维斯农（David E. Whisnant）所提出的一个概念。他指出，当个人或一个机构怀着改变文化的意图，有意识、有计划地在一个社会环境当中行动之时，就会有文化干预。干预者往往认为他们所促使的文化变化是有价值的。而他的行动方式，又可以分为主动干预和被动干预两种，前者比如通过人为的努力影响或改变某种文化在具体生活当中的存在与传承方式，后者比如对某种文化现象进行调查、

① 钟敬文主编：《民俗学概论》，上海：上海文艺出版社，1998 年版，第 17 ~20 页。

② ［美］C. 恩伯、M. 恩伯著，杜杉杉译：《文化的变异——现代文化人类学通论》，沈阳：辽宁人民出版社，1988 年版，第 43 页。

③ 关于学术界对传统问题的主要观点，可参看［美］理查德·鲍曼著，杨利慧、安德明译：《民俗界定与研究中的“传统”观》，《民族艺术》2006 年第 3 期。

收集和立档等。[①] 对于一种文化现象，究竟采取何种干预的策略，需要实事求是地进行分析、研究之后加以审慎的选择，从而在进行文化保护的同时，也注意遵循文化发展、变化的客观规律。

从这个意义上说，所有以田野作业为主要研究手段的民俗学者的工作，都属于一种文化干预，或者说，都是在进行民俗文化的保护，只是在形式上有主动和被动之分。而抢救、保护式的搜集、记录民俗和民间文学的倡议，早在五四新文化运动前后、中国现代民俗学兴起的时期就已经被提出，并且构成了当年学科建构的一个基础：

> 1910 年末至 1920 年初，中国知识分子对民间文学兴趣的增长，是以一种紧迫的心理压力为标志的。像在西方发生过的情形一样，中国民间文学家也普遍感到民间文学正在消失。他们认为，现代文明正在收音机等电气化设备、铁路修建一类的交通发达和迅速都市化等趋势的掩护下，向纯朴宁静的乡村社区发起蚕食进攻。[②]

因此，当时学术活动的主要领导者之一常惠才会发出这样的慨叹："文化愈进步，歌谣愈退化……如果现在不赶快的去搜寻，再等些年以后，恐怕一首两首都是很难的了。"[③] 这种对民间文学、民间文化的强烈的焦虑感、危机感和责任意识，长期以来贯穿在中国民俗学当中，构成了学科基本理念的组成部分。[④]

---

① Hansen, Gregory. 1999. Theorizing Public Folklore: Folklore Works as Systemic Cultural Intervention. *Folklore Forum* 30(1/2): pp35-44.

② ［美］洪长泰著，董晓萍译：《到民间去——1918 ~ 1937 的中国知识分子与民间文学运动》，上海：上海文艺出版社，1993 年版，第 87 ~ 88 页。

③ 常惠：《我们为什么要研究歌谣》，《歌谣》第 2 号，1922 年 12 月 24 日。

④ 事实上，这一类的焦虑、危机意识，在世界其他许多国家民俗学当中也有着根深蒂固的影响。例如，19 世纪后期美国民俗学兴起之初，就有一大批学者认为许多族裔的民俗文化正因现代化冲击而濒临灭亡，对这些文化进行抢救性的调查和记录，是民俗学工作者的紧迫任务——参看 David E. Whisnant. *All That Is Native and Fine: The Politics of Culture in an American Region*. Chapel Hill: The University of North Carolina Press, 2009, pp19-20.

由此可见，当代中国民俗学者参与文化保护一类的工作，除了受到当前特殊形势的激发之外，还同这门学科本身的学术传统有很大的关系。

本节所涉及的村落——街亭村，是笔者的家乡，它位于甘肃省天水市麦积区（原北道区）中部，居渭河支流东柯河中上游河谷地带，属温暖湿润的传统农业区。从民国时期到 2003 年以前，这里一直是街子乡（也曾称“镇”和“公社”）政府的所在地，是方圆十多个村子的政治、经济、文化、宗教信仰（民间信仰、佛教、道教、基督教、天主教）的中心。从 2003 年开始，随着地方政府实施国家“撤乡并镇”的政策，作为行政单位的街子乡被撤销，它原管辖的村子分别划归了其他两个镇，街亭也因而失去了其在方圆十多个村子中的政治中心地位。

街亭村是一个有着古老历史的村落，从当地零星出土的文物来看，这里至少在汉代以前就已经有人家居住。当地人传说，历史上这里曾有街亭县的建制，也有传说认为此地就是三国时期著名的古街亭，当然，这些说法还有待更充分的史料支持。

该村四面环山，东柯河的两条主要支流——南河、北河环绕全村并在此处交汇后，向西、向北流入渭河。全村的中心地区，当地人称作“街上”，主要由东、南、西、北十字交叉的四街构成。每逢阴历单日，以十字路口为中心，四街均有集市，来自方圆十多里地区的村民都到这里来赶集。在东西两街顶端，各有一座门楼，门楼分两层，下层为人行通道，上层为神庙。所供之神，东门为文昌，西门为观音菩萨。据说过去南、北两街也都有门楼，上层神庙分别供奉着火神和水龙王，但后来因南、北两河发大水而被冲毁。① 东街最东端为东山，山腰平缓处建有庙观群，当地人称此山为“爷山”②，庙观曰“崇福寺—杏林观”，其中包括凌霄殿（主要供奉玉皇大帝）、大佛殿（主要供奉佛祖）、城隍庙、娘娘庙（主要供奉送子娘娘）、华佗庙、药王庙（供奉孙思邈）等庙宇。

① 据街亭村尉奶奶（女，80 岁）讲述。笔者 1996 年采风资料。

② 当地人将所有男女神祇敬称为“爷”。

各庙宇除城隍庙外，均在“文化大革命”期间被拆除。80 年代以来，当地人又先后集资修葺了城隍庙，重建了凌霄殿、华佗庙、娘娘庙、大佛殿等，并重塑了神像，目前香火十分旺盛。进香者主要是方圆一二十里的村民，但经常也会看到来自这个区域之外的香客。爷山脚下有一座露天戏场，戏台面对爷山。西门外建有财神庙，庙为古建筑，神像则是近年新塑。

从村落布局及其在方圆地区长期发挥的功能来看，街亭属于一个具有久远传统的古镇。由于它长期以来在相邻村落中所具有的中心地的功能，这里的居住者和方圆地区的人们一道，共同构建了独特的生活文化传统，包括饮食习俗、生产习俗、建筑传统、集市习俗、信仰习俗、口头艺术、民间表演艺术等，其中都体现着鲜明的地方特色。这些生活文化传统长期以来在保持着相对自足、稳定的特性而代代传承的同时，也在不断适应时代的变化而调适和变迁。尤其值得注意的是，现在我们看到的当地文化传统中的大多数，都曾在 1949 年以后的一段时期、特别是“文化大革命”期间，受国家政策的强制性影响而一度中止，20 世纪 80 年代以来，才逐渐得到恢复。由此可见，村落的生活文化传统，也就是我们试图要保护的对象，本身就具有一种强大的生命力。有时，即使其外在形式因遭到某种强大外力冲击或压制而一度停滞或中止，但由于其内在的“自我认可性质”①，它的核心部分也仍然会在人们的思想体系当中继续保持强大的影响。一旦外力稍减，它就会重新复活，或者通过其他的途径，在其他的领域体现出来。这一点，正是我们在经历“文化大革命”对传统文化的严重破坏之后，仍然能在街亭以及其他类似的许多古村落中看到文化传统的关键所在。

今天，街亭村的这种被重新构建起来的生活文化传统，像全国其他许多地区的民俗文化一样，又一次遭受着巨大的冲击。从表面看，这些

---

① ［英］基思·托马斯著，芮传明译：《巫术的兴衰》，上海：上海人民出版社，1992 年版，第 550 页。

冲击的破坏性似乎不如“文化大革命”前后强制性政令的破坏那样强大，但事实上，其冲击的剧烈、影响的深远却远非后者可比。由于市场经济影响的不断渗透、科学技术的逐渐推广、地方旅游业的不断发展以及大众传媒的日益普及，当地的文化传统正面临着前所未有的破坏。这种破坏力量，一方面来自村落系统之外，主要包括整个社会经济结构的改变导致的传统生活方式的变化、多元复杂的价值观念对传统价值观的冲击、大众传媒及其他现代技术的娱乐手段对传统艺术的逐渐替代，等等，这些都使得传统生活文化的存在空间在日益缩小。另一方面，尤其主要的一种破坏力量则是来自村落生活内部，就是民众出于改变生活现状的目的而对自己的文化自发的破坏。在几乎每家都拥有电视的情况下，以电视为代表的大众传媒不断宣扬、强化的所谓时尚生活和文化，越来越在村民心目中占据了重要地位，而对自己本来拥有的文化传统，人们却越来越没有了兴趣和信心。在这样的前提下，出于改变生活现状的目的，人们会毫不犹豫地抛弃传统，而去追逐所谓“现代的”“时尚的”“新潮的”一类的内容。这一点，十分突出地表现在当地建筑的改变上。

在街亭村，十多年前四条主街上的民居，有很大一部分是民国时期修建的土木结构的瓦房，其中还有双层楼房，不少都具有临街店铺的特征。一些 1949 年以后修建的房屋，在风格上也都和那些老房子保持着一致。但近年来，这些建筑已经所剩无几。由于老房屋年久失修，大部分的人家都拆除了旧房子，邀请建筑队重建了砖混结构的新房子。这些房子，无论一层的平房还是两层的楼房，几乎都同目前中国北方许多村落可以见到的新建房屋一样，均是一砖到底，屋内四白落地，屋外墙面抹上水泥或贴上瓷砖。虽然从这种模式化的新建筑中几乎根本看不出一个村子的特色，但对街亭村人来说，这样的建筑，却既是许多人家修建新房时参照的标准版本，也是每户人家都梦寐以求的生活目标。

很多学者对目前中国广大农村地区批量涌现的这种“俗不可耐”的建筑予以了猛烈批评。但事实上，如果站在当地人的立场上，感同身受地分析其背后的原因，我们却很难理直气壮地去指责这些建筑的主人。

在全球化、现代化的影响下，文化上的“模仿”“复制”和“抄袭”，已经成为当前中国城乡地区愈来愈突出的一种现象。农村在各个方面都要向城市看齐，而城市则在许多方面都在刻意模仿发达地区、特别是西方社会。冯骥才先生曾经撰文《今天的矛头对准建筑师》对中国当代建筑师的“无能”提出尖锐的批评。的确，从城市来看，几乎每座大城市的所有新建筑，从外观到结构都是西方风格，很难见到具有中国传统技术和风格的设计。城市都是如此，又怎能要求那些一贯追随城市的农村人保留自己的传统风格呢？另外，值得注意的一点是，从街亭村的实际情况而言，对于破旧的老房屋，人们如果要加以修葺和维护，所付出的代价可能比重建新房还要大，但维修后的效果却并不一定很好。而重新建造的房屋，如果是单层的平房，尚可按照传统的土木结构来建——但其造价也很高，而且人们大都觉得它在美观、时尚、敞亮等方面比不上新式的砖混结构。如果要建两层或更高的楼房，则更是除了采用砖混材料和相关的新技术之外，别无选择。因此，为了进一步改善生活质量、提高生活水平，人们当然要放弃传统的建筑而选取更为“现代”“时尚”的建筑模式了。

不管出于何种原因，由于人们的主动选择而造成的传统建筑的破坏，却是事实。这种由于自发选择而造成的破坏，远比过去任何时候都要巨大。如果说“文化大革命”时期村落的文化传统一度停滞，还可用“形去而神在”来概括——即虽然其外在的许多内容被禁止，但其内在精神以及人们对它的情感却始终持续强大，那么，当前的情况则是有可能使大量的传统文化从形到神“连根拔”。

那么，作为民俗学者，我们能否对人们在房屋建筑上拆旧建新这类的做法进行干预、以试图保护所谓的传统建筑文化呢？笔者的看法是，如果简单地去对这样的行动加以阻止，一方面与人们期望改变生活现状的追求相矛盾，另一方面，民俗学自身的学科特性也决定了民俗学者无法为当地人提出更好的、可行的替代方案，因此，这样做既不现实也不可行。就古村落的保护工作而言，对民俗学者至关重要的问题，首先是应该进一步明确进行古村保护的目的，然后去考察和分析一个古村落中的传统文化的主要内容，发现其中最具有本质属性的文化传统，揭示使一个古村之所以成为古村的内核，在此基础上，再根据不同的文化内容所遭遇的不同的冲击或破坏，采取有针对性的保护策略。

如前所述，在当前以“保护”为主题的声势浩大的社会文化运动中，不同学科背景和社会背景的人士对“保护”的理解有着较大的不同，进行文化保护的目的也不尽相同。大体上，我们可以把这一工作分为出于学术目的的保护和出于实践目的的保护两种情况。第一种是学术资料意义上的抢救或保护，可以利用各种技术手段来全面调查、搜集、记录和保存与古村落相关的一切文化现象。第二种则是对实际生活的干预和影响，是希望让某个古村落及生活于其间的人在一定程度上保持其传统的生活文化。而民俗学者参与保护工作的目的，一方面是为了对广大民众的生活文化历程做详尽的资料记录，并以此为基础，对传统文化在当代遭遇的急剧变迁的命运进行学术分析和研究，为建设民族文化、促使民族文化的良性发展做贡献。另一方面，是要以肯定“文化多样性”的合理存在为前提，从理解和尊重当地人民意愿的立场出发，尽可能地为维护和保障村落传统生活文化的传承语境贡献自己的思路。

当前，一些参与村落保护工作的主要力量，比如商业机构和许多地方政府往往是把文化保护的目标与追求经济效益直接联系在一起，使保护古村落的目的，简单地变成了发展地方旅游、经济，最终，非但没有使村落文化得到保护，反而受到了更加剧烈的破坏。因此，民俗学者同时还应该通过自己的努力，让更大范围的社会力量接受这样一个理念：即通过古村保护来发展旅游、拉动经济，应该只是一个附带的自然的结果，我们保护古村落，除了具有文化史方面的重要意义之外，就现实而言，其主要的目的还在于满足、改善和提高人民的精神生活水平。

对于村落中的传统文化，从其本身的属性来说，我们把它分为物质（有形）的和非物质（无形）的两种类型，前者如建筑、生产工具等，后者如仪式、戏剧表演、口头文学、信仰等。而从文化持有者的角度来看，至少又可以分为两个方面的内容：一是与人的基本生存直接相关的（也可以认为就是生活本身的组成部分），二是与人的基本生存关系不十分密切的。大体来说，直接关系人们基本生存问题的文化，其内容大多属于物质文化，而与人的基本生存关系较远的文化，则大多属于非物质文化。

从学术资料抢救和保护的意义上来说，或者说从“被动干预”的角度出发，无论是哪种类型的文化，我们都可以予以全面的关注和涉猎——这可以说是民俗学学科赖以存在的对象和方法方面的基础。但从“主动干预”的角度来说，民俗学者就必须面对我们在前文提到的问题：即处理好“保护”行动与民俗文化的变异性特征之间的关系，协调“保护”工作与人民改善生活条件的愿望之间的矛盾。这样，廓清保护工作所针对对象的属性，就是首要的前提。

根据我对街亭村的调查，古建筑等与人的基本生存直接相关的有形文化目前所遭遇的变化，主要源自人民改善生活条件的愿望。要对这类文化进行保护，既在技术操作上有很大难度，又同文化的主体——民众——的发展权、选择权和自由意愿相矛盾。因此，对无形文化——例如当地具有久远历史的社火表演——的保护，相对而言就具有了更加重要的意义和更大的可操作性。

与民居等有形文化相比，这种文化与人的基本生存并不直接相关。尽管就其与生存问题的关系而言，可以说是属于次要层面的内容。但是，对一个古村落来说，这种文化传统却往往是使得一个古村落之所以成为“古村”的更为重要的内在素质。它积淀着更丰富的传统，在观念和价值体系中的影响也更为强大和深厚，因而变化也更为缓慢。以街亭村的社火表演为例，这种主要在春节期间举行的重要的传统艺术表演形式，在当地已有多年的历史，根据方志记载和老人的回忆，它至少在清代就已经十分普及。“文化大革命”前后的一二十年间，它曾一度中断，20世纪80年代以来，由于它的强大影响以及人们对其所具有的深厚情感，它又得到了复兴。

这里的社火表演，是原街子乡全乡范围的一大盛事，在相邻其他乡镇也一向享有盛誉。每年正月初九和十五两天，全乡各村都要组成一支表演队伍，来到街亭村，先到爷山的神庙进香，再在四街表演。来自全乡以及方圆其他村落的观众，也会在这两天聚集在这里，街道上人山人海，一派节日的喜庆气象。从表演形式看，当地社火主要包括“马秧歌”“高台”“抬杆子”“长腿子”（高跷）等几类。它们均属于表现秦腔剧目或演义小说中精彩有趣、矛盾冲突集中之情节的造型戏，是由村人扮演其中的主要角色，组成一定的造型后，骑着骡马或利用其他某种工具运载，沿街游行。在锣鼓敲打中，通过固定的造型，无声地展示传统故事的内容。[①] 由于历史久远，规模盛大，影响广泛，街亭村的社火表演已经成了村落文化的一个重要标志。

可以说，在古建筑等有形的传统文化迅速减少的形势下，社火表演以及其他各种以那些古建筑和古村落结构为基础形成的生活传统（例如因该村东西南北四街的主要布局而形成的集市分布等）在人民生活中的持续传承，是使街亭村保持古村落特性的内在基础。因此，它也是需要民俗学者予以重视和保护的主要对象。

但街亭村的社火表演传统也面临着巨大的冲击。2003 年前后，由于地方政府实施撤乡并镇的政策，作为行政乡的街子乡被撤销，其所管辖的包括街亭村在内的十多个村子，被分别划归两个不同的镇。这在使街亭村丧失多年来作为方圆十多里地区政治文化中心地位的同时，势必也会对原来形成的传统的社区认同造成分化和瓦解。结果必然会使遵照原有传统来街亭村表演的社火队伍逐渐减少，并最终导致这一历史久远、特色鲜明的文化传统走向衰微甚至消亡。

从这里我们看到，地方政府在行政机构的设置和改革中，在地方发展的长远规划中，考虑文化因素，注意照顾传统、照顾文化的完整性，是多么重要。而提醒政府部门注意这些问题并尽量减少相关失误造成的

---

① 详见下文。

影响，从而为民间文化的自足发展创造充分的空间，可以说也是我们民俗学者在参与古村落保护工作之时必须要尽的一份力量。

最后，我们还要强调的是，在特定的语境（也即适宜的社会文化土壤）中，传统村落文化总会生生不息地传承、变化，而适应不同历史阶段而调整、变化或重新创造，既是传统文化持续具有活力的一种体现，也是村落传统存在的一种方式。保护并不是禁锢，对古村落的保护并不是要让古村停滞不前。每一种文化总是在不断发展、变化的历史洪流中调适自己，除了强制性的人为因素的影响，某种文化现象的变异乃至消亡，是必然的历史发展中的选择结果。也就是说，人类总要不断丢弃许多不再适应当前生活的包袱，轻装前进。如果我们总是要以某种陈腐的自恋式的怀旧情绪、去保留或试图保留许许多多行将灭绝的现象，那么我们会积攒多少沉重的过去？而如果这样理解和进行“保护”，那么，最终只会走向一条与历史规律对立的死胡同。

第二节 认同与协商

——街子乡春节期间的社火表演

社火，是民间节日、庙会期间举行的各种游艺、杂戏活动的总称，在中国北方各地城乡，尤其是广大农村流行颇广。不过，各地社火，在表演形式、举办时间和功能等方面都有很大差别。在甘肃省天水地区，社火活动主要是在春节期间的某个特定日期进行，通常以具有这种表演传统的行政乡（或镇）为一个相对独立的流行和表演区域。届时，该区域范围中所有的行政村和较大的自然村或相对独立的社区，都会分别组织自己的社火队伍，到中心村的庙宇、广场和主要街道来表演。根据方志记载和老人的回忆，这种表演活动至少在清代就已经十分普及。①

笔者的老家街子乡是天水地区最著名的社火表演乡镇之一，有着历史久远、影响广泛的社火传统。但同天水其他地区一样，在 20 世纪 50 年代至 70 年代末的二十多年间，由于主流意识形态的影响，这里的社火表演被当作封建落后的文化形式而加以禁止，处于中断状态。70 年代后期以来，随着国家文化政策的逐渐宽松，戏曲、社火表演以及民间信仰活动等传统文化获得了越来越多的生存空间。在这种形势下，该乡各村一些对社火怀有浓厚感情并掌握相关知识的中老年人，开始在春节期间尝试重新组织村中人员进行表演，最终逐渐促成了全乡表演传统的复兴。今天，街子乡的社火表演，已经发展成了人们心目中不可或缺的、必然的过节形式，其主要的社火表演时间——农历正月初九，则成了使该乡迥然不同于周围其他各乡镇的重要标志。

本节以笔者的田野研究为基础，并结合个人的家乡生活经验，将主要围绕以下问题展开探讨：每一年不同村落的社火队伍是怎样由村民即时组织起来的；组织社火表演对一个村落及其村民有什么样的益处；作为一种表演者姿势固定、既不说唱也不舞蹈的静态造型戏，社火表演是如何在表演者与观众的互动中达成的；对于个人和社区，它发挥着怎样的功能；社火表演使街子乡在方圆各乡镇中具有用什么样的地位，它是如何使之保持这种地位的。此外，文章还将对这种表演形式当中体现的宗教信仰、村落之间以及村民之间的相互关系等加以考察。

街子乡位于天水市麦积区（原天水县）中部，包括十四个行政村，五十个自然村。乡政府所在地街亭村，为全乡文化经济的中心，也是全乡社火集中表演的地点。其中心地区，如前所述，由东、南、西、北四街构成，为表演社火的主要场所。村中东街尽头为东山，山上建有规模宏大的庙观群“崇福寺—杏林观”，包括凌霄殿、大佛殿、城隍庙、娘娘庙、药王庙等庙宇。其中大部分庙宇在 20 世纪六七十年代被拆除，现

① 贾缵绪：《天水县志》，兰州国民印刷局，1939 年版，卷三，第 6 页。

有建筑基本上都是80年代以来当地人先后集资重新修建起来的，但香火十分旺盛。这一庙观群的存在，使得街亭在方圆地区具有宗教中心的地位，这也是使它成为社火表演中心的一个重要原因。每年正月初九，全乡各村都要组成一支社火队伍到这里的街道、寺庙和戏场表演。

如上文所述，2003年前后，由于当地政府实施撤乡并镇政策，街子乡的行政建制被撤销，其所属村落被分别并入两个不同的镇。这对原街子乡范围内人们的生活、心理等各方面都造成了较大影响，但是，作为当地民众传统地域认同面对行政区划变化带来冲击的自然反应，以街亭村为中心的社火表演，却非但没有因此而衰落，反而变得更加盛大，对原街子乡范围内的所有村落更富于吸引力和凝聚力。换言之，尽管作为行政区域的街子乡被撤销了，但在文化意义上，尤其是在社火表演的意义上，“街子乡”仍然是凝聚当地村落和民众的重要符号，这正是我们在本节行文中沿用“街子乡”的地名来界定社火表演范围的原因。

街子乡的社火表演，可以界定为一种传统的造型戏。它通常是选择秦腔剧目或演义小说中精彩有趣、矛盾冲突集中的情节，由村人扮演其中主要角色，组成一定造型后，利用某种工具运载，击钹打鼓，沿街游行。扮演者要依据秦腔中人物的造型和个性，画上脸谱，穿上戏装，手持道具，并摆出固定不动的身体姿势，如举刀、持笔、端盘等。除此之外，既不歌唱也不舞动。每支社火队伍，称作“一架社火”。

根据表演形式，这里的社火主要可以分为三类。第一类叫马社火，其所演剧目中的角色，无论是男是女，均由青年男子扮演。他们在画上脸谱、身着戏装之后都骑在马或骡上，并按照剧情要求顺序结成单行队伍，由专人负责牵着骡马沿街游行。马社火的内容，大多是为人们所熟悉的武戏故事——《三国演义》《封神演义》《杨家将》《水浒传》等中的重要情节。

第二类叫高台，其扮演者为男女儿童，年龄一般在五六岁至八九岁之间。在设计者根据选定的故事情节，为他们画好脸谱之后，由专人负责，将他们绑扎在特制的支撑装置上，再用戏服遮挡住支撑装置，就会呈现出各种精巧的艺术造型。过去这种支撑装置需要数名壮年男子抬着游行，现在，随着小型拖拉机和农用汽车在当地的增多，高台都已经改用拖拉机或汽车来运载。在队伍行进过程中，还要有专人在旁边负责照看被高举在半空的小演员。这是当地社火中最具有艺术性、且最不易装扮的一种，至今只有中心村等有限的一些村落有能力装扮。

第三类叫高跷，同马社火类似，它的扮演者也都是青年男子并以武戏为主。①

在街子乡，每年正月，从初三开始，不少村子都会陆续组织社火在自己村中或关系密切的邻村表演；但全乡最大的社火表演，是在正月初九举行。这一天，传说是玉皇大帝的诞辰，全乡各村凡是有装扮社火的传统和条件的，都要根据自己的力量，精心地设计、装扮各种社火到街亭村的街道和神庙表演。每年到了这一天，来自全乡各村乃至邻近其他乡镇的社火队伍和成千上万的观众，都会聚集到街亭村，把这里变成一个节日的海洋。各村秧歌队到达之后，首先要到神庙进香，在庙前广场表演，以示对神的恭敬。当地人相信，唯有这样，社火的表演才能够顺利，表演社火的村落和各人在新的一年也才会吉祥。由此可以看出，当地社火表演中信仰的痕迹是十分明显的。而作为一种规律性的定期行动，它也起到了强化信仰力量和人们的信仰观念的作用，并为正月初九这个特殊的日子赋予了浓厚的宗教色彩。这一天，不仅社火表演者要敬神，大多数的观看者也会利用机会进香。结果通往神庙的山路上人群络绎不绝，庙里香客盈门。

不过，这种与宗教信仰有关的意义，又往往会被世俗欢乐的取向冲淡。街道上常常是人山人海，拥挤得水泄不通，以至于社火队伍要通过也得花一些工夫。人群的拥塞和社火队伍的不断游行，使村中本来十分普通的地方变得与平常的生活大不相同，成了一个表演者和观众共处其

① 关于街子乡社火种类的具体内容，可参看杨利慧、安德明：《街子乡的社火》，《民俗曲艺》1998 年第 115 期，第 189 ~210 页。

间的大舞台。在这个舞台上，由于表演者与观众十分接近，因而能够密切互动。另一方面，表演者的面部化妆、服装、道具等，又使得他们与观众保持了距离，从而保证表演与实际生活相互区别。

每支社火队伍，一般是由一个独立的村子组织的。他们会根据自己的财力等具体条件来决定所装扮社火的类型。要组织一支表演队伍，需要全村的通力合作。当地每个村子长期存在的一种非官方的传统组织，为村落内部顺利实现这种合作提供了保障。在处理各种非官方的公共事务时，每个村子都有自己的一个非正式组织，其中包括了村落的全体成员。这个组织的负责人，称作会长，由全村各个家庭的男性家长逐年轮流担任，他有责任组织全村的各种传统活动。

要组成一支社火队伍，需要整个村子的参与。不过，村落的成员由于其性别、年龄或对社火知识的掌握的不同，会有不同的表现：年长的男子会负责相关的事宜，青年男子则会扮演马社火中的角色或照顾其他的表演者和设备，妇女会帮助准备各种用品，孩子们则会准备扮演高台。最重要的一点，是要装扮社火，这至少得有一位专家。这些专家，不仅熟悉能引发当地人兴趣的传统故事，而且掌握着画脸谱、设计和促成社火特别是高台的技巧，因此，他们对自己村子所扮社火的内容和形式，有着绝对的决定权。

这些人中的不少人同时也是社火传统复兴的积极推动者，他们就是本社区社火方面的文化专家。正如许多相关研究指出的，文化专家就是那些因其所掌握的特定传统知识而与社区中一般成员迥然不同的人士。①他们也许在其他生活领域并不一定有突出的能力，但至少在社火方面的才干，使他们与普通村民有了很大的差别。而对这些文化专家的需要，同人们对社火传统本身的需要是同时产生的。在组织社火队伍的过程中，每个人都要听从文化专家的指导，特别是表演者，因为他们本来就不是

① ［美］理查德·鲍曼：《民俗界定与研究中的“传统”观》，见理查德·鲍曼著，杨利慧、安德明译：《作为表演的口头艺术》，桂林：广西师范大学出版社，2008 年版，第 208 ~ 221 页。

职业的演员。

需要指出的是，的确，在社火组织的过程中，文化专家比同一个村子中的其他成员掌握着更多的传统知识，他们是传统知识的传承者。但是，这并非意味着所有其他参加者同这一知识完全隔绝。如果我们考虑到社火表演为什么又怎样被组织和完成这样的问题，就会明白，其实所有其他的参加者是完全明白社火的象征意义、基本规范和功能的。正是由于他们理解这些并与文化专家通力合作，社火表演才能够组织起来，也才能够顺利完成。由此我们可以说，那些一般的参与者，和文化专家一道，实际上都是传统知识的实践者。他们享有同样的传统，并且都通过自己的行动为传承和丰富这种传统贡献着力量。①

由于一个村子社火表演的内容和形式主要是由村中的文化专家决定的，他们的个人能力和艺术创造力决定着本村社火表演的艺术质量和表演效果。不过，他们做决定时，必须遵循本村和方圆地区的人们普遍接受的原则。这些原则源于宗教信仰、传统民间艺术标准以及村落间的相互关系等。比如，一支社火队伍的表演内容应该为神灵或某个家族英雄先祖的耻辱事迹避讳。违背这些原则组织的社火队伍，非但会招致观众的批评，有时甚至还会引起更大的纠纷。② 同时，社火的装扮还要严格遵照传统的脸谱、道具和服装的模式，因为它们是使得表演者与观众之间的交流得以实现的基础。

社火表演所据以取材的传统故事，实际上是十分有限的。然而，对当地人来说，这些有限的故事却构成了他们对于历史和传统价值观——例如忠诚、友爱、英勇等——的基本的知识库，包含着远远大于故事本

---

① 有关文化专家和普通参与者在一种文化传统延续过程中协作实践、共同促成文化传承的论述，可参看安德明：《天人之际的非常对话——甘肃天水地区的农事禳灾研究》，北京：中国社会科学出版社，2003 年版，第 177 ~ 183 页。

② 例如，早年北坪村装扮的社火走毛集寨村时，第一转的内容是“抓潘洪”。这惹恼了毛集寨村的人，因为他们多数姓潘。第二年，毛集寨村的社火走北坪村时，第一转秧歌便有意装扮了“捉李良”（北坪村的人多数姓李）。结果惹得双方打了起来，从此两村关系一直不好。笔者 1997 年春节调查资料。

身的丰富象征意义。通过对这些有限的资料年复一年周期性重复地选取和展演，人们能够表达任何有关现实境遇的理解。例如，在 1996 年街子乡的社火表演中，出现了几支装扮关于鼠的传统故事的队伍，因为当年是鼠年。其中一架高台表现的是《西游记》中孙悟空大破白鼠洞的故事。按照设计者的原意，这一表演是要强调当年的生肖，但没想到表演却招来了观众的批评，因为人们认为其表现的当年生肖被杀死的内容不吉祥。

在整个社火表演中，贯穿着观众与表演者以及观众与观众之间的交流。簇拥在街道上的观众，除了街子乡各村的成员之外，还有大量从方圆其他各乡镇——特别是那些没有社火表演传统的地区——慕名而来的人员。对观众而言，社火表演不只是为他们提供了一个娱乐的时刻，它还创造了使人们得以交流和学习传统知识的最佳时机。这些传统知识主要包括戏剧故事和历史传奇，构成了他们对于历史的基本认识，同时也是他们道德隐喻和象征的一个重要源泉。每架社火所表现的内容，基本上取材于当地人共同享有的知识库（repertoire）①，往往是对传统地方知识中模式化了的某些内容的重复，因此都是为本地区人们所熟悉的。通过社火队伍中人物的脸谱、服装、道具、人物姿势以及人物之间所展现的动态关系，人们不必费什么气力就可以辨别出其中所扮演的具体故事。有的观众、特别是孩子和年轻人，也许不一定能够自己理解社火的内容，但人群中随处可以见到的“会看社火的人”，以及随时可以听到的有关评论，却能够让他们及时获得相关的信息。所谓“会看社火的人”，指的是那些热心于传统戏剧和传奇故事、掌握着丰富的戏剧与社火知识、同时也喜欢在人们面前展示自己这方面知识的人，通常是四五十岁以上

---

① 民俗学、人类学的研究发现，个人或群体在某一特定领域都具有专门的知识积累或储备，可以根据需要随时调用、组合，为人们实现在这一领域当中的相互交流而服务。英文称之为 Repertoire，大体等同于汉语的“资料库”“曲库”“知识库”或“知识储备”。拥有基本相同的知识库，可以说是不同的人之间得以相互理解、沟通的基础。参看 Dell Hymes. *“In Vain I Tried to Tell You”: Essays in Native American Ethnopoetics*. Philadelphia: University of Pennsylvania Press, 1981, p6.

的中老年男子，也包括一些青年男子。在社火表演过程中，他们经常起着引导周围观众理解和欣赏每个具体表演的作用。在表演进行的过程中，挤在一起的观众们，无论是否熟识，往往都会就与社火相关的某个话题自然而然地相互攀谈起来。遇到不大清楚某个表演内容的人向那些“会看的人”询问时，后者总会十分耐心地把自己所知道的知识告诉前者及周围的其他人。这样的交谈，一方面为那些掌握丰富的相关知识的人提供了展示自己、获得满足的机会；另一方面，尤其重要的，是使得与欣赏社火有关的技巧得到了交流，使得作为人们历史知识的组成部分、传达人们对于历史的认识的传统故事得到了加强和传播。同时，这种场合也为来自不同村落的人们提供了相互认识的机会。

对于每支社火队伍，观众往往会从这样一些方面加以评论：服装是否新鲜，脸谱是否干净传神，装扮是否巧妙，鼓、钹是否响亮，等等。由于相互距离十分靠近，这些议论很容易被表演者和队伍的组织者听到，因而会变成每支队伍将来进一步改进自己表演质量的依据，或者与其他表演队伍继续竞争的动力。从这一点，我们也可以说所有观众都是传统知识的实践者。

这种来自亲身参与和交流的欢乐，同从其他活动中获得的快乐是大不相同的。社火表演，为所有人提供了一个作为主角来全身心参与的狂欢机会。这正是街子乡社火活动突出的一个特征：它标志了街子地区春节期间的独特性，强调了那些不同于一般的特殊日子，展示了人们多样的观念。在大众媒体等多种娱乐方式逐渐成为当地人日常生活中主要娱乐方式的时候，街子乡还有许多人热心于举办和欣赏社火表演，其原因就在于此。

综上所述，本节的主要结论包括以下几个方面：

首先，社火队伍是以村为单位组织起来的，在社火的组织和表演过程中，同一个村子的人们，由于其对社火专门知识的了解各不相同，因此表现也有较大差异。然而，尽管在这些专门知识上可能存在着文化专家与普通参与者之间以及表演者与观众之间的差别，但所有人对与这些知识相关的传统，却都有着共同的理解和感受，这种理解和感受使得他们能够自然而然地通力合作，把这种传统付诸实践。就这一点来说，所有人都可以称作传统的实践者。

其次，社火的表演者，与大多数的观众一样，都是普通的村民，在生活与文化背景、知识储备等方面高度的一致性，为他们共同完成组织表演的多重目的提供了重要的基础。在表演过程中，借助道具、脸谱和人物组合等手段，社火以静态的形式，通过充分调动具有相同地方知识背景的观众与表演者所共享的知识库，在表演者与观众的交流中，完成了动态的故事表演。同时，这种互动交流的过程也为人们提供了一个强化和传播相关传统知识的机会。

而在现代化及通俗文化、大众传媒等主流文化形式强烈影响当地人生活的形势下，社火的延续实际上为人们提供了一种表达自我、协商文化认同、地域认同的资源和重要途径，正是通过组织和表演社火，人们展示和交流了自己的信仰观念、他们对于传统的理解、对于时间的理解、对于集体的理解、对于村落关系的理解以及对于欢乐的理解。

再次，尤其重要的是，对每个村子来说，这种活动实际上具有这样的功能：它反复强调着村落内部的团结意识，强化着他们对于生活与环境的独特经验，锻炼着他们应对非常事件的能力和技巧。同时，尽管在表演期间也存在着不同村落之间的竞争，但社火表演本身更多要求的是整个区域内的合作。也就是说，通过社火表演，整个街子乡的地理认同与合作精神也得到了强化。

同时，对于方圆其他一些不具有社火表演传统的乡镇而言，街子乡的社火表演通过吸引这些地区观众的参与，又满足了更广大区域的人们对社火相关功能的需求。这一方面使得街子乡在一个更大的地缘格局中保持了特殊的地位；另一方面，也使它以这种特殊的区域文化定位与周边地区构成了一个更加统一的有机整体。

第三节　非物质文化遗产社区的能动性与非均质性

——以街亭村民间信仰重建过程中村民的互动为例

一、从长时段与家乡民俗学的视角来看非物质文化遗产

非物质文化遗产（以下简称“非遗”）保护工作在世界范围的全面展开，对各种类型的传统生活文化在当代社会获得重新认识、重新定位及有效传承，发挥了重要的推动作用。从中国的情况来看，由于这项工作同中国社会亟须解决的文化传统在全面现代化过程中遭遇巨大冲击和危机的现实困境有密切相关性①，因此，它得到了尤其迅速而普遍的推广，并产生了十分突出的良好效果。② 不过，这种看似空前的“文化干预”③，从长时段来看，却并不是唯一的。在中国历史上，被我们今天称作“非遗”的各种文化传统遭受危机以及人们采取种种措施来应对这种危机的情形，可以说屡见不鲜。诸如帝王的册封、地方政府官员的褒扬，以及社会政治形势的巨大变化，都会使一种文化事象的有机传承受到干扰，或导致它发生一定的改变。与此同时，传承相关文化事象的群体或社区内部，也会采取种种措施，以维护或保证该事象的存在与延续。而这种来自文化承载者自身的主体性和能动性，是确保该文化事象存续力的基础，也是导致文化发生可能变化的主要力量。

目前有关非遗保护的研究，大都把目光集中在相关文化遗产在当代

---

① 安德明：《非物质文化遗产保护的中国实践与经验》，《民间文化论坛》2017 年第 4 期，第 17～24 页。

② 张举文、周星著，王宇琛译：《中国非物质文化遗产实践的核心问题》，《民间文化论坛》2017 年第 4 期，第 5～13 页。

③ “文化干预”是美国公众民俗学者大卫·维斯农提出的概念，主要指的是某个个人或机构怀着改变文化的意图，有意识、有计划地在相应社会环境当中采取的行动。参看 Gregory Hansen. 1999. Theorizing Public Folklore: Folklore Works as Systemic Cultural Intervention. *Folklore Forum* 30(1/2):35-44.

如何因保护运动而受到积极或消极的影响上，却很少注意这些遗产项目在保护工作开始之前存在及传承的状况，对于遗产项目所在社区或传承人以前为应对种种威胁或危机而表现出的主体性、能动性，更是鲜有讨论。事实上，就像联合国教科文组织有关文件中所强调的，社区过去为保证相关遗产项目的存续力而做的种种努力，是确保该遗产持续发展的重要基础。① 这一要求，从某种程度上也是在提醒非遗保护方面的研究者或实践者，应该把目光投向更加长远的历史，在更长的历史脉络中来观察和认识某一非遗事象的传承与变化，以及相关社区或传承人为应对种种变迁而采取的措施，唯此，方能使相关的实践与研究真正走向深入。

有鉴于此，本章拟以 20 世纪 70 年代末以来笔者家乡街亭村爷山庙宇群及相关信仰和仪式的复兴和重建为基础，展示和分析神灵信仰重建过程中村民之间的动态互动，进而讨论非遗相关社区在文化传统复兴和重建过程中表现出的能动性、社区内部的非均质性及其协商和妥协等问题。

20 世纪 70 年代末 80 年代初，随着中央政府相关政策的调整，“改革”“开放”和发展经济成了整个中国关注的重点，国家在思想文化领域的政策，也因而变得更加灵活、包容。这使得自 1949 年中华人民共和国成立以来近 30 年间始终受主流意识形态所抵制或禁止的民间信仰，在全国范围获得了复兴的机会。那些在各地民众生活当中占有重要地位的信仰活动，由于曾被贴上“封建的”“迷信的”标签，有的只在少数虔诚的信仰者中间秘密持续，有的甚至几近中断。到了这一时期，它们又获得了新的生存空间，开始从半公开到公开，从小范围到大规模，逐渐发展成了一个强大的传统复兴过程中的一部分。今天，许多地方轰轰烈烈开展的非物质文化遗产保护运动，其对象中有相当多的内容，实际上都属于这种复兴的传统。

---

① 参看联合国教科文组织“人类非物质文化遗产代表作名录申报表”和“急需保护的非物质文化遗产名录申报表”两种申报书的第 3 项。

对于民间信仰活动，国家意识形态虽然采取了比较宽容的态度，却始终保持着一种谨慎和警惕；国家力量的时刻在场，对民间信仰活动的开展，始终具有潜在的威慑。同时，经过近 30 年的禁锢，在许多地方，民间信仰和相关的仪式活动除了在一些老人的记忆或少数虔诚信仰者极其隐蔽的行为习惯中有所保留之外，已经远离了大多数人的日常生活。既然存在上述两个方面的条件的制约，那么，各个地区的人们为什么还能够恢复神灵信仰、庙会等社区信仰传统，他们又是怎样恢复那些传统的呢？在一个地区民间信仰复兴的过程中，都有哪些力量，它们通过什么样的交流互动，共同促成了这种复兴？

在民间信仰研究领域，目前能够看到很多从“传统的发明”的视角来探讨上述两个问题的研究成果。不过，许多论著所关注的，大都是国家或地方政府同民间社会精英之间的互动问题，却较少关心作为传统信仰传承人的普通村民之间的复杂关系。这种研究，可能是基于这样一种想当然的理解，即在建构传统的过程中，普通村民处于均质的、被动的状态，其作用可有可无。

针对这一缺憾，本章所关注的重点，不是国家政策与地方策略之间的张力和协商，而是要通过对地方信仰重建过程的详细描写，来揭示这样的事实：作为信仰传承者的普通村民是怎样为了重建信仰传统而相互冲突、积极协商的；他们是怎样达成关于庙宇组织和仪式活动的一致意见的；那种通过协商而创造的信仰传统又是怎样重新构建他们在日常生活中的关系的。通过这些描述和分析，我希望文章不仅能够提供一份有关西北地区一个村落民间信仰重建过程的民族志报告，也能够为当下有关非物质文化遗产保护过程中社区的能动性与多样性，以及传统与个体创造、传统的发明等方面的讨论，贡献一种民俗学的思考。

作为在自己家乡展开的调查，我和当地人之间的友好关系为我提供了很多的便利，而我自己早年在家乡生活的经历，也使我很容易就能够理解家乡人民的信仰心理、人与人之间的复杂互动，以及不同主体之间微妙的情感交流。这一切都为我的调查和研究的展开创造了良好的基础。

二、城隍庙的文本化和语境化：街亭村民间信仰重建的基点

街亭村位于甘肃省天水市麦积区中部，居渭河支流东柯河中上游河谷地带，因此过去又被称作“东柯谷”，属温暖湿润的传统农业区，该村距市区约 20 公里，有 4000 左右的人口，其中除少部分学校教师、卫生院员工等公职人员外，大部分以务农为生。根据方志记载和口述材料来看，至少从民国时期开始，这里就一直是街子镇（后来又在不同时期称“乡”或“公社”）政府的所在地，是方圆 10 多个行政村政治、经济、文化和宗教信仰（民间信仰、佛教、道教、基督教、天主教）的中心。2003 年之后，随着地方政府实施国家“撤乡并镇”的政策，作为行政单位的街子乡被撤销，它所属的村分别划归其他两个镇。与此同时，过去同属街子乡的一个临近的村子温家庄，近年来因发现温泉而建成度假村，发展起了旅游经济，原来位于街亭村中心的集市，也因此逐渐移向了旅游线路沿线。这两个方面的变化，极大地削弱了街亭村作为方圆地区政治经济中心的地位。街亭村的村民，不仅失去了村落原来作为行政中心所拥有的诸多便利，心理上也充满了因村子原有中心地位的弱化而产生的巨大的失落感。这种失落心理，在撤乡并镇施行之后的好几年间，一直弥漫在人们——尤其是中老年人——当中，对身为当地人的我也产生了不小的影响。在回乡调查或探亲时，我先后遇到好几位长辈，都或直接或委婉地要我“利用自己的影响”，向市里和区里建言恢复有着古老历史的街子乡作为一个独立乡镇的地位。我很理解这些长者的心情，也赞同他们的意见，但也很清楚自己在这些事务上的无能为力。最后的结果，只能是以无奈、惭愧和抱歉来面对父老乡亲的满腔期望。而这也让我再一次体会到了家乡民俗学研究者不得不时刻面临的尴尬。

街亭村四面环山。在东山山腰平缓处，建有一组庙观群，名叫“崇福寺—杏林观”，但当地人都习惯把这里称作“爷山”（“爷”是当地人对神灵的敬称）。从山上残留的石碑和古钟上的铭文来看，这处庙观至少在明万历年间就已经出现。按照老人们的回忆，20 世纪 50 年代以前，

尤其是在“破四旧”以前，这里的庙宇十分齐全，山上建有凌霄殿、灵官殿、大佛殿、财神殿、娘娘殿、药王庙和城隍殿等多处神殿，供奉着几乎所有在人们心目中占有重要地位的神灵——显然，爷山上的神灵构成，综合了佛教、道教和地方信仰等多种宗教信仰中的因素，并由此形成了一个混合的、但又相互协调的信仰体系。山上早年的香火也十分旺盛，香客们主要是来自方圆 30 里地区的村民，但有时也会有从市区或外省很远的地方来的朝拜者。后一类的香客，尽管是在很偶然的情况下出现的特例，却成了街亭村人提及爷山时强调山上的神灵如何灵验的重要证据。

1949 年中华人民共和国成立之后，爷山上的信仰活动开始受到限制，山上的庙宇，则被改造成了初建的街子小学和中学的校舍和教师宿舍。在随后开展的“破四旧”运动中，庙内所有的神像也都被摧毁，从此，20 多年间，除了一些虔诚的信仰者在家中私下进行祭拜之外，爷山上公开的崇拜活动被彻底禁止。到了 20 世纪 70 年代后期，当地在山下平坦地带建起了新的中学和小学校园，在学校陆续搬迁的过程中，山上大部分的庙宇也被一一拆除，拆下的木头和砖瓦，做了新校舍的建筑材料。最后，山上只留下一座城隍殿。

城隍殿之所以幸免于难，其表面的原因实际上很简单，因为这座庙宇位于整个庙观群的最外端，在旧校舍拆迁和学校搬迁的过程中，它一直被用作储藏家具和其他财物的仓库。然而，当地人从传统信仰的角度却对此给予了另外一种解释，那就是，因为城隍神力无边、灵验无比，所以没有人——包括那些为“公家”做事的人——敢于决定拆除城隍殿。这种说法，实际上反映出当地人观念中对自己与不同神灵之间的关系所具有的不同理解，基于这样的理解，他们对不同神灵采取的态度也有很大的差别。我至今还记得，当年学校搬迁时自己正在上小学二年级。有一天，我和同学们跟着班主任老师到城隍殿去拆除一堵隔墙。开始时，每个人都往后退缩，不敢轻易用手中的锹镐去挖那墙，直到老师说：“这是学校修的隔墙，我们把它拆了，好让神圣老人家透透气！”大家这才一齐动起手来。城隍信仰影响之强大，由此可见一斑。而有关城隍灵验的传说的流行，则进一步加强了人们对于城隍的信仰，由此为城隍信仰以及围绕整个爷山庙观群的庙宇、信仰和仪式的重建，打下了基础。

作为城市保护神的城隍，其庙宇通常是设在县城或县城以上级别的城市。街亭村最晚在明代中叶就建造的这座城隍庙，似乎违背了设立城隍庙的传统规则。而在该村方圆百里其他乡村地区，也看不到类似的情形。按照街亭村人的解释，该村之所以会有一座古老的城隍庙，是因为这个村子过去曾是一座县城。① 不论其缘由如何，一个不争的事实是，爷山城隍庙的存在，使得现在的街亭村具有了与附近其他村子迥然不同的特征。

城隍庙作为一个物理性的存在，它因在不同时代被赋予不同的意义而得以持续保留：在国家政策对民间信仰采取严厉管控措施的时代，它的物质使用价值取代了神圣象征意义；一旦政策的约束变得松动，在人们的努力之下，它被现实的实用功能所掩盖的神圣价值又逐渐得到恢复。这一过程，实际上也是文本与语境之间复杂动态关系的一种体现，作为“文本”的庙宇，因不断改变的语境而处于不断被“文本化”或“再文本化”的状态，而当它因不同的时代需要而发生改变之时，又必然会经历“语境化”和“再语境化”的过程。② 正是这种持续的“文本化”（或“再文本化”）和“语境化”（或“再语境化”），使得作为客体的城隍庙具有了耐人寻味的丰富内涵，它也因而能够在寺庙及信仰重建之时发挥至关重要的作用。

尽管按照人们信仰观念中一个相对松散的大体的神灵系统，城隍的地位要远低于玉皇大帝，但是，在街亭村及其方圆地区，他却被视作最

---

① 当地人传说，这里是古代的上邽县治所在，光绪年间所修的《秦州直隶州新志》和民国时期所修的《天水县志》也都持这种看法。另外，当地人还普遍认为这里便是著名的三国古战场街亭，中国社会科学院历史所陈可畏研究员经细致考证，得出了同样的结论（参看陈可畏：《街亭考》，《地名知识》1981 年第 4 ~5 期，第 49 ~51 页）。

② ［美］理查德·鲍曼著，杨利慧译：《表演中的文本与语境：文本化与语境化》，《西北民族研究》2015 年第 4 期，第 122 ~137 页。

重要的神灵来敬奉，在某种程度上，他实际上充当着许多地区民间信仰中普遍存在的地方神的角色。对当地人来说，他们虽然供奉多位神灵，也相信这些神灵之间存在着一定的等级秩序——其中尤其确定的是，玉皇大帝具有至高无上的地位；但是，对于城隍的敬奉，却始终是多神信仰中最基础、最重要的部分。

从20世纪70年代末以来，与全国范围传统复兴的潮流相呼应，街亭村和方圆地区的村民也开始了重建自己传统信仰的活动，这项活动至今还在进行当中。

三、从个体行为到集体行动：信仰仪式及神庙的重建

最初，是一些虔诚的信仰者偷偷地在作为学校废弃仓库的城隍殿向城隍进香。这些信仰者对神灵的信仰十分坚定，即使在“破四旧”和“文化大革命”时期，他们也在家中暗地里保持着供奉灶神和城隍等重要神祇的习惯。当国家政策对于民间信仰的控制有所松动的时候，这些人运用自己经过长期保持和演练的仪式知识，成了复兴传统信仰的先行者。

由于在当地人的心目中城隍几乎是一位全能神，人们敬奉他的主要目的，是为了祈求在各种各样的生活境遇中获得成功和好运，例如，因自己或家人患重病而祈求痊愈，祈求找回丢失的财物，祈求家庭和睦，甚至祈求打赢官司，等等。这些内容，实际上同那些虔信者在“文化大革命”期间敬神时所祈祷的内容没有太大的差别。除此之外，在信仰者中还出现了一些新的祈祷因素，而这些因素也促成了更多信仰者的参与。这主要包括两个方面。一是全国高考制度的恢复，为诸多农家子弟乃至其家庭改变命运提供了可能，通过考取大学来获得更高的社会地位，成了农村几乎所有的中小学生及其家人梦寐以求的愿望。于是，除了读书的孩子要好好学习，家长们带着孩子去祈求无所不能的神灵的保佑，成了日益普遍的现象。另一个方面的新因素，是随着国家实施鼓励私营企业和个体经济的新经济政策，农村出现了越来越多从事个体经营的人员，结果，祈求神灵保佑生意顺利、兴旺，也逐渐成为信仰者祈祷的一项重

要内容。这两方面的变化，也可以看作国家政策如何具体而微地影响到乡村普通民众日常生活的一个例证。

值得注意的是，那些最早到山上偷着敬拜城隍的人，很长一段时间都是在没有城隍塑像的旧殿里进行祭拜。他们凭着记忆，在空阔的城隍殿正中从前摆放供桌的大概位置，支起一张旧方桌，上面放一个香炉，就成了简易的祭坛。进香的仪式一开始也很简单，大多数人只是燃香插入香炉，再跪在桌前焚烧黄表纸和纸钱并向神灵祈祷即可，个别一些格外虔诚或有重大祈愿的人，同时还会点两支红色的蜡烛供在桌上。

通常，在许多寺庙当中，神灵崇拜仪式都要在某位神明的塑像或画像前进行。而几乎每个地区，建庙之后必须塑造神像或至少是供奉神的画像并为神像开光，然后才会在庙中举行祭拜活动。人们相信只有经过这些步骤，才能使神庙具有神力，在这里举行的仪式也才具有灵验性和有效性。街亭村人之所以能够很长时期虔诚地在没有神像的旧庙里坚持祭拜城隍，主要同以下两方面的原因有关：一方面，在国家政策对民间信仰仍然保持警惕或批判态度的形势下，人们不可能从容不迫地公开去为神灵塑像；另一方面，尤其重要的，是在那些进香者的心目中，对神灵的崇拜，并不一定非得在神像前进行，只要心怀虔诚，神灵就会有所感应——按照当地人的说法，也就是“心动则神知”。这种观念，在 80 年代之前的二十多年中，构成了那些私下里仍然保持神灵崇拜心理和相关行动的人们的信念基础。一般而言，民间信仰往往以注重偶像崇拜而著称，它也常常因为这一特征而被一些宗教研究者看作低级阶段的宗教。但从街亭村的情况可以看出，在民间信仰当中，不乏一种超越偶像崇拜的宗教观念，它同人们对偶像崇拜的心理需求处于同等重要的位置。二者看似矛盾，实际上却融洽地交织在一起，共同构成了信仰的观念基础，它也是民间信仰灵活性、多样性的体现。而在民间信仰传承的过程中，特别是在对神明的偶像崇拜受到限制的特殊形势下，这种超越性观念尤其具有支撑信仰整体延续的作用。因此，尽管旧庙里没有城隍的神像，人们仍然相信自己在这里对这位神灵的敬奉是有效的。

当然，对信仰者来说，城隍庙旧殿以及各庙遗址本身，也具有非凡的灵力。这种灵力，同人们有关各个庙宇以及庙中供奉神灵的记忆密不可分。尽管寺庙已经被用作学校多年，而且大多数的庙宇都已经被拆除，但有关寺庙的记忆以及相关的信仰，却仍然顽强地在那些虔诚的信仰者心中延续着。它不断唤醒人们对于爷山上的一草一木、一砖一瓦以及残垣断壁的特殊感情，并使那些旧殿和废墟始终保持着一种特殊的神圣性，进而构成了促使当地人重修庙宇、恢复祭祀活动的重要基础和动力。正由于这样的原因，随着越来越多的人开始半公开地在城隍殿中举行祭拜活动，不久，人们又在爷山上每一处庙宇旧址用砖瓦临时搭建了一个简陋的小亭子，其中只容得下一个香炉，供进香者祭拜的相应位置当即曾经供奉的神灵。

这种现象，或许可以借用本雅明的著名概念“灵光”来做进一步的解释。[①] 爷山上的所有物事，都因为深厚的历史积淀而具有了特殊的“灵光”，对于信仰者来说，它们尽管被长时间压制，却始终不曾消失，并因此能随时吸引人们的关注，也能够随时为人们所借助或敬奉。

那些最早开始上山祭拜城隍的人坚持了一段时间之后，村中很快就流传起各种有关他们如何因为虔诚敬神而解决了现实困难的灵验传说，例如使重病得到痊愈，重新找回被盗的财物等。这进一步激发了周围其他许多正在观望那些先行者行为的村民心中潜藏的信仰观念，因为他们在现实生活中也会遭遇类似的困难。于是，越来越多来自街亭村和方圆其他村落的人受到吸引，开始参与到祈求城隍保佑解决生活中各种难题的活动当中；与此同时，国家相关政策的宽松以及地方政府对这种活动既不支持也不反对的态度，也减轻了人们对政治压力的担忧，这就使得有关城隍的祭拜活动，逐渐从少部分人的行为变成了大多数人的行为，从暗地里的行动变成了半公开甚至公开的行动，最终导致了当地以爷山

---

① ［德］瓦尔特·本雅明著，许绮玲、林志明译：《迎向灵光消逝的年代》，桂林：广西师范大学出版社，2008 年版，第 21～35 页。

为中心的民间信仰的全面复兴。而这种延续至今的复兴潮流，也使得街亭村在其作为政治和经济中心的地位受到削弱的情形下，继续保持着作为宗教信仰中心的位置。

那些城隍祭拜活动的先行者，在庙里举行祭拜的基本方式同他们私下里一直保持的行为一样，都是先上香，有的还会点上蜡烛，然后再跪拜祈祷并焚烧黄表纸和纸钱。但同时，神庙也为他们提供了恢复一种铭刻在心灵当中但以前却无法在家庭祭拜中进行的仪式的机会，即许愿和还愿。为了求神佑护实现某一特定心愿，这些早期的进香者会不时地“许愿”，向神灵允诺，等所求之事有了结果，无论成功与否，都要在将来某一确定日子还愿，即为神献上某物以表酬谢。起初，最常见的还愿物，是以一两尺或两三尺红布制成的软匾，上以墨笔书写“神恩感应”“神恩浩荡”“感谢神灵”之类的赞语，抬头和落款分别题写神灵名讳和还愿者姓名及还愿日期，还愿时把它挂在庙内正面或两侧墙上即可。以后，随着爷山上的祭祀活动日益盛大和公开，开始有人因为重大心愿的实现而敬献牺牲。这类祭品一般为红色公鸡，十分罕见地，也会有献一只羊的。还愿时把牺牲在庙外宰杀，并在神案上供奉，之后再由进香者带回。上述这些祭拜形式同大多数人脑海中模糊的记忆是一致的，经过先行者们数年来一遍又一遍具有示范意义的重复进行，它们逐渐变成了后来不断参与进来的所有进香者都模仿和遵循的敬神模式。

随着越来越多村民的参与，对于城隍及爷山上其他诸神的祭拜，日益变成了当地一种重要的公共事务。很快，在 20 世纪 80 年代早期，村中几位热心于庙中诸多事宜的中年男子成立了一个管理小组，负责维护城隍殿的卫生和秩序，管理信徒们捐献的香火钱，主持重塑城隍神像及重建其他各庙的工作，并组织城隍及山上其他重要神祇的庙会活动。随后不久，人们就凭借信仰者捐资捐物或出力，重新修葺了城隍庙，并塑造了新的神像。

从此，对山上其他庙宇的重建工作，也逐渐开展起来。在那些庙宇的旧址，人们本来已经设置了简易的祭坛，来敬奉该处原先所供的神灵，在原址重修殿堂，自然十分符合众多信仰者的心理，因此，得到了像修缮城隍殿时一样的支持。这项工作一直持续了近30年，至今已经建起了凌霄宫、大佛殿、财神殿、华佗殿和三霄娘娘宫等主要庙宇，并重塑了大部分神像，却仍然还有重修药王宫、重建山门、补塑神像等许多未尽之事要做。

四、重建过程中的冲突、协商和妥协：社区内部的非均质性

在这一漫长的过程中，尽管从表面来看村民们都抱着重建庙宇、恢复寺庙祭拜活动的相同目标，但在具体行动中他们却并非团结一致、毫无差异，相反，整个重建的过程充满了当地人之间动态复杂的互动和协商。随着爷山上的进香活动影响日益广泛，越来越多怀着不同目的的人被吸引到了相关事务当中，其中，除了那些期望通过祭拜仪式和积极为重建贡献力量来获得神灵佑护的虔诚信仰者，也有一些试图借神灵信仰活动来为自己谋取现实利益的机会主义者。后一类人往往在很多场合都很活跃，因此其中一些还通过自己的努力参加了寺庙管理小组。在广大信仰者看来，作为管理小组的成员，就应该在寺庙重建和神灵祭拜活动中贡献更多的力量，而他也会因此获得神灵更多的保佑并提高自己在村落中的地位。但那些怀着强烈功利目的加入管理小组的人，关心更多的却是如何把香客们捐献的香火钱更多地装进自己的口袋，而不是怎样得到神的祝福。当然，这样的人只是少数；而在大多数村民那里，他们要么相信那些管理小组的成员同自己一样都怀着虔诚的信仰，要么期望那些并不十分虔诚的人能够通过多次参与信仰活动而受到感化，因此对他们始终怀着宽容的态度，充其量只是在私下里说几句讽刺某人是“靠爷唆蜡杆”一类的话。

结果，管理小组内部出现了贪污香火钱的事件。虽然贪污者最终被清除出了管理小组，但普通香客除了在日常言谈中对那种行为予以谴责之外，并没有对贪污者采取其他任何的惩罚措施，更不可能有诉诸法律的行动。人们对贪污行为表现得相当平静和宽容，因为他们更愿意相信

那些行为会受到神灵的惩罚——从这一点来看，这一消极的事件反而起到了进一步强化人们信仰观念的作用。同时，这一事件也反映了普通香客对于香火钱的特殊态度，那就是，尽管香火钱来自他们每一个人的捐献，但对他们来说，个人的钱财一旦作为香火钱，它表达的就是人与神之间一种特定的交流关系，只要献给神灵，就已经完成了它的使命，而不必再关心其去向。这种态度，实际上是把金钱看作与各种祭品具有同等属性的对象，其所捐献的对象是神，而不是任何的组织或个人。这种态度和行为，当然重视金钱本身所具有的价值——也正因为这种价值，金钱才能够成为特殊的祭品，但其价值只在人神之间“这一次”的交换中被强调。也就是说，在人们把有价值的金钱捐献给神灵以表达对神的祈愿或感恩之后，金钱对捐献者所具有的价值就已经得到了实现。至于“这一次”交换之后，金钱自身的价值在现实中通过何种具体途径得以发挥，或者说积累起来的香火钱作为一种公共资源如何管理、如何使用，就不再是他们所关心的问题。这种态度，或许可以看作中国乡村民众缺乏公共资源管理的意识与经验的体现，但更主要的，是它实际上反映了民间信仰相对单纯或纯粹的特征。此外，村民们对那些贪污行径的宽容，也同他们试图借助信仰力量来改变那些不大虔诚的同村人的心理期待是一致的。对他们而言，让那些并不诚信的同村人受到教化，进而改善大家与他们的关系，显然远比惩罚那些人重要。

尽管民间信仰的复兴过程较少受到国家意识形态的干涉，但是在民众中，那种认为民间信仰及其相关活动是落后、愚昧、应被取缔的“迷信”的阴暗记忆却依然挥之不去。为获得重建庙宇、恢复仪式的政治合法性，管理小组竭尽所能，以证明相关信仰的合法性。他们使用的策略包括：将地方民间信仰认定为道教或者佛教，而后者是受到政府允许和保护的；利用县（区）宗教局，成立了庙宇管理委员会；从县（区）文化局，为城隍庙和爷山上的古树征得“文物树”的名分，等等。通过这些活动，管理小组不仅强化了村民在国家权力的强大压力之下对自身的宗教信仰的信念，而且，由于被政府认定为“管理委员会”，他们也扩大了自己在村民中的权力，并在普通日常社会生活中获得了更高的社会地位。到目前为止，大约有来自街亭和附近各村落的100多位村民被吸纳为委员会的成员。之所以有这么多的人员，除了因为管委会对积极参与者采取了相对开放的态度之外，更重要的，还和该委员会希望方圆每个村落都有自己的代表参与密切相关，爷山信仰影响力之广由此可见一斑。

与管理小组内部的那些成员不同，普通信众尽管一直担心和害怕国家力量对自身信仰的干涉和钳制，这种担心和害怕甚至很强烈，但一般而言，他们并不十分关心应对国家政策的策略。他们虽然很乐于看到通过村里一些积极分子的努力，自己的信仰获得了更多复兴的空间，但他们最关心的还是通过自己亲身实践烧香敬神等常规的信仰活动来达到获得神灵佑护的目的。由此可见，就民间信仰而言，并非所有的信仰者都同样关注地方和国家之间的相互关系。事实上，对于街亭村民间信仰的大多数信众而言，通过信仰以及敬神行为来解决日常生活中的各种困境，远比应对自己与国家之间的互动关系重要。

不过，由于相关信仰与仪式活动已经停滞多年，大多数普通信众对于复杂多样的具体神灵的性质和功能并不十分清楚，对敬神仪式该如何进行也很模糊。他们不知道某些特定的愿望应该向哪些神灵诉说，也不知道如何供奉祭品，如何许愿，当自己的愿望得以实现之后又该如何酬谢神的保佑。在这样的情形下，一些有经验的信众的做法和建议便为多数人所接受并遵从了。这些有经验的信众，大多由于家庭中有敬神的传统，因而熟知相关的仪式要求和具体程序，他们对于如何点红蜡烛、烧香、烧黄表纸和纸钱，如何在神像前磕头等的解说，此时也被广泛模仿，并被接纳为流行的敬神仪式规程。在诸种程式中，最隆重、最正式的便是向城隍爷献牲，感谢他保佑愿望的实现。在不少上年纪的村民的记忆中，在“文化大革命”之前，这一做法是爷山上最高级的敬神仪式，因此，恢复这一仪式是非常重要的。

与此同时，一些宗教仪式专家也利用各种公开活动的机会，积极参与到了重建的过程中。这些仪式专家包括村落中的阴阳先生（在仪式中表现得更像道士）和居士。他们大都是村里的农民，但是由于他们拥有民间信仰的专门知识，能够帮助一般村民处理或主持相关事务，因此，不仅能够在村民的日常生活中扮演重要角色，而且还能获得额外的经济收入。在应对生活中的一些重大事情，比如为结婚或者盖房选择吉日，为新建的房子选择恰当的位置和朝向，祛除邪祟引发的疾病等，村民们通常会听从这些仪式专家的建议和安排。这也是即使在“文化大革命”期间，在国家政策对民间信仰最严厉钳制的岁月里，那些仪式专家依然会隐秘地活跃着的原因。

在信仰重建的过程中，除了恢复个人对神灵的祭拜，香客们也为爷山上的每一位神灵重新安排了过会日期。这一活动要求更多人的参与，尤其是仪式专家的参与。当专家们在爷山上唱经文或者指点仪式规程时，多数仪式专家也会借机纠正或者指点普通香客的进香行为。他们也因此成为人们了解并重建信仰知识和仪式的另一来源。

随着越来越多的人自愿加入管理事务，管理小组的权威和权力逐渐提升，他们在村落中的地位也越来越高。出于个人记忆以及基于当前形势而引发的创意，这些人力图对仪式以及其他规程的复兴作出更大贡献。除了对所知有限的普通信众进行指导外，他们也创造出了一些新的规则。

来自不同群体的人们对于仪式规程的顺序，有些意见大致相同，有的却不同，甚至截然相反，由此引发了不少争执和冲突。冲突的一个案例发生在普通信众与管理小组之间。由于越来越多的香客上爷山进香，出于安全的考虑，管委会要求香客们在主要庙宇的外面烧香和焚烧黄表纸。这一要求引起了一些香客，尤其是那些富有经验、并且引领着仪式复兴的香客的不满。当城隍的塑像被重塑起来之后，这些香客就立刻开始在神像前举行祭拜仪式，因为他们相信，距离神像越近，自己的虔敬和相关愿望才越能有效地传递到神那里，而倘若按照新的要求、不在神的面前致祭就达不到这样的效果，甚至可能会给自己带来坏运气。结果，在相当一段时间里，这些人上山进香时，往往都会因为他们力图进入庙宇内部烧香而与庙内的管理人员发生争辩，甚至激烈的争吵。不过，由于管委会的坚持，人们开始逐渐妥协，并最终很不情愿地接受了新的规则。

更激烈的冲突发生在普通信众与佛教的仪式专家之间，因为双方对于用动物献祭有着截然相反的意见。最初，当一些虔诚的信众重新开始祭拜城隍时，向神进献的祭品都是按照过去的传统，献上一只公鸡，或在极个别的情况下是一只绵羊。鸡或羊要带到城隍庙，待焚香、烧黄表纸并向神祈祷后在庙外屠宰，然后，在庙内供桌上供奉一阵，再由进献者带回家中食用。他们的行为很快为其他普通香客所效仿。

后来，随着佛教徒越来越多地使用城隍庙举行一些仪式，并且协助重修大佛殿，他们开始对上述献祭活动进行干涉和阻止，理由是这一做法有违佛教原则，特别是杀生禁忌。但是，在普通香客，尤其是那些忠实按照以往的传统敬神的人看来，佛教徒的要求是要他们改变老规矩，那样做肯定会降低或损害敬神的效果，因此，他们坚持按照自己的方式来祭拜神灵。

两个群体之间由此发生了争吵，甚至严重的冲突。这场争执持续了好几年。不过，几乎从一开始，佛教徒们就占着上风，因为他们不是一个普通群体，而是一群被认为在信仰活动中具有特定权威的仪式专家。最终，管理小组也站到了佛教徒一边，甚至宣布了阻止以动物献祭的另一个理由：这种行为是不太卫生、不太文明的。

那些原本按照老传统敬神的个人不得不妥协了。自此以后，以动物献祭成了爷山上的禁忌，即使在大佛殿修建完毕、佛教相关仪式更多地转移到那里举行之后也没有改变。香客们逐渐接受了这一现实，一些起初积极维护老传统的个人甚至最终加入了佛教徒的群体。一些虔诚的、坚持按老规矩敬神的香客不得不采用变通的办法：在祈愿之后，把带来的活公鸡交给山上的管理人员，或者干脆给庙里捐献相当于一只公鸡的香火钱。

正如上文所描述的那样，爷山上的神庙中供奉的神灵来自佛教、道教以及地方民间信仰，这里是当地民众集中展示并实践其混合的、综合性的宗教信仰的场所。除了宗教仪式专家，对每一位香客而言——无论是佛教信徒、道教信徒，还是复合的民间信仰的信众——山上神庙里的所有神灵都具有神奇的威力，都应该被尊崇和祭拜。据老人们回忆，在爷山被拆毁之前，香客们会在不同的神像前采用不同的祭拜仪式，可以说，各种信仰之间保持着和睦相处的平衡关系。然而在重建传统的过程中，这一平衡被打破了。与许多力图原原本本地恢复旧有传统的香客不同，各个系统的宗教仪式专家都希望借此机会扩大自身的影响，提升自己在地方信仰系统中的地位，而管理小组也希望通过制定新的规程来强化自己的权威。因此，虽然那些作为复兴先驱者的香客希望按照自己记忆并继承下来的惯例来进香，但是，当村落里的民间信仰进入公共领域，村民中的各种力量试图在此通过重构一个新的传统来重新分配宗教生活中的权力和资源时，他们就不可能再随心所愿。相反，他们不得不终止自己的老传统，而与一个新建构起来的传统相妥协，从某种程度上说，他们从一个熟知信仰知识和实践的人，变成了一个被自己参与建构起来的新结构重新告知应该如何敬神的人。

上述事件也体现了民间信仰的一个根本特点。作为多种宗教信仰的混合体，民间信仰只具备有关仪式和宗教原则的大体框架，而缺乏严格的、细节性的仪式要求和统一规则，同时，信仰者的实践也更多是个人性的，而非集体性的。这注定了民间信仰的仪式规程具有易变性，其信众在仪式实践中的行动具有随意性，它也因此而容易为制度性宗教所战胜或整合。当然，归根结底，在这场冲突中，争执的双方对于信佛和信城隍，是一视同仁的，冲突的原因只是基于对献祭方式的不同理解。这一点，可以说是双方最终能够达成妥协和一致的关键。

五、结论

综观街亭村爷山神庙的重建过程，可以发现：起初是那些虔诚的信众为了个人的利益最早上山敬神，他们的行为以及相关的灵验故事吸引了更多的香客参与进来，由此导致了街亭村民间信仰的复兴，拉开了当地庙宇重建的序幕。随着越来越多的人群作为行动者主体而加入这一过程中来，街亭村神灵崇拜的复兴便从个人的行为演变成了集体或公共的事件。由此引发了在国家政策和地方策略之外的村民之间复杂的动态互动。为了重建仪式的顺序和规程，不同的群体提出了不同的意见，并根据多种多样的记忆、宗教取向、个人动机和创造性等，对之加以实践。这些意见和实践有的彼此协调一致，有的则彼此冲突。

经过不同群体之间的争论和协商，一部分惯例的以及新创造的仪式程序被公众接受为有关爷山神庙及其祭拜的新的公共知识，与此同时，一些香客却不得不放弃他们已经长期坚持的老传统，转而遵从这种被发明的规程。无论怎样，信众们通过合作与协商，最终在相互之间达成了一种新的平衡。作为几方协商和妥协的产物，新发明的传统不仅使村民们停止了争执和冲突，也使拥有不同仪式实践规程的人们能够在公共空间里使用一致的仪式来继续自己的信仰行为，从而使信仰的重建成为可能。

结合这个个案的调查，我们可以进一步得出如下一些结论：

首先，在任何一个社区，从来不会有一个现成的、有机或本真的传统，供人们随时启用或传承和延续。相反，那些今天被我们以“非物质文化遗产”相称的各种传统事象，在保持相对稳定的因素持续传承的同时，总是充满了动态性和创新性，始终处在一种被不断创造和重建的状态，而并非一成不变。联合国教科文组织 2003 年通过的《保护非物质文化遗产公约》，始终强调非遗保护过程中对社区和传承人创造性的维护①；联合国教科文组织保护非遗政府间委员会于 2015 年出台的《保护非物质文化遗产伦理原则》中，明确指出非遗的“动态性和活态性应始

① 联合国教科文组织创意处非物质文化遗产科：《基本文件·2003 年〈保护非物质文化遗产公约〉2016 年中文版》，巴黎：教科文组织，2016 年。

终受到尊重。本真性和排外性不应构成保护非物质文化遗产的问题和障碍"①。作为国际非遗保护工作的发起和引领机构，教科文组织之所以突出这些主张，正是因为对传统文化所具有的动态性特征有清楚的认识。

当然，需要指出的是，那些相对稳定地传承下来的核心要素，是使传统得以重建的前提。就街亭村民间信仰传统的重建而言，这种稳定的因素，就是对于神灵持续的信仰及相关的集体记忆，它构成了人们重建庙宇和祭拜仪式的内在动力，也是传统信仰所以能够在历史长河中虽历经种种冲击仍绵延不绝的重要基础。街亭村的民间信仰得到恢复与重建的30多年，也是中国社会意识形态日益走向宽松、开放和多元的30多年。国家政策和地方政府对待日益盛行的民间信仰的态度越来越宽容，越来越多的人开始意识到民间信仰的存在理由与重要价值，民间信仰因此得到了全面复兴。毋庸置疑，非遗保护工作的展开，进一步发挥了解放思想的作用，彻底消除了人们以往因国家相关政策的严厉管控而形成的疑虑，并为民间信仰在意识形态领域提供了一个合法的位置。② 但是，归根结底，民间信仰能够得到重建、复兴和持续传承，最根本的原因，还在于它在传承和享用这种文化传统的社区内部有着长期深厚的影响，在于社区成员确保和维护这一传统生命力的坚定决心和切实行动。

其次，在文化传统重建或再创造的过程中，始终存在着官方与民间的冲突与协商。为了重建曾长期被视为"迷信"的民间信仰，一方面，传承这些信仰传统的民众要尽力规避和应对来自官方力量的限制或压制；另一方面，他们又总是试图借助官方力量来为自己争取更大的权威和更多的合法性，并且要在一个更大的话语系统中增强自己的地位。后一方

---

① 巴莫曲布嫫、张玲译：《联合国教科文组织：〈保护非物质文化遗产伦理原则〉》，《民族文学研究》2016年第3期，第5～6页。

② 在中国民族民间文化保护工程国家中心（即今"中国非物质文化遗产保护中心"）发行的《中国民族民间文化保护工程普查工作手册》当中，"民间信仰"被列为非物质文化遗产的一项组成内容，这可以说是民间信仰在国家话语体系中获得合法性的一种重要标志。参看中国民族民间文化保护工程国家中心：《中国民族民间文化保护工程普查工作手册》，北京：文化艺术出版社，2005年版，第157～162页。

面的做法，在过去，可能是先争取县衙的支持，再争取府衙的承认，一直到获得敕封。而现在，则会表现为努力取得从县到省、再到国家乃至联合国教科文组织层级的非遗代表作名号。借助这两种相辅相成的策略，以民间信仰为代表的各种生活文化传统，才得以在“大传统”的强势影响下持续存在。

再次，尤其重要的是，重建或传承一种文化传统的社区内部，并不是怀着完全一致目的的一个均质、同一的整体，而是充满了多种力量复杂动态的互动。不同的立场、不同的动机和不同的诉求，都会在重建过程中得到展现和表达，相互之间不可避免会出现碰撞、冲突、交流与协商。那么，在这样的过程中，谁才能够代表社区，哪种意见才是有代表性的意见呢？这种现象与相关问题，已经引起一些民俗学者的关注和讨论，但研究者还是无法做出一个明确的判断。① 不过，可以肯定的是，冲突或协商的结果必然是达成妥协，形成一个所有各方都不完全满意却又可以接受的成果。这种在相互妥协的基础上形成的新发明，就是我们在不同语境下以“传统文化”或“非物质文化遗产”等不同概念加以标识的对象。

对我来说，以上各节所描述的现象和讨论的观点，很难判断是来自于专门田野调查的心得还是自己从前生活的经验。实际上，通过一次或数次特地进行的相关习俗调查，并不一定能够得到那么具体、细致的信息，也不一定能获得多么深入的认识。这些认识和理解，其实都有赖于自己多年在家乡生活和体验的积累，以及在民俗学意识和视角影响下对这些经验的进一步提炼和总结，它们是自觉的田野研究与个人以往生活经验密切互动的结果。这个过程，正是把熟悉的事象对象化的过程，也是“进得去，出得来”的过程。也许可以说，在带着民俗学的视角和任

---

① 参看 Lisa Gilman. “Demonic or Cultural Treasure? Local Perspectives on Vimbuza, Intangible Cultural Heritage, and UNESCO in Malawi.” In: Michael Foster and Lisa Gilman, eds. *UNESCO on the Ground*. Bloomington and Indianapolis: Indiana University Press, 2015, pp67-71.

务回到自己的故乡，围绕各类自己原本就很熟悉的内容进行调查时，我既是在同自己过去的经验对话，又是在同当下怀有强烈学术目的的访谈和观察相印证。过去和现在，就这样在一种自觉的学术干预下奇妙地交织在一起，构成了家乡民俗学特殊的魅力。

第九章　走出家乡的家乡民俗学

“家乡”的概念是在与“异乡”的对照中彰显其自身特质和意义的。身在异乡，田野研究过程中虽然缺乏家乡的熟人社会中的诸多便利，但是，相比之下也没有那么多情感上的顾虑，心理上通常更加放松，从而更易于保持相对冷静、客观的立场。这一“异乡”的视角以及相关田野研究经验，对家乡民俗学的调查和研究具有重要的参考和补足作用。它在使研究者借助相应的视角和方法来观察异乡并参照家乡的经验来理解异乡的同时，还能够在与异乡的对比中获得有关家乡的更加深入的体会和感知。尤其重要的是，通过走出狭义的“家乡”，在更加广泛的社会当中运用家乡民俗学的基本理念和视角，既可以使相关的理论总结得到进一步的验证和拓展，又可以为在更大范围促成一种基于比较视野和互为主体立场的文化共同体，发挥积极的推进作用。

第一节　体验国家的边界

——广西中越边境地区的旅游研究

在现代许多民族国家当中，有关国家认同的意识可以说已深入人心。这种意识，由于所在共同体中主流意识形态的着力推广和塑造，会通过各种途径传输给该共同体的成员，甚至内化为大部分个体或群体基本观念的有机组成，进而自觉或不自觉地成为他们思考自我以及自我与他人之间关系的出发点。2008 年12 月，在对广西中越边境地区旅游进行的为期半个月的田野考察中，笔者发现，发生在远离国家中心的边疆地区的旅游，在作为重要产业促进当地经济发展的同时，对于诸多来自中国内地的游客，又起到了强化其“祖国”观念及国家认同的作用。

位于广西壮族自治区西南和南部地区的靖西、大新、龙州、凭祥和东兴等五个县市，地处中越边境沿线。这里自然风光优美，人文和历史资源丰厚，为当地政府和相关主管部门发展旅游业提供了重要的基础。而地处中越边境，是这一地区迥异于全国其他许多地区的特点，也成了当地发展旅游业的一个突出优势和整合各种旅游资源的核心因素。

根据我的观察，从具体的旅游资源看，当地的旅游主要可以分为五种类型：自然风光生态旅游、民族民俗文化生态旅游、以中越边境为主题的边关风情旅游、重要历史遗存旅游和红色旅游。不过，尽管每个景点可能会以上述五种类型中的一种而闻名，不同县市所强调的标志性的旅游类型也会有所不同，但在实际的运作中，无论是在一个县、一个市，还是在一个具体的旅游点，这五种类型的内容往往都会互有交叉，而不存在那种完全独立于其他类型的单一内容。尤其重要的是，几乎所有县市都不约而同地把自己区域内的旅游，统一在了“边境”这个核心概念之下，构建了一个以“边关风情”为主题的有机的旅游体系。

1. 自然风光生态旅游

从南宁乘车到大新、靖西，走不多远，随时抬眼望去，几乎每一处、每一瞥都是风景。喀斯特地形地貌的神奇，会让所有初次来到这里的人震惊和陶醉。这种奇幻壮美的自然风光，成了桂西南诸县发展旅游业最为现成的丰厚资源。

位于大新县境内、地处中越两国界河——归春河上游的德天跨国大瀑布，就是这一带最著名的自然景观。它也已经成为广西中越边境地区乃至整个广西旅游项目中最重要的标志性内容之一。该瀑布宽 200 多米，纵深 60 多米，横跨中国和越南，是亚洲第一、世界第二大跨国瀑布，2005 年被《中国国家地理》杂志评为“中国最美的瀑布”。瀑布分三级跌落，气势恢宏，声闻数里。德天瀑布与越南板约瀑布紧密相连，它们均因归春河而成。十分神奇的是，被看不见的国界线分为两半的归春河，竟然在瀑布顶端的河道中部自然形成了一个三角洲，把瀑布天然地分成了相互独立的两个部分。由于它特殊的国际地理位置以及因此而蕴涵的丰富民族情感象征因素，对众多中国游客而言，这一瀑布的魅力已远远不止于它作为自然景观所体现的壮观雄浑。

地处靖西县境内的通灵大峡谷，也是一个令人惊叹的大型自然景区。峡谷长1000多米、宽200多米，狭长而幽深。谷内绿荫遮天，空气沁人心脾。入谷后，沿着石阶小路蜿蜒向下四五百米，其间还要经过一段在一处一百多米高的宽敞溶洞中开出的陡峭阶梯，才能到达谷底。谷底有地下河潺潺流出。顺着河水，走过一段曲折的山路，就来到峡谷尽头，通灵瀑布在这里轰然从天而降，声震谷中。这一瀑布，据说在旺水季节宽30米，高达188.6米，是亚洲最高的单极瀑布。此外，通灵峡谷中还聚集着上千种珍稀植物，其中，属于恐龙时代的蕨类植物桫椤、观音莲子座蕨，是濒临绝灭的国家一类保护植物，其他地区极为罕见。

在许多地方，不时听到或看到的宣传材料中，都有把当地的风光同桂林相提并论的内容，例如，靖西县新靖镇旧州街区入口处的牌楼两侧，就有这样一副楹联："如桂林山清水秀，似苏杭人杰地灵。"而大新县的旅游宣传，更是打出了"桂林山水甲天下，大新无处不桂林"的口号。

这样的比拟，一方面体现了当地人努力推广和扩大地方影响的决心，另一方面，也是对当地自然面貌的一种真实写照。在如诗如画的山水中，地方政府和相关机构主导开发出的专门旅游景点可谓比比皆是，除了上述德天瀑布和通灵峡谷，其他可以与这两者相媲美的景点还有很多，例如，靖西县的鹅泉、渠洋湖、大龙潭、爱布瀑布以及中国最大的原生态洞穴峡谷群——古龙山峡谷群，大新县的明仕田园风光、黑水河（那岸奇景）、门村枧木王、乔苗平湖、龙宫仙境①，龙州县的民建坳风光、金

---

① 据笔者考察及大新县委县政府提供资料。

龙水库、弄岗国家自然保护区，东兴市的金滩、百里交东红树林、竹山古榕、万鹤山、红石谷①，等等，无一不具有风格各异的特色。这众多景点，基本都是在保留自然风光原貌的基础上，修建了道路、护栏和基本服务区等必要的辅助设施，具有突出的原生态特征。它们构成了广西中越边境地区吸引国内外众多游客的主要内容。

2. 民族民俗文化生态旅游

这一地区的各县市，均属于多民族聚居的地方，其中除了占人口绝大多数的壮族，还有汉族、京族、瑶族等民族。他们都有着丰富的民族民俗文化传统。由于地处边陲，受自然条件和特殊历史条件的影响，这里的发展相对缓慢，这在客观上使得传统生活文化的保留相对完整，从而为当地开发人文生态旅游提供了条件。

民族民俗文化旅游方面一个突出的例子，要数靖西县的旧州壮族生态博物馆。该博物馆是广西第一座壮族生态博物馆，位于靖西县新靖镇旧州社区这个著名的风光胜地。博物馆于 2005 年 9 月正式建成并开放，由展示中心和旧州街原状保护两部分组成。展示中心为一个展览馆性质的综合性建筑，除了展示和收藏生产生活用具、民间手工艺品、服饰、乐器、剧本等表现壮族生产、生活和文化各方面内容的实物及相关资料，这里还建有供工作人员办公、研究人员住宿的场所。旧州原状保护则与该区域内世代生活的壮族居民密切相关，它在保证区内原有民居所有者继续使用其住所的前提下，又要求所有居民不得改变该建筑的功能和风格。对于区域内的戏台、遗址、陵墓、道路等，地方政府则在保持其古朴风貌的前提下做了新的维修。

在保护古建筑、古街区的同时，旧州生态博物馆更注重对民间文学、传统手工艺等非物质文化遗产的保护和开发。从展示中心设置的旧州导游图上可以看到，在整个旧州街区，规划者命名了 14 户“文化展示户”，

---

① 参看朱胜勇、刘全跃总策划，黄子洮主编：《旭日东兴》，中共东兴市委员会、东兴市人民政府，2008 年版，第 9 页，第 20 ~ 25 页。

作为专门技艺的家庭展示点，其具体地址被明确标注在“导游图”上。这些家庭的户主，都是某项传统才艺——如传统刺绣工艺、山歌演唱、传统民居建筑、传统酿酒、扎染工艺、木雕、泥塑、农民画等——的杰出传承人，并且大都拥有自治区或国家级别的“传统工艺大师”“非物质文化遗产传承人”或“优秀民间文化传承人”的称号。在其店铺中，他们把各种荣誉证书乃至参加表彰会时与中国文联等机构或政府部门领导的合影，摆放在十分显眼的位置，以突显自己的与众不同。这些品牌优势，在为他们带来比街区内一般同行更好的生意的同时，也从一个侧面体现了国家与全球化影响的无所不在。

这些“展示户”，还有古街上大量没有被列为展示户但也在从事传统工艺品制作和销售的人家，他们在家门口制作绣球、木雕等各种工艺品的日常活动，以及他们摆放在街面上的产品本身，都构成了富于地方民俗特色的风景，起到了通过技艺展示与作品本身来丰富整个生态博物馆内容的作用，成了同旧州美丽的风光一样吸引旅游者关注的对象。

在优美的自然风景中融合与当地民族传统民俗文化相关的旅游内容，既是对当地丰富人文资源的有效开发和利用，也是发展和繁荣旅游业必不可少的因素，同时，对于当地民族传统文化也能够起到在发展、开发、利用中进一步保护的作用。不过，当地的人民以及他们的日常生活究竟是不是可以被博物馆化，成为观看的内容？这么做会引起什么样的伦理问题？这一点，是当地旅游策划者必须认真思考和面对的问题。

3. 以中越边境为主题的边关风情旅游

中越边境旅游，既是这一地区旅游的核心主题，也是各县市专项旅游中重要的具体内容。在每一个县市，几乎随处都能看到中越两国之间的界河、界碑，而且，每个县市都有与越南的通商口岸或边贸互市点。其中，靖西的龙邦口岸、龙州的水口口岸、凭祥的友谊关和东兴的东兴口岸，均为国家一类口岸，而大新的德天边贸点，由于处在德天大瀑布景区之内，也是一个十分活跃且富有特色的互市点。这些口岸和边贸点，本来都是平平常常、普普通通的地方，但因为人为的划分，又具有了非同寻常的国际政治意义。在这里，来自中国其他地区的游客可以隔着一条河、一道门，甚至道路上划出的一条线观看另一个国家的山水风情，观察中国“边民”的日常生活以及不时出现在边界另一侧的越南人的活动；可以站在界碑所规定的边境线前，体验那种向前跨一步就可能出国（对不具有边民身份的游客来说，这当然属于“非法越境”）、向后退就是回国的奇异感觉；也可以观察两国边民凭借简单手续就可以自由往来的情形，感受由于边界勘定而把一村分两国的独特景象。当然，通过办理相关手续，人们还可以从这些口岸出境，前往越南，去领略异国的风土人情，而这一点是边关旅游项目中最具吸引力的一项内容。

值得一提的是德天景区内的边贸互市点。它围绕着位于景区内的53号界碑而形成。该碑由清政府立于1896年，上刻“中国广西界”字样，并附有法文——从中可以看到当年越南沦为法国殖民地的一段特殊历史。界碑正面所对为越南领土，背面为中国领土。由于界碑前后100米内为两国的边境缓冲区，允许公民往来，因此为发展自由边贸创造了条件。在界碑正面属于越南领土的一大片空地上，设立了许多由越南人经营的摊点，向中国游客出售越南生产的香烟、食品、药品和拖鞋等商品。来自中国的游人，可以在这里感受自由跨越国界线的特殊愉悦，又可以同来自异国的摊主讨价还价，购买异国的产品，可以说，这构成了德天大瀑布景区的景中之景，游中之游。

4. 重要历史遗存旅游

在这一地区有着大量的历史遗存，这些遗存中，清代末年中国为抵御作为越南殖民者的法国的侵略而修建的各种防御设施遗址，像龙州的小连城炮台群、大新的德天炮台、凭祥的大连城炮台群等遗址，最为突出。这些遗址，既是中国人民抗击外侮的历史见证，又是桂西南和南部诸县市作为边境一线地区的特殊地理位置的象征，因此成了地方旅游开发的重要项目。例如，位于龙州县城外3公里处的小连城，经过初步开发，现已成为龙州县的龙头景区，具备了规模接待能力。小连城炮台群为抗法名将、广西提督兼对汛督办苏元春于清光绪十二年（1886年）为抵御法国军队入侵而兴建，历九年之功建成，当时是桂越千里边防线上的指挥中枢兼提督行辕。其中除依山势在山间洞中筑有炮台十五座之外，还在主峰南山腰一天然大溶洞内建有保元宫，曾为苏元春聚将谈兵、筵宾宴乐、镇边居停之所。[①] 这一景点，在民国前期便成为一个旅游胜地，留有为数众多的摩崖石刻。今天，由于自然破损和人为破坏，不仅炮台上大炮无存，保元宫中也是一片颓败气象。也许，作为旅游点，这里还存在着许多有待开发和完善的内容。然而，当游人身处狭窄幽僻、潮湿阴冷的溶洞，遥想当年苏元春竟是居住在这样的环境中指挥边防，反而更能激起对早已被当地人尊称为“苏公保”的这位军事要员正直刚毅、威武不屈的铮铮铁骨的缅怀和景仰。

5. 红色旅游

红色旅游是龙州县的主导旅游项目。1930 年，邓小平等人在龙州发动武装起义，成立了中国工农红军第八军，建立了左江革命委员会。这为当地留下了丰富的革命历史遗产。目前，当年革命者的故居和革命工作的遗址，早已被开辟为纪念馆，同近年修建开放的龙州起义纪念馆一道，构成了当地红色旅游项目中的重要内容。除此之外，龙州近年来还与越南方面合作，精心打造了另一项独具特色的红色旅游，即“中越跨国胡志明足迹之旅”。龙州县是越南胡志明主席和其他早期革命者进行秘密革命活动的国外基地之一，胡志明和黄文树、长征、范文同、武元甲、周文晋等 40 多位越南开国元勋，曾在龙州进行革命活动长达 18 年，留下了一大批越南民族解放运动的遗址、遗迹。龙州县对这些富有特色的跨国红色旅游资源进行了深入挖掘，积极投入资金，复原、修缮了越南革命者在龙州秘密机关旧址，并把胡志明曾经生活过的旧址开辟为“龙州胡志明展馆”，通过丰富的图片、文字和实物资料，介绍胡志明当年在龙州的活动、他与龙州人民的深情厚谊以及中越两国之间的友谊等。这一展馆，自开馆以来已吸引了大量中越游人，成了龙州红色旅游中的一

---

① 据龙州县小连城景区“小连城简介”碑文。

个主要品牌。

以上是对广西中越边境地区诸县市旅游主要类型的大体概括。当然，做出这种概括，主要是为了分析的便利，实际上，如前文已经指出的，每一个旅游点往往会融合多种类型的内容，而并不存在那种由完全独立于其他类型的单一资源构成的景点。例如，在旧州生态博物馆，旅游者既能够体验壮族风情，也可以欣赏美丽风光；在大新县的德天景区，在以德天瀑布这一自然景观为突出标志的同时，还融合了边境贸易风俗、古炮台遗址等诸多吸引游客的内容，等等。总而言之，所有的旅游点都是通过对自然风光和人文特色的结合来构成的。而在这种融合当中，人文因素始终处于核心地位，其中，民俗方面的内容对于一个景点的构成发挥着至关重要的作用。

民俗方面的内容，首先是被设计成了旅游展示的主体。例如，旧州壮族生态博物馆、德天景区内的边贸互市点和龙州“胡志明足迹之旅”等旅游项目，就主要是以手工艺及工艺品、市场活动和传统民居等内容的直接呈现构成的，这些民俗事象本身就是旅游展示的核心。除此之外，几乎在每一个景区都分布着十分丰富的相关传说、谚语、歌谣等口头艺术内容，它们被充分利用，成了塑造景点的历史文化价值的重要资源。

以通灵大峡谷为例，在这个以自然风光著称的景区中，就包含了许多相关的传说。峡谷中的“第二景区”是“宋朝壮族起义军遗址”，管理者以镌刻在木牌上的文字简要地讲述了它的历史：

> 侬智高，北宋广源州（今靖西大新）壮族首领，多次率壮民抵抗交趾侵略。宋皇祐元年（公元1649年）在今靖西安德建南天国，一度攻陷邕州，血战广州。后遭北宋名将狄青率军镇压，兵败昆仑关，西退云南大理，不知所终。其弟、子率余众退至深山继续抵抗。相传藏金洞、古石垒营盘、神掌断石等均为其所遗留。

据导游介绍，这段文字中所提及的藏金洞等地点，都有相关的传说。

峡谷口的石垒墙是侬智高当年营盘的遗址，石垒墙后面有一个深约 60 米的洞，被称为藏金洞。相传侬智高在昆仑关被狄青打败后，带着大量金银财宝撤回此处，并把十八担黄金藏在这个洞里。附近一带，自古以来就流传着这样一首民谣："山对山，岩对岩，找到藏金洞，两广吃不完。"据说曾有不少人到这里来寻宝，最终却都是无功而返。神掌断石，指的是横卧在这里的一块巨型断石。据说侬智高兵败至此后，仍每天坚持练功，以图东山再起。经过三年的苦练，三年的研习，三年的准备，他的功力达到了出神入化的程度。为了验证功力，他对着洞旁那根坚固无比的大石柱猛击一掌，结果，4 米多高的石柱竟被他一掌击成两段，横在洞里，成了现在通灵大峡谷的一景。①

山水中处处有人文色彩，这是中国历来有关山水审美的一项重要标准。诸多传说和谣谚的存在，为美丽的风景赋予了丰富的内涵，使它从单纯的自然景观变成了同人以及人的历史密切相关的复合体，变得更加意味深长而且易于亲近。这一点，可以说正是几乎所有以自然风光取胜的景区都要通过积极挖掘和展现相关口头文学资源来增强其吸引力的原因。

如果说把自然风光与人文资源相融合并充分发掘和利用民俗资源，是今天各地旅游点普遍采用的策略和手段，那么，广西中越边境地区的旅游，则由于深深打上了"边界"的烙印而与众不同。当地每一个景区中，"这里属于边境地区"，都始终是被强调的主题。德天大瀑布景区内一个主要路口竖立着这样一个广告牌："水上跨国游览乘坐点：20 元/人，圆你出国梦。乘竹排畅游归春界河，与越南板约瀑布亲密接触，揭开越南中心界碑的神秘面纱，感觉'一衣带水两陆临'的独特韵味。"其中强烈体现着以"出境""出国"等概念来吸引游客的理念，而这一点在当地极具代表性。

作为标志国与国之间主权范围的界限，边界常常会以具象化的形式

---

① 笔者 2008 年 12 月调查资料。

直接呈现出来，成为旅游景观或其组成部分，例如界碑、通商口岸、边境市场和古炮台等人为制造的实体元素，或者边界另一侧的越南民居、边贸互市点的越南摊主以及不时经过通商口岸以人力车运送农产品到中国的越南农民等异国风物人情；但同时，很多情况下，它又会以看不见的方式渗透在旅游点和实际的旅游过程中，也就是说，从直接的展示对象，后退成为一种类似语境的因素。

这里所谓语境，指的是“一个框架（frame），它包围着被考察的事件，并为它的合理阐释提供参考”。[①] 可以看到，对于中越边境地区的旅游者而言，当地的风景、历史和民俗，都因为与国家的边界相关联而变得非同寻常。无论是欣赏德天瀑布和归春河的壮美风光，还是参观各种遗址，或者是在市场购物，游客都是在体验一种身处边境地区的独特感受。作为语境的国界，虽不着痕迹，却又无时无刻、实实在在地影响着旅游实践的进展，强化着“边境旅游”的主题。

为了达成这种结果，当地旅游中充满了对诸多“边疆元素”各种形式的表演。其中除了对界碑、界河和边民等具象化内容的直接展示——这可以看作一种被设计的“文化表演”[②]，尤其常见的，是导游的讲述和景区所设置的各种文字介绍——一种可以按照美国民俗学家鲍曼所倡导的视角来理解的“表演”。[③]

如一些研究所指出的，导游已经成为新时代职业的口头艺术讲述人，对其所处地区文化的传承有着较强的权威作用。[④] 广西边境地区旅游中的导游也不例外。他们在引导游客游览的过程中，会不断讲述诸多既与

① Alessandro Duranti and Charles Goodwin, eds. *Rethinking Context: Language as an Interaction Phenomenon*, p3. Cambridge: Cambridge University Press, 1992.

② ［美］理查德·鲍曼著，杨利慧、安德明译：《作为表演的口头艺术》，桂林：广西师范大学出版社，2008 年版，第 203～207 页。

③ 鲍曼认为，表演是一种交流的模式，在这种模式中，表演者要对观众承担展示自己交流技巧的责任——［美］理查德·鲍曼著，杨利慧译：《美国民俗学和人类学领域中的“表演”观》，《民族文学研究》2005 年第 3 期，第 139～144 页。

④ 杨利慧、张霞、徐芳、李红武、仝云丽：《现代口称神话的民族志研究——以四个汉族社区为个案》，西安：陕西师范大学出版社，2011 年版，第 24 页。

景点相关又无法从景点本身直接看到的信息，例如围绕中越界河——归春河两国边民和地方政府之间发生的摩擦、小连城炮台如何在早年抗击法国侵略者的战斗中发挥威力、龙州一位老人因早年保护越南领导人胡志明而与他结下的深厚友谊，等等，它们的核心都离不开“边境”的特征。导游对这些内容的讲述，总是发生在每一个具体景点的旅游过程中，在这个特定的语境中，导游的讲述构成了一种与游客交流的模式，而在这种模式中，他们总是要自觉承担接受游客对其所讲内容和讲述技巧加以评价的责任，因此，这种讲述属于一种“完全的表演”①，其所强调的观念，必然会对听者产生更加积极的影响。

在每一个景区，还常常可以看到许多文字信息，例如小连城景区的“小连城简介”碑文、前述通灵大峡谷“第二景区”介绍文和“水上跨国游览乘坐点”广告牌等，也都在突出每个景点的“边境”特色。它们设置在景区内，通过固定的文本和展示方式，以阅读为交流的框架，在游客与景点之间建立了一种密切的关系。而作为书面形式，它们从一开始就承担了要接受阅读者对其所写内容及书写质量加以评价的责任。因此，这些内容可以说属于一种特殊的“表演”。② 同导游的讲述一样，它们也无疑会起到时刻提醒游客“这里是边境”的作用，并使旅游始终统一在“边境”的主题之下。

对于地方政府而言，开发这种以边境为主题的旅游业的主要目的，很大程度上是为了发展当地的经济——事实证明，旅游业也的确给这个地区带来了显著的经济效益。例如，2007 年，大新县旅游接待游客达 75 万人次，旅游综合收入达到了 2.87 亿元，对全县 GDP 增长的贡献率高达 37.3%。③ 然而，为了塑造当地旅游的独特性而对“边境”特色的

---

① ［美］理查德·鲍曼著，杨利慧、安德明译：《作为表演的口头艺术》，桂林：广西师范大学出版社，2008 年版，第 77～78 页。

② ［美］理查德·鲍曼著，安德明译：《十三世纪冰岛的表演与荣誉（上）》，《民间文化论坛》2008 年第 6 期，第 83～89 页；《十三世纪冰岛的表演与荣誉（下）》，《民间文化论坛》2009 年第 1 期，第 86～93 页。

③ 据 2008 年 12 月大新县委县政府提供资料。

强调，客观上又起到了强化来自中国内地的许多游客有关“国家”的意识的作用。

前往中越边境地区旅游的中国游客，之所以到这里游览，可能主要是为了观看和感受想象中遥远而奇异的边疆风光和习俗。但在实际的旅游过程中，通过观赏那些被赋予强烈国际地缘政治意义的风景，观察两个国家的边民的日常生活和相互交往，特别是听导游讲述相关的传说、故事或地方知识，他们所获得的，却不仅仅是对于两个不同国家的边境地区居民直接而切实的认识，更为重要的，还是对于两个国家之间表现在空间上的区别的深刻体会，以及对于“我的国家”更为明确、突出的感受和意识。

出于突出边境特色的目的，在具体的旅游实践中，导游往往会讲述一些体现中外差异乃至有关两国之间摩擦和冲突的信息。例如，有关德天景区内 53 号界碑的传说讲：当年朝廷划好边界后，派了几个士兵，抬着 53 号界碑前往划定处立碑。由于山高路远，天气炎热，这几个士兵不堪其苦，就在还剩 2 天路程的地方，偷懒不走了。他们胡乱挖了个坑，把 53 号界碑草草立下，便返回交差。结果，这一下就让我国白白丢失了 2 天行程的土地。

这个传说充满了荒诞色彩。但是，它又由于晚清时期中国在国际交往过程中的屈辱历史而变得似乎真实可信。这些历史同传说之间形成了互文性，为熟悉它的人们通过把自己的情感投射其中来理解和相信这一特定传说，提供了特殊的话语语境（discursive context）。[①] 因此，对于导游而言，讲述这个传说，可能主要是为了突出旅游的主题、丰富旅游活动的内容；但对于来自中国国内的游客，传说却会与他们已有的历史知识相互参照，在他们心中激起强烈的情感，就像一篇游记在引述这则传说之后所写的：“清政府腐败丢了一个附属国越南给了法国，清国士兵偷

① Richard Bauman. *A World of Others' Words: Cross-Cultural Perspectives on Intertextuality*, pp4-8. Oxford and Malden, MA: Blackwell Publishers, 2004.

懒丢了一大片土地给了越南。真是可笑、可悲、可气、可恶啊。”①

有学者指出，民族国家作为想象性塑建的产物，同时也是一个物化过程，即以共同认同的物象体现这种想象中的民族国家从而使其有形。②就这一观点来看，国家的边界，恰好属于那种被共同认同的、能够把国家变得具体化的事象，因为，如安德森所云：“民族被想象为有限的，即使是最大的民族，就算他们或许涵盖了十亿个活生生的人，他们的边界，纵然是可变的，也还是有限的。没有任何一个民族会把自己想象为等同于全人类。”③ 同时，“位于临接国家领土的接触面的国与国之间的边界，对决定主权的范围与界定封闭的政治区域的空间形式具有很特殊的重要性……”④

对于边界的刻意强调，使得“我”与“他”、“我的国家”与“他的国家”有了清晰的区分，在这种对比当中，“我的国家”在空间上变得更加切实可感，而“我”对于自己国家的认同意识，也会因此而变得更加强烈。于是，就产生了这样一种十分微妙的效果：来自中国各地的旅游者，在他们自以为能够获得放松的边境旅游中，在远离自己故乡、远离国家权力中心的地方，却唤起了远比身处故园时更加强烈、更加明晰的对于自己国家的情感和意识——正如人们通常只有身处他乡异地，才会生发出有关家乡的思绪，所谓“独在异乡为异客，每逢佳节倍思亲”。这里可以我在游览德天大瀑布时一位同行者的情绪为例。这位朋友因为听导游介绍，近年来越南在中越两国界河归春河流域有很多小动作，不仅影响到德天大瀑布的水量，甚至几乎造成其归属权的争议，如果不

---

① 梁都草：《在中越边境53号界碑旅游时触景生情的思考》，中国作家网（http://www.chinawriter.com.cn）2013年9月5日。

② Erik Mueggler. 2002. Dancing Fools: Politics of Culture and Place in a “Traditional Nationality Festival”. *Modern China* 28 (1): 3-38. 转引自李靖：《印象“泼水节”：交织于国家、地方、民间仪式中的少数民族节庆旅游》。

③ ［美］本尼迪克特·安德森著，吴叡人译：《想象的共同体——民族主义的起源与散布》，上海：上海人民出版社，2005年版，第6~7页。

④ 安德森引理查德·穆尔的论述，［美］本尼迪克特·安德森著，吴叡人译：《想象的共同体——民族主义的起源与散布》，上海：上海人民出版社，2005年版，第162页。

是中国也采取了相应的措施，我们说不定会失去对这个中国最美丽大瀑布的拥有权，于是他在德天景区慨然写下了这样的句子："三叠飞瀑势恢宏，万尺白练悬中空。层峦叠嶂丛林掩，乘筏观景幽潭行。近赏德天珠玑溅，远眺板约水缠绵。五三界碑清勘定，岂容蛮夷染指中。"

总之，通过各种旅游宣传资料、特别是导游的讲述，结合游客对于边境地区历史以及其他背景知识的了解，当地的自然风光、生活传统、历史遗迹，乃至普通民众，在旅游者那里，都成了象征国际关系、标志国家认同和独立性的重要符号，使人们在与他者和他者所属领地的对比中，进一步突出了自我的边界，并在边界上强烈地感受和体会到自己的国家，进而重新检讨"我"与"我的国家"的关系。

另一方面，需要指出的是，对于生活在边境的居民（即所谓"边民"）来说，通过展示边境旅游的独特属性，他们在促进地方经济极大发展的同时，也表达了对于自己国家的历史、主权和领土的理解和体会。同时，通过与游客持续不断的交流，在旅游者对于他们的生活传统和他们本身好奇的目光中，他们的国家意识，以及对于自我"边民"身份的认同和信心也得到了进一步的加强。①

综上所述，就像人们关于家乡的意识，往往都是在远离故土时才会变得更加清晰明确一样，边境地区的旅游，总是能够以具有强烈差异性和对比性的特征，激起游客们有关自己民族国家的情感和意识。就此而言，广西中越边境地区的旅游所具有的意义远远超出了一般旅游点。它为来自中国内地的游客提供了一个体验身处边疆的奇妙感觉和感受自己国家的边界并强化国家意识的特殊场域，也为当地人提供了进一步接受和加强自己的中国边民身份的机会。

① 这一问题比较复杂，需要另外撰文讨论。限于篇幅，这里不再赘述。

第二节 拼装的历史

——平遥古城文化考察报告

“华夏第一古城”“世界文化遗产”“中国历史文化名城”“中国优秀旅游目的地”“中国AAAA级旅游景点最多的县级城市”“中国民间文化旅游示范区”“中国最值得外国人去的五十个地方之一”……作为中国汉民族明清时期城市的杰出范例，平遥古城拥有诸多骄人的桂冠。这些美誉，既来自这一古城本身所具有的特殊品质，又是当地政府和民间在积极保护的基础上不断开发旅游业的结果，它们也成了近年来吸引越来越多的国内外游客前往平遥旅游的核心因素。

平遥古城所在的平遥县，位于山西省中部的晋中市，县内有南同蒲铁路、大运高速、汾屯公路、108国道和东厦线穿境而过，交通十分便利。平遥古城有着2700多年的历史，是目前我国保存最为完整的四座古城之一。其现存古城墙等主要建筑始建于明洪武三年（1370），经过明清两代多次修缮、加固，始成今日格局。而古城之所以能够至今保持原貌并维持良好的状态，又是阮仪三等一批建筑学者和城市规划专家不懈努力的结果。他们在1981年前后为地方政府编制的“新旧决然分开，确保老城，发展新城”的城市规划方案，不仅使平遥古城在当时全国性的建设高潮中幸免于被彻底拆毁之难，而且促使平遥县委、县政府开始了大规模的古城修复工作。① 1988年，平遥城墙被国务院列为全国重点文物保护单位，1997年，平遥古城又被联合国教科文组织命名为“世界文化遗产”。这两项荣誉，在进一步强化古城保护工作的同时，也极大提升了平遥作为旅游目的地的声誉，促进了当地旅游业的发展和兴旺。据说，在近些年中国流行的“五一”“十一”两个“旅游黄金周”期间，都有

① 苏华：《细说平遥》，太原：山西古籍出版社，2004年版，第25～30页。

大批游客前往平遥旅游，人数最多的时候达到了一天有 6 万多。[①] 而按照当地一份宣传材料的说明，目前平遥正规的旅行社就有 15 家之多。[②] 当地旅游业之发达，由此可见一斑。

旅游人类学的研究表明，旅游者前往某个地点旅游的动机，往往会因人而异，但通常情况下大多数人都有期望通过旅游缓解在急剧工业化、现代化的形势下的工作、生活与心理压力，以及了解不熟悉的文化与生活习俗的目的。[③] 平遥古城的悠久历史、自然风貌和生活情调，恰好能够满足人们的上述愿望。宁静、古朴、古老的文化，这些令身处现代都市生活压力中的人们所渴望的元素，在平遥似乎都能够找到。

平遥古城最吸引人的，首先是它保存完整的古城墙。城墙总周长 6163 米，墙高约 10 米，垛堞高 2 米。环城每隔 50～100 米筑有马面，上建敌楼，共有 71 座。墙身素土夯实，外包青砖，内墙还有砖砌排水槽 77 个。全城共开有 6 门，南北各一，东西各二，均为重门瓮城。城墙以内，以市楼为中心，全城由四大街八小街七十二条蛐蜒巷构成。其中，西大街与东大街为一条笔直贯通的主干线，连接着凤仪门（下西门）与亲翰门（下东门）。南大街是古城中轴线，北起东、西大街衔接处，南到迎熏门（南门），曾是最为繁盛的传统商业街。城内大部分街巷的建筑均保持着明清时期的风格。笔者在对当地人的调查中得知，按照政府的规定，城内无论居民还是团体，都不得随意拆建现有房屋，即使重新修建，也必须严格依照传统建筑式样和风格来进行。这项政策，保证了整座古城在外观上始终呈现出一种和谐的古朴风貌。

走进平遥古城，最强烈的一种感受，是整座古城已经被有意识地规划成一个以城墙为边界的古代城市博物馆。城墙既是这个博物馆的边界，又是其有机组成部分，因为它蕴含着厚重的历史和丰富的文化积淀，凝聚着中华民族的集体记忆，本身就是让游人流连忘返的文化景点。走

---

① 苏华：《细说平遥》，太原：山西古籍出版社，2004 年版，第 35 页。
② 平遥旅游网印发："平遥交通文化休闲指南"。
③ 彭兆荣：《旅游人类学》，北京：民族出版社，2004 年版，第 138 页。

在平遥古城墙上，游人可以遍览古城内外的风景。城内是清一色的青堂瓦舍，鳞次栉比，城外是错落的高楼大厦和宽广的柏油马路，城墙成了把平遥县城划分为古老与现代两个区域的明确界限。由于政府采取的保护措施只允许电瓶车在古城内行驶，而限制普通汽车进入古城，相对于城外的车水马龙，城内古朴和宁静的气氛因而显得更为浓厚。城墙上，除了每隔一段距离就设置一位持矛肃立的武士塑像，还在每座敌楼当中布置了有关平遥历史、习俗、市井活动等内容各异的雕塑，同时配以音乐或市井吆喝声、叫卖声，以及用方言讲述相关历史或地方文化知识的录音，可以说是对古城内作为旅游景点的各个重要事项简明扼要的“串讲”。这些安排，在进一步丰富古城墙游览内容的同时，明显体现了主创者把整个城市建成一座以城墙为轮廓和脉络的立体公园的思路。

在古城内大大小小的街巷中，几乎随处可以见到从明清时期保存至今的古老建筑，它们可以说是吸引大量旅游者特别是摄影爱好者的重要内容。这些建筑中，除了大量普通民居之外，不乏当地历史名人的故居，例如侯殿元旧居、冀氏老宅、雷履泰旧居、王沛霖旧居，等等，目前大都已被列为级别不一的文物保护单位。还有不少建筑曾经是早期平遥设立的各种机构的办公场所，例如县衙、票号、镖局，等等，它们尤其是当前平遥古城最引人瞩目的景观，因此被规划者精心设计成了各种各样的专门博物馆，同那些名人故居等一道，纳入平遥整体的旅游景点系列。

平遥县衙，被一些资料称为迄今为止中国保存最完整的封建衙署之一。① 它占地两万六千平方米，始建于元代，后世有过多次增建改筑，但在中国封建制度被废除之后，又一度遭到较大的损毁。目前所见的县衙，除了二堂、大仙楼、内宅等属于古建筑之外，其余如大门、六部房、大堂等，均为近年据原貌修复而成。② 对这一旧址，当地人把它开辟成了过去官府文化的实物展示点，平遥国际摄影展的展馆也被安排在这里。

---

① 董培良主编：《平遥古城》，太原：山西经济出版社，2006 年版，第 64 页。

② 苏华：《细说平遥》，太原：山西古籍出版社，2004 年版，第 42 页。

同时，这里还精心安排了每天三到四场的“县太爷升堂”表演，大大增加了旅游的趣味性，能够使参观者在动态的戏剧性展示中，获得更加生动的有关过去官府生活的认识，因而颇得游客喜爱。

在平遥古城，有众多的票号遗址。票号业曾经是平遥最为重要的一项金融业务，也是使平遥声名远播的重要商业文化内容。号称中国最早票号的日昇昌票号就诞生在平遥。日昇昌票号成立于清道光三年（1823年）前后，是平遥县西达蒲村人李大全在家族数代经营的大商号西裕成颜料铺的基础上、聘请雷履泰为大掌柜创立的。日昇昌成立之后，平遥和邻县不少商家纷纷效仿，著名的平遥“蔚”字五联号和太谷志成信、祁县合盛元等票号，就在其后不久成立，从而促成了山西票号业的发展。由于经营有方，日昇昌陆续在全国设立了35个分庄，并在俄国和蒙古设立了代理庄，成为平遥票号在各地设立分庄最多、业务量最大、盈利最高的一家，号称“汇通天下”的“天下第一号者”。咸丰年间，平遥票号业日益繁荣，又相继涌现出了乾盛亨、谦吉升、其昌德、云丰泰、永泰庆、协同庆等近20家新的票号，平遥各家票号的分号遍布全国68个城市和商埠重镇，达到367个。①

目前分布在平遥古城中的各家票号遗址，可以说是平遥作为中国银行业之发源地的有力见证，更是平遥古城标志性的文化符号。在有关平遥历史的种种宣传材料中，以票号业为代表的“晋商文化”被列为平遥“名片”中的核心内容。经过整饬修缮，这些票号遗址大都被开辟成了专门的博物馆，例如蔚泰厚票号博物馆、协同庆票号博物馆，以及在日昇昌票号旧址设立的中国票号博物馆等。1995年正式对游人开放的日昇昌票号遗址，甚至被界定为平遥的主要象征，在当地人和游客中就流传着这样的说法：到了平遥，不到日昇昌，就等于没到平遥。②

与票号业的繁荣密切相关的，是同时期镖局行业在平遥的兴盛。作

① 以上文字，主要参考了《票号综述》一文。
② 苏华：《细说平遥》，太原：山西古籍出版社，2004年版，第130页。

为一种通过押运现银或贵重货物而收取一定费用的旧式金融保险业，镖局在清代中叶发展到鼎盛阶段。由平遥南良庄武术大师王正清于道光年间创办、后由其子王树茂主持的同兴公镖局，在其经营的数十年间，曾承揽了平遥县内外多数票号和商号的大宗现银和贵重货物的押运业务，是当时著名的全国十大镖局之一。① 目前，同兴公镖局遗址和同处平遥古城内的华北第一镖局、中国镖局遗址，都被开发成了镖局博物馆向游人开放，为人们深入了解早已因武侠类小说和影视作品的大量渲染而充满神秘、传奇色彩的镖局，提供了现场体验和感知的机会，成为平遥古城旅游项目中别具魅力的一个部分。

除了建立在票号、镖局等特色鲜明的机构遗址上的博物馆之外，平遥古城中还有各种依托某一古建筑而建立的大小不一的博物馆，或并不以博物馆命名却具有博物馆性质的景点，其中著名的有中国商会博物馆、平遥古民居博物苑、汇武林博物馆、设立在平遥现存最大的道观清虚观的平遥县博物馆，以及文庙、城隍庙、大戏堂等至今保存相对完整的建筑。同县衙、票号、镖局等原址一样，这些博物馆或景点所在的建筑本身，就是明清时期建筑和民居风俗的鲜活教材，并且每一个都积淀了至少上百年的历史，都蕴含着说不完的故事。它们原本分散在古城中的各个街巷，经过当地主管部门的修整和精心规划，这些互不关联的建筑被设计成一个有机的系统，成为平遥古城文化展示的具体事象，从而极大地丰富和充实了古城旅游的内容。

每个博物馆或景点所展示的内容，大体包括以下几个方面：其所在古建筑的结构、布局；与遗址原有机构相关的各种实物展品，如票号的汇票、镖局的镖车、镖旗等；相关机构的历史、重要人物的生平事迹及其成败经验教训；不同机构的运作规律、业务范围、相关规章、组织要素和经营秘诀，等等。此外，也有一些博物馆，像前述县衙中设计的“县太爷升堂”表演那样，还安排专人扮成相关机构的职员与参观者互

---

① 董培良主编：《平遥古城》，太原：山西经济出版社，2006 年版，第 126 页。

动。例如，日昇昌票号就有专人扮演的信房先生，以有偿服务的形式为游客写汇票，让游人亲身参与和感受当年票号汇兑的活动。

总之，除了必不可少的文字和图片介绍，各个博物馆都是凭借其在历史遗存的不可替代的实物感、现场感，来激发观众对相关机构的深度体验，展示当地的历史文化图景。因此，就每一个博物馆而言，它本身便是一个自足的独立景点。但同时，各个博物馆之间又处于一种有机相连的关系。不同票号之间当年的相互激励、相互竞争，票号与镖局之间的相互依存，这些矛盾关系在每一个博物馆的展览中几乎都有所介绍，它们无形中构成了不同博物馆之间的内在关联。这种关联自然而然就把古城内的所有博物馆统一成了一个整体的旅游圈，进而被整合在“平遥古城”这个大的主题之下，从每一个具体的角度增加着游客对平遥历史文化的切身感知。

对生活在平遥古城的当地人来说，尤其是从历史的语境而言，目前作为博物馆或景点的那些“遗址”，早已经失去其原初的功能。自然保留下来的那些比比皆是的古建筑，只是平遥过去方方面面生活相对零散的、碎片式的历史遗存。在旅游业的带动和旅游设计的安排下，经过主管部门的有意规划，那诸多的历史碎片被加以利用和拼装之后，在表面上又恢复了过去的面貌，组成了一幅整体的有关平遥历史生活的图画。这一拼装起来的历史画图，主要是面向来自国内外的旅游者。它可以让游人在短短的旅游时间里，通过一种现场体验，获得看似客观真实的有关平遥乃至中国北方其他许多城市古代生活的完整知识。

但是，由于脱离了历史和生活实践的语境，游客获得的所谓现场感，只是在一种被设计的展示或表演中得到的虚假体验。而就城市整体生活来说，在过去，真实生活中的普通平遥人大概决不会在同一时间段出入于县衙、大戏堂以及各家票号、镖局等场所，更不可能有机会深入各家机构内部去了解其后台情形，但旅游设计却能够让游人做到这一切。它把过去人们历时的、丰富多彩的生活实践中的文化事象，框定在一个共时的框架当中，使历史上立体的生活文化变成了今天平面的框架中的展览——这一点，恰好是许多博物馆展览的特征，也是我们之所以把平遥古城称作古代城市博物馆的主要原因。

对于严格追求客观真实性的人来说，这种被安排、被设计的旅游活动当然不能满足他们的要求。但事实上，大多数——如果不是全部——游客进行旅游的目的，并不是以科学研究的精神去探索事物的真相，而只是获得心灵的愉悦，同时他们大都明白并能够接受自己所得到的知识只是有关旅游点的部分的真实。[①] 就平遥古城的旅游而言，由于古城相对完整地保留了城市过去的形貌和布局，保护了数量众多、内涵丰富的古建筑，因此，东道主能够为旅游者最大限度地提供一种客观的真实，让他们在基本接近历史原貌的环境中，在体验古风古韵和异乡情调、满足怀旧心理或古老乡愁的同时，获得一种由大部分的客观真实、东道主的规划、旅游者的想象和期待，以及东道主针对这种期待所做的设计等因素建构起来的历史文化知识。这些因素被如此协调地整合在一起，使得旅游者纵然在某些项目中觉察到被设计、被安排的虚假内容，也会心甘情愿地加以接受。这一点，正是平遥能够吸引众多旅游者的内在魅力之一。

在平遥古城，还有一个并没有被刻意设计却不知不觉已成为旅游重要内容的因素，就是生活在其间的人。那些工作、生活在古城的普普通通的民众，为平遥这座城市博物馆平添了浓郁的生活气息，使它充满了不同于一般旅游景点的勃勃生机和独特魅力——正是由于有了人，有了可以用来对照的对象，古城的生活和环境才更能引发游客对于自身的反省和对于当地人生活的羡慕或向往。也正是由于这个原因，我又把平遥古城称作“生活着的古代城市博物馆”。

古城里大量的居民，一部分是与旅游相关的商业活动的经营者。他们或经营饭馆，或从事传统手工艺品的制作和销售，其各具特色的装潢设计、琳琅满目的商品展示，无疑是城中除了古建筑外最引人注目的风

① Wang, Ning. “Rethinking Authenticity in Tourism Experience”. *Annals of Tourism Research*, Vol. 26, No. 2, pp. 349-370, 1999.

景。其中特别值得一提的，是几家做纯手工皮鞋和绣花鞋等地方传统手工艺制品的店铺。那里除了店内布置得令人眼花缭乱的各式皮鞋或绣花鞋，最吸引人的当属现场正在制作产品的工作人员。他们在专心致志地制作自己作品的同时，也十分详细地向游人展示了整个手工制品制作的工艺和过程。可以说，这些富于地方特色的传统工艺品本身及其工艺展示，为平遥旅游文化增添了更加丰富的实质性内容。

古城居民中更多的人还是普通的日常生活者。与那些因经营旅游相关业务而直接参与到文化展示当中的人员不同，普通生活者是间接地、被动地参与了旅游文化的展示。旅游业的展开，使他们身不由己地被编织进了一个表演的大舞台，而成为被动的表演者，并始终处在被外来的游客观察、观看或窥视的状态。尽管旅游业的发达可能会为这些被动的“表演者”带来某些经济上的收益，但他们的生活也不可避免地会受到干扰。例如，为了保护世界文化遗产的需要，为了保证让游客享受到“原生态文化”，从而保证旅游业的繁荣，地方主导的力量出台的相关政策，客观上会迫使当地人的物质生活保持在某种相对停滞的状态，比如因为不能随意拆建房屋，居民即使要改善居住条件、卫生条件等，也会受到制约。

从这一点来看，在某种程度上，旅游者是否无意中扮演了与当地主导者共谋的角色，客观上遏制了当地民众生活的发展？究竟应该如何解决改变生活条件的诉求与保持建筑原貌政策之间的矛盾？这些问题，既是平遥面临的挑战，也是几乎所有与人们日常生活相关的旅游规划和文化遗产保护工作必须应对的难题，尤其需要有关旅游文化的研究者进行深入探索。

对长期居住于此的居民而言，古城内的所有区域是他们所熟悉的日常生活场所。但旅游业的繁荣，把城内几乎所有的街巷、建筑都变成了面向游客的景点，像博物馆、民俗旅馆、专门出售当地特产的杂货店、餐馆等，而且到处可以见到英文的招牌、菜单、路标等各种各样适应国外游客的设施。这样的变化，必然会迫使当地人重新认识、适应自己原本熟悉的生活环境，并接受把自己的生活场所变成随时接待外来观光客参观的景点的事实。

但相比之下，作为普通生活者的平遥居民最需要面对的，恐怕还是他们本身成为展示对象的现实。由于生活在被标定的景点的左邻右舍，他们同这些景点一道构成了整个平遥古城的风景。无论是知道还是不知道、情愿还是不情愿，这些生活者都无一例外地成了整个平遥古城这个表演大舞台上的一分子，成了被每天游走在古城墙上、穿梭于古城大街小巷的观光者观看的对象。当游人站在古城墙上时，随意望去，城墙附近院子里的情况都是一览无余——院子里摆放的东西、院中人的走动、甚至人们进出厕所的行动，都处在被游人观看或“窥探”的状态。

显然，这样的状态，无疑会使人们的生活大受干扰。但令人奇怪的是，从古城居民的表现来看，他们又似乎并没有受到什么影响。当我和同事在城墙上边走边说边看时，我注意到，城墙下所有院落里活动的人都是泰然自若地做着自己的事，甚至连抬头来看我们这些观察者一眼的都没有。在城内东大街上，我和同事曾见到一户人家门口停着一辆小型农用汽车，三个青年男子正在从院子里用筐往车上运送深色的泥土。我起初以为是院子里由于下雨积下的淤泥，就上去询问。两个正在往车上装泥土的人很大方地告诉我，那是从土坑式厕所里运出的粪土，他们要拉到城外倒掉。我这才想起，古城内不少普通民居还保留着传统的土坑式厕所。让我有些惊讶的是，那三位正在忙活的青年人，在听我询问和回答我的时候，没有显出丝毫因被外人看到正在做比较私密、甚至可能显得“落后”的事情的尴尬或不安，而是格外平静坦然。这种情形，让我立刻联想到了自己在天水老家的相关经验。不过，在老家那些村子里，人们进行类似活动时，一旦被外地来的陌生人看到，最常见的本能反应，常常是躲躲闪闪甚至显得有些羞怯。这同平遥古城居民的表现形成了鲜明的对比。那么，造成这种不同的原因究竟是什么呢？也许，是由于平遥的居民本来并不把运输粪土之类的事情视为“落后”，但更大的可能，恐怕还是由于他们早已经习惯了游客们的大惊小怪。也就是说，与我老家乡村较少见到外来者的情况不同，平遥的居民由于始终处在被观看的状态中，他们经过不断调整、不断适应，已经逐渐养成了一种新的生活模式和生活态度，从而能够一如既往地过自己的日子，安之若素地面对观看者乃至窥视者。

另外，从当地居民的表现中还可以感觉到，平遥的生活者在被窥视的同时，实际上也在观察着作为外来者的游客。通过这样的观察，他们可能一方面了解了形形色色的外来者，并因而对外来的文化有所认识，另一方面，也在与外来者的对比中进一步认识了自己的生活。而这一点，可以说是旅游文化客观上带给当地人的一种积极的结果。

历史是被建构起来的，许多在表面上看来是古老的或者自称古老的传统，其起源很可能相当晚近。[①] 通过旅游的促进，平遥古城在规划中整合了过去的遗存与现在的需求，使历史元素、设计者的创造、旅游者的想象和期望、当代社会生活的需要等，多种因素交织在一起，塑造了一个当代旅游文化语境中的平遥古城，以及由这个古城所传达的“历史”，创造出了一种新的平遥文化认同。目前，这种文化早已不仅仅属于平遥一县的认同，而且成为山西全省的一个标志性文化品牌。就这一点而言，平遥古城的旅游规划，在创造历史的同时，也传承了历史。

第三节　当代节日传统的生产与再生产：两种类型及其特点

对于节日，学术界通常有狭义和广义两种定义。狭义的定义把节日看作从过去生活中保留下来的传统节日以及现代民族国家形成过程中确立的新节日，例如，春节、清明节、中秋节及劳动节、国庆节等。我们的讨论所要采用的，是广义的节日定义，那就是把节日视为一个社会群

① 参看［英］E. 霍布斯鲍姆、T. 兰格著，顾杭、庞冠群译：《传统的发明》，南京：译林出版社，2004年版，第1～3页。

体按照相对固定、统一的主题周期性地重复举行庆祝活动的特定日期。其中除了包括狭义节日中的所有内容外，还包括传统庙会和当代新产生的文化节等。

根据这个定义，本节将通过几个地方的具体实践的个案，来对当代节日传统的生产与再生产问题做初步的分析，总结其中的经验，分析存在的问题，并希望能为目前学术界所关心的如何在当代社会形势下弘扬传统节日的话题，贡献自己的思考。

今天各地流行的节庆活动，其中有不少是在各种现实力量的促发下生产或再生产出来的文化传统，从笔者目前所掌握的资料来看，它们大体可以分为两种类型：一是根据现实需要生产创造出来的新的节日，二是对原有节日传统的传承、发展或改造。

第一个类型的节日，是不同地区根据现实需要而设立、创造的，它们在今天的节日内容中，占有不小的比例。这些新节庆活动，在地方政府等主导力量的组织、坚持下，构成了当地年复一年周期性举行的特定的大型综合活动，在为当地社会、经济、文化等各方面带来新的机遇的同时，正逐渐成为新的地方性传统。

这方面的一个案例是“中国庆阳端午香包民俗文化节”。在甘肃当地行署（后来的市委）的直接倡导和组织下，从2002年端午节前后庆阳政府开始举办文化节。其目的是“要以香包这个在当地具有久远传统和深厚民俗基础的民间工艺品为载体，结合当地其他传统民俗事象，来提高庆阳的知名度，带着庆阳走出甘肃、走出中国、走向世界”，同时促进地方经济的发展。

活动期间，除了大型开幕式、文艺表演等之外，主要是以香包为主的各种民俗工艺产品的展销。同时，通过邀请政界、学术文化界人士和众多媒体参与——例如与中国民俗学会、中国美术学会工艺美术专业委员会等学术团体联系，以从这些机构获得“香包文化之乡”“皮影文化之乡”“周祖农耕文化之乡”等各种命名，主办者在各个方面都进行了精心的组织、安排和宣传，力图提升当地及其文化的影响。

“中国庆阳端午香包民俗文化节”迄今已经成功举办15届，当地政府打出的宣传口号中，把它称作“由庆阳市创办的国家级民俗文化节”。它不仅展示了庆阳绚丽多彩的民俗文化，还挖掘整理出了一大批民间文化资源，从而把庆阳的民间民俗文化的宣传和研究引领到了一个新的高度。同时，通过这一节会平台的推介、辐射、凝聚和带动，庆阳的香包民俗文化产业得到了迅猛发展，开通了群众把香包变成艺术品和商品、由家庭生产到市场销售的渠道。在2008年举办的第六届中国庆阳香包民俗文化节上，庆阳8县区参展作品438万件，销售286.3万件，销售额2244.6万元，取得了显著的经济效益和社会效益。目前，庆阳市围绕香包产业组建的各类公司达110多家，从业人员15万人，年生产500万件，年产值1.5亿元。同时，极大促进了庆阳香包生产的产业化，拉动了全区经济的发展。

在这个过程中，主办者出于发展地方经济、文化等方面的目的，在地方传统民俗资源的基础上进行发掘，创立了一个新的节庆活动。其主导力量是政府，包括民俗学者在内的学者和文化界人士，对它的合法性的确立和文化地位的提升，起到了辅助和推动的作用。从目前来看，这个活动取得了较好的效果，达到了一定的预期目的，客观上对地方民间传统文化也起到了一定程度的保护作用。但是，它究竟能否变成一个长期的地方节庆活动，其中还存在需要进一步探讨的地方，尤其需要思考的是，如何使活动从政府主导向民众自发参与和主动组织转换的问题。

目前，当地这项活动主要由政府倡导组织，而缺乏调动民众主动参与或自发组织的内在因素，缺乏一种具有深厚历史积淀的文化传统的有力支撑。因此它只是一个政府的节日，而不是当地全民的节日。对地方民众而言，这种节庆活动除了能够为个别人带来一定的商机之外，大多数人只是处于旁观者的状态，既无意也没有可能自发融入活动中去。另外，可惜的是，这一文化节的组织者没有充分利用现有的端午节资源，没有使文化节同端午节密切结合起来。在时间的安排上，有一定的随意性（有时在端午，有时在9月）。这样，在行政力量略有淡化的情形下，这种活动很可能会迅速沉寂。当然，也许假以时日，在地方政府的长期努力下，一种新的有关这个文化节基于商业或娱乐等目标的内在需求会逐渐在当地人中被培养起来，并形成相应的民间组织，只有在这样的情况下，这个被生产的新的节日文化才会在当地更加有力地延续下来。

第二个类型，是对原有节日传统的继承、发展或改造。从其运作方式看，主要包括这样几个亚类型：一是以地方文化精英和民间组织为核心，在一批来自学院的学者推动下，逐渐壮大起来的传统节庆活动；二是以地方政府为主导，由学者配合而不断扩大影响的传统活动；三是主要以民间力量为主体，相对自足运作的传统节庆。

第一个亚类型，可以河北范庄龙牌会为例。位于河北赵县的范庄，每年农历二月二期间都会举行名为“龙牌会”的盛大集会。龙牌是范庄村和方圆数十里地区的民众供奉的具有地方保护神性质的一尊神灵，其象征物为一个写有“天地三界十方真宰龙之神位”的神牌，平时由范庄村中固定的19户（曾经是21户）被称作会头的人家逐年轮流供奉。每年二月二之前，通常在正月末，村人会在村中广场搭建巨大的神棚，悬挂近二百幅神像加以供奉。正月初一一早，首先要举行请龙牌仪式。人们从供奉龙牌的会头家中请出龙牌，一路由助兴花会伴随，边表演边行进，送到神棚，供奉在中心位置。从这一天一直到二月初四，不断会有来自范庄及周围各村的香客前来进香，并有各种花会表演，同时，也有大量经商者，在街道两侧和广场周围售卖小吃和各种小商品。其间进香者人数最多时往往达到上万，把神棚以及神棚前的广场拥挤得水泄不通。初四下午举行送龙牌仪式，各路花会再一次聚集在神棚前，把龙牌从神棚里请出之后，沿途表演，护送到原会头家，在那里供奉两天后，二月初六再送入本年当值的会头家中。

据当地人传说，早年范庄曾发生大旱，人们为了求雨，就供起龙牌并向龙牌许愿：如果七天之内下了雨，就世代供奉它。果然，四五天之内范庄一带就下起了雨。于是，大家信守承诺，便世代供奉起龙牌爷来。

但是，经过一些来自省城和县城的知识分子的阐释，以及龙牌会会头积极的推广，这一活动被说成是为了纪念勾龙而产生，范庄一代的民众也因此被解释成了勾龙的后裔。事实上，当地许多人并不知道勾龙是谁，但经过知识分子和民间精英不断的努力和建构，越来越多的人开始接受这样的说法。而范庄龙牌会也逐渐从一个地方传统变成了全国知名的文化事象，从一个参与者经常担心可能会被主流意识形态批判为迷信而加以取缔的活动，变成了一个以弘扬龙文化等为目标并得到主流意识形态认可的公共文化，并成功进入河北省非物质文化遗产名录，数年来还一直在积极申报国家级非物质文化遗产。

第二个亚类型方面的例子，是河南淮阳的人祖庙会。每年农历二月二到三月三期间，在河南淮阳地区的太昊陵，都会有祭祀人祖伏羲的传统庙会，届时来自河南、河北、安徽等地的香客都会来这里祭拜伏羲，香火极旺。这一传统在“文化大革命”期间曾被禁止，除了一些虔诚的香客私下里的祭祀之外，公开的信仰活动一度中断。20 世纪 70 年代末，由于国家相关政策渐趋宽松，越来越多的民众开始公开到太昊陵来给人祖进香，从而逐渐促成了人祖庙会的复兴。

在此过程中，当地政府开始阶段一直扮演着十分矛盾的角色。一方面，它要利用众多香客的聚集来组织物质交流大会，以便促进地方经济的发展；另一方面，它又要按照主流意识形态的要求随时宣传“破除迷信”的思想并防止迷信活动泛滥。这种情况持续了一段时间之后，20 世纪 90 年代初，随着中央政策进一步的调整，传统民间信仰在全国范围开始获得越来越多的生存空间，在淮阳，加上数年来官民之间的协商、互动，当地县政府也逐渐改变了对人祖信仰活动的批判态度，转而参与到相关信仰活动的重建当中。

1993 年，与台湾同胞来淮阳太昊陵“寻根敬祖”活动相呼应，淮阳县政府举办了“首届中华龙都朝祖会”，并组织了“首届中国伏羲文化研讨会”，从“历史”的角度为伏羲赋予了“人文始祖”“三皇之首”的地位，并为此后在庙会期间一年一度举行由政府主持的中华民族公祭伏羲大典确立了合法性。

当地政府积极参与太昊陵庙会活动的重建，其目的主要还在于“文化搭台，经济唱戏”，即借助信仰的力量来发展地方经济，扩大当地的影响。通过积极参与，政府取得了庙会活动的主导地位，客观上也增强了当地伏羲信仰在政治上的合法地位。近年来，通过政府的努力，当地的太昊陵庙会已经被列入国家级非物质文化遗产名录，这进一步提升了这一地方传统的地位，也在一定程度上为众多对过去政治意识形态施加给民间信仰的压制心有余悸的香客，带来了更多的信心。①

但是，地方政府的积极参与给太昊陵庙会带来的新问题也格外突出。对普通香客来说，太昊陵庙会被列入国家级非物质文化遗产名录，似乎并没有太大的积极意义。相反，由于外地游客增加，当地旅游管理部门开始在太昊陵设立围墙和大门，收取更贵的门票，这使得诸多香客虽然还像往常一样信仰人祖爷，却不能再像过去那样自由地到陵前敬奉人祖爷。结果，尽管这些香客中有很大一部分人当年是促成今天太昊陵庙会复兴盛况的骨干力量，却在他们共同创造的成果被政府接管之后，反而丧失了自由参与自己复兴起来的活动的资格。就此而言，对于淮阳人祖庙会以及相应的各种民俗文化传统来说，尽管政府的积极参与客观上有助于提升民众传统的政治合法性，但并不能说是一件绝对有益的事。

第三个亚类型方面的例子，是我的家乡街亭村的上九节。街亭村曾是街子乡乡政府所在地，也是方圆二三十里的经济文化中心。每年正月初九（当地称作上九节），这里都会有盛大的社火表演。届时由各村自发组织的表演队伍，按照所选择的马社火、高台（抬阁）或高跷等不同表演形式，装扮成传统戏剧或传奇故事中的经典场面，沿着街亭村的主要街道游行，并到当地著名的崇福寺—杏林观庙观群敬拜玉皇大帝等神祇。这两天是当地人民的狂欢节，方圆数十里的村民都会赶来观看社火表演，村中街道常常水泄不通。

① 关于淮阳太昊陵的内容，参看杨利慧、张霞等著：《现代口承神话的民族志研究——以四个汉族社区为个案》，西安：陕西师范大学出版社，2011 年版，第五章。

社火表演主要是当地民众自发组织的活动，由每个村子的传统民间组织负责人和一批热心社火事务的村民负责组织。年复一年，它成了当地人表达自我、协商文化认同和地域认同的资源和重要途径。正是通过组织和表演社火，人们展示和交流了自己的信仰观念、对于传统的理解、对于时间的理解、对于集体的理解、对于村落关系的理解，以及对于欢乐的理解。而这种内在需求的满足是这种活动得以周期性举行的重要动力。①

与前面两个例子中的情况不同，在上九节的活动中，地方政府没有直接参与，乡、村两级政府在此期间，最多只是协助维持秩序（比如利用村政府的喇叭宣传）。另外，不同于范庄和淮阳的是，街亭村的上九节，既没有学者的参与，也没有组织非物质文化遗产申报等活动，但是，上九节却一直保持着强大的生命力，在当地蓬勃地传承着。

通过以上的案例，我首先要说的是，节日在整个国家并不是一种均质的标准化的文化现象，而往往具有地方的多样性。在不同地区，人们会根据自己特有的历史、地理和文化条件，进行地方性的节日安排，来保证生活的节奏性，而不必严格按照标准化的全国统一的节日时间安排。而这些地方性节日的生命力有时可能会远远大于统一的节日。当然，在这些节日当中，各地的人民通过自己的方式在表达着大体相同的认识，这种认识，无论是在各地庙会当中，还是在如二月二这样的节日时间，都有一种总体上的共同的表达——那就是，对于神灵的信仰，对于特定时间段的特定处理，等等。

就此而言，对于目前的节日现状，我们其实不必过于忧虑。有的节日，在有些地方可能表现得比较衰落，但在某些地方可能富有生命力。某些大的节日，可能在全国范围显得有些沉寂，但在个别地方却仍然保留着强大的力量——当然，也许，某些节日从来就没有形成过全国性的普遍繁盛的局面，所谓的普遍繁荣，或许只是一种想象。

---

① 关于街子乡社火方面的内容，参看本书第八章第二节。

其次，与此相关，不同的节日具有不同的传统内涵和特定的历史适应性，失去了适应性的节日，自然地要发生变化甚至消亡。对于这样的节日，我们不必强调要通过人为的力量去抢救或保护它，而应该尊重历史的规律，尊重作为节日主体的民众自己的选择。

再次，传统是被不断发明、生产和再生产的一个过程，现有的传统并非一成不变地来自过去的某个原点，其中反而常常会融入当代的内容，今天出现的文化现象，实际上也正在为促成向后世延续的传统增加新的因素。就新生产出来的这些节庆活动而言，倘若能够真正扎根于民间，真正内化为民众的精神信仰及其他各种日常生活活动的组成部分，它们就一定能够引起民众自发参与的热情，真正成为具有生命力的传统。

第四节　高度城镇化的传统村落

——宁波滕头村考察报告

2009 年 9 月，我曾率领中国社科院青年学者国情考察团宁波考察组，围绕“60 年来中国农村的发展”的主题，在位于宁波奉化市的滕头村进行调研。通过座谈会和入户访谈等多种形式，我和另外五位同事一道，采访了多位现任和已卸任的村干部以及大量村民，对滕头村 60 年来从一个极端贫困的村庄变成全面高度发展的明星村的发展历程，获得了比较清晰的了解和认识，也对中国历史、社会和文化等方面的问题，有了更加务实、更加深刻的理解。对我来说，尤其重要的是，在这一个多星期针对陌生地区整体社会生活——而不是仅限于民俗——的调查中，对自己长期思考的家乡民俗学的视角与方法，特别是对如何在不涉熟人关系的社区中更好地坚持互为主体立场并协调主客位关系的问题，也在对照中获得了更加深入的认识。

（一）基本信息与调研路径

滕头村位于宁波奉化区以北，鄞奉平原和西部山区的交错地带，居奉化江支流剡江南沿，亭下水库的干渠清水河北岸。这里距奉化区 6 公里，溪口风景区 12 公里，宁波栎社机场 15 公里，宁波市区 27 公里，北仑港 48 公里。村庄南侧有奉萧公路通过，交通便捷。目前，全村共有村民 341 户，817 人。另外还有 7000 多外来人口。这些外来人员，单身的大都住在滕头相关企业的职工宿舍，与家庭成员（包括孩子）一道的，则都租住在村民提供的出租房中。其中，除少数人在滕头附近其他公司打工之外，大部分都在滕头村创办的服装公司、园林公司等各类企业上班。

滕头村过去曾是一个有名的穷村，“有女不嫁滕头村”是当地早些年流传很广的一句歌谣。从 20 世纪 60 年代起，滕头人经过数年艰苦拼搏，不仅使全村彻底改变了“田不平，路不平，亩产只有二百零”的旧面貌，而且成了全省乃至全国学大寨的先进。80 年代以后，滕头村在不断取得经济飞速发展的同时，又陆续获得联合国“全球生态 500 佳”、国家 AAAA 级旅游区、“中国十大名村”、“世界十佳和谐乡村”等 60 多项荣誉，变成了全国闻名的明星村。2008 年，全村人均纯收入达到两万两千元。

置身于今天的滕头村，外来者一定会惊讶于村中整齐的规划和优美的环境，会有一种身在公园、身在城市而非一般意义上的农村的感觉。全村近 2 平方公里的土地，几乎是一马平川，看不见山包，也没有陡坡，只有小桥流水、整洁的建筑、平直宽阔的道路、道路两旁的鲜花和绿树，以及太阳能、风能联合发电的路灯。村中住宅区以外的区域，分别被划分、建设成了生态农业区、采摘基地、浪漫风情园、学生实践基地、乡村文化广场等多种不同功能的专门园区。而住宅区，包括 20 世纪 70 年代末 80 年代初建成的民俗住宅区和 21 世纪初落成的别墅区，在造型、面积和街区布局等方面，也都经统一规划、统一建设而成，显得格外整齐。整洁的村容、气派的住宅，处处显示出这里是一个整体生活十分富庶的社区。

这个曾经的穷村，是靠着什么力量、如何摆脱贫困的？又为什么能够在改革开放之前和之后两个不同的时代都成为先进典型？它是怎样在保持经济高度发展的同时，又维护生态的和谐健康的？它的发展历程中存在着哪些值得深入思考、借鉴的因素？这些，是我们在开始调查之前就在讨论和关注的主要问题，也成了大家后来调查时所围绕的主要线索。

到达宁波的当天下午，我们就在宁波社科院的协调安排下入住滕头村。

滕头村负责接待我们的，是村委办公室副主任兼团委书记周全，一位干练、认真又热心的年轻人。他陪我们考察了村中的养殖、种植基地和学生实践基地等多处园区，还根据宁波社科院事先转发的我院青年中心考察计划，为我们联系、安排了十多位访谈对象。这些访谈对象包括四位村委委员、《滕头报》主编、已经退休的村党支部副书记以及养殖、种植专业户和个体经营者，等等。这些人，包括周全自己，成了我们本次调研访谈对象的重要组成部分。在随后的几天里，在周全陪伴下，考察组全体成员一道，对这些身份、地位各不相同的人员分别进行了访谈。这些人经历丰富，见识不凡，而且都颇为健谈，为我们从不同的角度了解滕头发展变化的历史，提供了十分丰富、生动的材料。

但就在第一天下午的座谈结束后，大家在讨论中都不约而同地谈到，同这些由村里安排的人交谈，尽管有助于我们迅速了解全面情况，得到的材料却可能不一定十分客观；要想真正认识这个村庄，必须自己进行入户调研。于是，我们确立了这样一个方案，即每天白天根据周全的安排进行集体访谈，这样既能使大家快速获得全面的信息，又能体现对村里意见的尊重，同时，要利用傍晚和晚上大部分村里人回家的机会，进行入户访谈。就这样，从第一天开始，每天晚饭后，我们便开始了没有村干部陪同的独立调研。大家分成小组，到村民家中、外来人员租住区或小卖部等不同地点，围绕本次考察的主题，尤其是我们事先准备好的问题，对不同人士进行了更加广泛的访谈。

这样的访谈一开始也遇到了不少新问题，比如，怎样取得村民的信任以使其允许我们进屋聊天？访谈过程中录音和照相时是否需要告知访谈对象？听不懂老年人的方言怎么办？等等。与在家乡进行民俗调查时很容易就能在熟人关系的支持下展开田野工作的情形不同，在陌生的社区当中，要建立一种良好的田野关系并尽快进入田野过程，除了调查者本人要具有较好的“化生为熟”的能力之外，尤其重要的，是必须借助一切可能的帮助。在解决上述问题的过程中，滕头村委会发挥了有形及无形的重要作用。有形的作用，就是让我们迅速同一批分布在不同工作岗位的村民取得联系，并从他们那里得到了诸多信息。尤其突出的，是无形的作用：由于那些被推荐的访谈对象在村民中有意无意地宣传，由于我们住在村委会安排的宾馆当中，我们作为“村委会的客人”来进行调查的消息，在村民中早就不胫而走，这为我们的随机访谈奠定了良好的基础。许多村民尽管对我们一无所知，甚至在刚刚见到时还会表现出一丝诧异或戒心，但只要听到我们用不同于当地口音的普通话介绍自己是村委会的客人，马上就会表现得十分自然，也很热情。这可以说是村落固有的社会结构与信任网络发挥作用的结果。对于调查者来说，只要我们能够进入这个网络，不管处在其中哪个环节，就都能够为确立良好的田野关系创造条件。而进入该网络的方式可以多种多样，通过村委会等当地行政部门的介绍，在很多情况下不失为一个有效的途径。

对于访谈过程中能否照相和录音的问题，我们确定了这样的原则：照相和录音是访谈的必要记录手段，特别是面对那些只会讲方言的老人时，录音更是必不可少，它可以让我们记录下访谈过程及访谈对象的叙述，留待下一阶段请懂方言的人士协助整理。对于村民而言，照相和录音实际上同笔和笔记本具有一样的意义，都是在“记录”他们所叙述的内容，用笔记录和用录音机录音都会引起他们心理或情绪的变化。当然，由于照相和录音技术具有最为直接的“真实性”，在访谈开始前，我们一定要告知访谈对象会进行照相和录音并征得他们同意，即使遇到为了保障交流正常进行而不便事先告知的情况，也应该把录音或照相设备放在让访谈对象能够看到的地方，使他们意识到这些设备在工作，同时在事后告知并征求他们的意见。

大量的入户访谈和实地观察，让我和同事们逐渐对所追问的问题有了更加明晰的答案，也更加认识到了比较的视角在调查中的重要性。这种比较的视角，既包括对当地不同阶层或人群所提供资料的对照分析，又包括对当地各种民俗事象同我过去所了解和熟悉的类似事象——特别是家乡民俗——的比较。为了进一步通过与周边地区的比较来认识滕头，我和同事们还在调研后期分头考察了与滕头相邻的萧桥头和傅家岙两个村子。

可以看到，滕头是一个村子，但它早已超越了传统意义上的村落，与我所熟悉的北方农村乃至南方许多保持较多传统面貌的村子有很大的不同。它更像是一个企业的居住区，一个高度城镇化的社区。在这里，人们还保留着熟人社会的人际关系，但同时，又要面对诸多的新变化——复杂多样的工作种类，繁忙的工作形式，远远大于本地人口数量的外来人口，等等。这些变化，正在急剧改变着人们的生活方式与交往模式。与以往大家随时可以到邻居家串门的情况不同，现在，许多非常熟悉的朋友都难得有见面的机会，往往只能偶尔在村口见面时打声招呼。但与此同时，在尚未改造为独栋别墅的联排居住区——那里居住的是相对年长的村民和一些外来租户，晚饭以后，还能在小巷口看到三三两两聚坐谈天的邻居。9 月 18 号那天晚上，这一片区域坐在巷口聊天的人尤其多，不少房屋前面沿着屋前路基一线还插满了点燃的香。经过询问得知，这是当地流行的“插地香”习俗，因那一天是农历七月三十，为地藏王菩萨归天日，人们要以此表达敬奉之意。这个发现让我感到格外兴奋：在这个高度城镇化的村子当中，传统的生活习惯与交往方式其实仍然在延续和流传。这也正是使这个村子保持一种内在凝聚力的重要基础。这一点，从当天晚上我们遇到的一些村民的说法和态度中就可以看出。那些属于“本地人”的村民告诉我：我们本村的人是插地香的，外地来的租户不插。巧合的是，当时不远处刚好有一对据说是外地租客的年轻夫妇，也出来在租住的房子周围插香，这立刻引起了那些本地村民的窃窃私语：瞧，那一家子是外地人，他们也开始学我们了！很难分清楚，这些本地村民是在为外地人也追随本地习俗而高兴，还是在为外地人模仿乃至“剽窃”自己具有文化认同意义的活动而感到不安和警惕。当然，那两位外地租客这样做的目的很清楚，就是“入乡随俗”，更快更好地融入滕头村的文化系统当中。

经过分工合作的调查，我和同事获得了较为丰富的访谈材料，在了解滕头 60 年发展历程的同时，也对中国历史、社会和文化等方面的问题有了更加务实、更加深刻的理解。

（二）两个人和一个村庄的 60 年

滕头村的居民大多数都姓傅，还有相当一部分姓周，这是滕头村的两大姓。另外 30 多户不同姓氏的人家，是当地在 20 世纪 70 年代修建亭下水库时由山区迁徙来的村民。按照当地人的说法，滕头傅氏祖先是在隋朝时期从山东滕州迁移到这里来的。起初，周姓在村中力量最强，后来傅氏先人给周氏做上门女婿，逐渐地使姓傅的人丁兴旺、力量强大起来。

滕头人有关自己村落起源的记忆，似乎只停留在上述这样一段模糊、简单的传说中。从大多数人的口头叙述来看，更清晰的历史，仿佛是从五六十年前开始的。几乎每一个人，在谈到滕头发展的具体细节时，都会从 60 年代的改土造田讲起，对他们而言，这个重大的事件是能够切切实实感受到的历史的起点。而这个起点之前的状况，作为直接促成那个重大举措的现实背景，在人们的心中也有十分清楚的记忆。

“我们滕头以前很穷的，土改时连地主都没有一个，只有极个别的富农，其余全是贫下中农。我们周围的村子还都有地主哩！”滕头村委委员傅德明先生在接受我们访谈时用这样一个生动的说法，强调了滕头早年的贫困程度。在许多人的回忆中，当时的滕头村，土地是东一块、西一块，有的在山包上，有的在洼地，庄稼常常是“下场大雨低洼处的淹死了，太阳出来高处的晒死了”。这使得全村人完全处于靠天吃饭的状态。村子里则到处坑洼不平，路上到处是污泥浆。每逢下雨，人们从村里走回家，常常一身都是泥。而他们居住的房子，都是土木结构的老房子，大多年久失修，破破烂烂的。

穷则思变。极端的贫困为滕头人谋求生活的改善积累了巨大的动力，而20世纪五六十年代以来的社会政治环境，则为人们实现生活条件的改变创造了重要的历史条件。60年代，正值全国“农业学大寨”的时期，农村生产队的组织形式，为各地及时集中调动人力开展轰轰烈烈的学大寨活动，提供了政治和体制上的有力保障，滕头也不例外。大的时代背景，为滕头人创造了团结一致、艰苦创业的机遇，在这个最关键的发展时刻，滕头又幸运地拥有了一位富有公益心的强有力的领导者，他就是村支书傅嘉良。他及时、敏锐地把握住了难得的历史机遇，率领全村人迈出了走向高度发展的关键一步。

傅嘉良从1960年开始担任滕头村党支部（后来的党委）书记，共在任37年。村里人都习惯把付嘉良称作“老书记”，而且，无论是村干部还是普通村民，每当谈到滕头村的发展过程，都会自然而然说到这位“老书记”的杰出贡献。根据滕头人的描述，这是一位有胆识、有头脑、有毅力、有发展眼光的杰出领导者，尤其重要的是他有一种一心为公的优秀品质。1965年，老书记带人参观一个被宁波树为改土造田试点的村子，看到那里经过改造的平整土地，受到启发和鼓舞，回来后也在滕头村发起了同样的工作。

但一开始，他遇到了很多困难。首先要说服并发动全村群众投入这项在很多人看来几乎不可能完成的任务。据一位62岁的傅先生介绍，当时滕头村的土地不是一般的坑坑洼洼，而是有很多的小山和沟壑，平整土地，要把山挖掉，把沟填平，不少人认为，要做到这些，简直是异想天开。老书记首先是组织干部带头去做，起到了表率作用。同时，由于当时正值“农业学大寨”，“政策上能管到人”，所以，有的人虽然有意见，但也不敢公开反对。另外一个困难，是滕头村的土地中有很多都同相邻好几个村子相互交织，要想平整，必须同邻村商量并进行调换。为此，老书记也费了不少的口舌和精力。

克服这些开始阶段的困难之后，从 1966 年的春节开始，傅嘉良带领全村人，投入了漫长而艰苦的土地改造运动。这项堪比愚公移山的伟大工程，一直持续了 15 年，全村一共只有 500 多劳动力，但为这项工程总共投入了 43 万工！终于挖平了山头，填平了水坑。据村委委员傅根定介绍，那些年里全村人过得非常苦。每天早晨，村里都是女人戴上头巾、带着土箕，男人带着一把锄头就出门，“上面磨肩膀，下面磨脚底”，每年只在大年三十和正月初一休息两天。这种状况的持续，使得滕头人在贫穷的基础上，又增添了劳苦。其又穷又苦一时远近闻名，使得外村人都不愿意把自己的女儿嫁到这个村子，村中一些男子到了三十多岁还单身一人。据说邻村曾有一位姑娘的父亲这样对前来求亲的滕头人说：我就是有一百个女儿，也不会嫁到你们滕头！

凭着坚韧的毅力，忍受了超乎一般人想象的艰苦甚至屈辱，滕头人彻底改变了村庄土地的旧貌，为后来的发展创造了最重要的根本。在这个过程中，他们先后被评为宁波、全省乃至全国学大寨的先进，从而获得了一定的政治和政策优势。尤为重要的是，傅嘉良还和乡亲们一道确立了一种能够长期激励后人的滕头精神，那就是“艰苦创业、永不满足、坚持两手抓、一犁耕到头”。

土地平整之后，村庄面貌问题接踵而至。破烂的房屋，参差不齐的建筑，不仅有碍观瞻，而且有损于经常接待参观者的先进典型村庄的形象，更直接限制着村民整体生活水平的提高。于是，在 70 年代末 80 年代初，傅嘉良又规划、领导了全村住房拆旧建新的工作。通过组织干部深入调查和全面动员，经过统一设计、统一规划、统一布局、统一建造，滕头建起了一栋栋整齐的水泥楼房，拆除了所有的土木结构房屋，并按照公平合理的原则，为所有村民分配了新居。整齐划一的水泥楼房，平整宽阔的村中道路，加上按规划种植的花草树木，在周边乃至全国大多数村子的住房都是土木结构的情况下，顿时让滕头村名声大振，在吸引更多参观者的同时，也赢得了更多的荣誉。

土地平整带来了农业的发展，但傅嘉良并没有满足于此。70 年代末，他冒着被批斗的风险，尝试组织全村种植经济作物，并开办了一个村办企业——服装厂。凭着过人的胆识，傅嘉良再次使滕头村先于一般村庄抓住了时代赋予的机遇，使滕头村在发展工业企业方面处于领先位置。目前，作为村中第一个企业的服装厂已经发展成为滕头村的支柱企业之一——爱伊美制衣有限公司，属于滕头集团公司下辖的 60 多家企业之一。

滕头集团公司成立于 1992 年，是集工、农、贸于一体的村级经济集团型企业。2008 年，集团公司实现社会总产值 36.46 亿元，创利税 3.93 亿元。可以说，集团公司是使滕头村获得全面发展、村民生活水平获得不断提高的有力保障。

不凡的才干、胸襟和眼光，使得傅嘉良能够在带领滕头村发展的过程中不断适应新的形势调整发展战略，适时进行经营模式的转型，从而使滕头村始终处在发展的前列。而这些综合的品质，也使他选择、团结和培养了一批精明强干的助手，组成了一个强有力的滕头领导集团。其中就包括他的继任者、滕头村现任党委书记傅企平。

傅企平是滕头人在谈到村落发展历程时提得最多的另一位重要人物。他曾担任村党委副书记 17 年，此前还担任过村里第一家企业——滕头服装厂的首任厂长。1997 年他接傅嘉良任村党委书记和滕头集团董事长之后，继续开拓，使滕头集团发展成了集服装、建筑、房地产、园林绿化、水电安装、生态农业和旅游业等多种业务为一体、更加大型的综合实体。集团经济的不断增长，为村民带来了更大的福利。如今，每个滕头村民每月可以领取 500 元的福利，老人（男 65 岁、女 60 岁）还可以每月另外领取 450 元养老金。

1998 年以来，滕头村开始建造统一规划、设计的小康别墅楼，分 196 平方米、230 平方米和 360 平方米三种户型，在自愿的基础上，分别由村民自己出资 8.5 万元、9.5 万元和 17 万元，其余由村里补贴。目前，已有一半多的村民搬入别墅区，其所属的二代房，不少都租给了外来务工者。但傅企平一家却没有申请别墅，仍然住在二代房区。据介绍，他曾对村民说过，要等村民都搬进了别墅之后自己才搬。

按照滕头人的介绍，无论是傅嘉良还是傅企平，都很爱整洁、爱绿化，这种个人的志趣直接影响了他们在带领滕头村发展的过程中，始终重视生态保护的问题，强调“既要金山银山，更要绿水青山”。在平整土地、改变村庄旧貌的过程中，滕头村始终重视规划和绿化问题就是一个例子。20 世纪 80 年代中期，曾有一位日本客商找到傅企平，希望投资 1000 万元人民币在滕头村办一家小型造纸厂。如果厂子办起来，滕头村每年可净收入 100 多万元。这对于刚刚解决温饱问题的滕头村而言，无疑是很大的诱惑，但这却是个重污染项目。傅企平、傅嘉良与村委其他成员一道，经过邀请环保专家评审和充分讨论，最终毅然否决了这一项目。这种长远的眼光和强烈的环境保护意识，既为滕头人保住了干净的空气、水源，也使滕头村赢得了联合国“全球生态 500 佳”等多项生态环保方面的荣誉，从而为发展生态旅游创造了更加丰厚的资源。

从以上的叙述可以看到，在滕头村早期的发展中，傅嘉良个人的力量起到了至关重要的作用。由于有胆识、有毅力、有决心，尤其是有一心为大家服务的公益心，他领导全村人，为滕头村后来的腾飞奠定了坚实的物质基础。当然，早年特定的社会政治背景，客观上为傅嘉良能够长期顺利地动员全村劳动力进行土地平整工作提供了重要保障；但是，如果没有他个人的远见卓识和优秀品格，他根本无法抓住时代赋予的这种机会。可以说，历史选择了傅嘉良，而傅嘉良则带领全村人共同创造了新的历史。

滕头村的发展过程，在某种程度上说也是傅嘉良个人的卡里斯玛得到展示、确立和加强的过程。凭着正直无私的品德、与众不同的眼光、能力和率先垂范、“一犁耕到头”的精神，他能够适应新的形势调整发展战略，带领全村适时进行经营模式的转型，从而使滕头村始终处在发展的前列，并由此赢得了大家的信任、尊敬和追随。这些信任和尊敬不断积累，进一步强化了个人的声望和权威，使得全村人越来越密切地围绕在他的周围，从而形成了较强的集体凝聚力、相对统一协调的认识和行动。

倘若没有傅嘉良早年的决心和努力，很难想象会有今天的滕头村。而正是傅嘉良和傅企平个人的志趣和观念，为今天滕头村保持工农业和第三产业并重、注重生态保护的发展理念和发展模式，起到了决定性的作用。他们两人都是长时间担任书记（或副书记），这又充分保证了他们的施政思路和施政方案的连续性。从这里可以看出，滕头村的成就背后，体现的是能人政治的成功。

滕头村发展过程中的这种能人政治模式，很容易让人联想到其他一些曾经或当下被树立为农村发展典型的村子，例如当年的大寨、早年的大邱庄和现在的华西村，它们能够发展壮大基本上也都是依靠领导者个人的力量，依靠能人政治。事实上，从中国社会发展的历史来看，很多时期、很多地方社会生活的良性运作，往往都同彼时当地领导者个人的权威无法分开。而无论在什么时期、什么地方，就算建立了一种好的制度，也必须要有人来执行。缺了具有一定能力和品行的人，多好的制度也会形同虚设。这让我进而对农村基层政权和制度的建设与改革以及乡村民主建设未来的发展方向等问题产生了更多的思考。思考的核心就是：在中国的社会文化背景下，能人政治是不是具有深厚土壤的、唯一有效的模式？在中国农村基层政权建设中需要建立怎样的制度？这种制度如何规范或协调个人权威和民主之间的关系？

从滕头村的情况来看，前后两任书记的个人品格，使滕头村的领导班子能够在尊重书记个人权威的同时，保持足够的民主。但是，这种主要依靠最高领导者个人觉悟的民主，很可能会随着时间的推移和权力的加强而不断弱化，或者随着人事的更替而被摈弃。假如现任书记退休之后，继任者是一个缺乏像他那样的能力和精神的人，滕头村还会继续保持发展的活力吗？这一点，既是需要滕头人自觉探索和解决的一个实践问题，也是需要相关研究者进一步深思和解答的理论问题。

（三）从生活整体的角度来思考民俗文化

通过本次考察，我对滕头村人民生产发展、生活富裕、生态良好、村容整洁、社会和谐的现状有了切身的体验，对新中国60年里滕头村从一个极度贫困的村庄逐渐发展腾飞的历程，有了清晰的认识，尤其是对滕头村发展模式中体现的突出的能人政治特点，有了深刻的体会，进而对中国乡村制度建设和民主改革问题有了更多的思考。

本次调查，也让我更加深刻地认识到从社会生活整体的角度来思考具体研究对象的重要性。在人文社会科学领域的每一个学科当中，作为自己专业研究对象的某个文化事象，往往同社会生活的整体密切交融，而并不是明晰、普遍地漂浮在生活表面，可以随意摘取出来。离开了物质经济基础，根本谈不上什么文化；不了解政治、经济的影响，也无法准确地理解文化现象的内涵和价值。在过去我的调查主要都是围绕某项民间文化习俗而展开，尽管这些民俗事象属于人们日常生活当中的一个组成部分，但由于专业兴趣和研究目的的限制，我往往只把研究重点放在与习俗本身相关的内容上，对于其他方面很少关注。随着研究经验的不断积累，我越来越意识到这种做法的局限——它把眼光仅仅局限在对民俗事象本身的调查、描写和分析上。这种静态的关注虽然也有其价值，但从全面认识和理解该事象的内涵与功能的角度而言，还远远不够。因此，更合理的做法是，要在对人们生活全貌的观察中，把文化事象与活生生的人相结合，把文本与具体的生活语境相结合。这样，民俗就不再是那种静态的、被从具体的生活实际中抽离出来的文本，而是不断适应各种现实问题而变化的动态的“生存工具”，作为民俗主体的人，也就不再隐藏在事象的背后，而成为被关注的重点。

这次的滕头村考察，尽管涉及的主要内容不限于民俗文化，但我开始时也有意识地想围绕该村的文化传统进行更多调查。但在实际工作中我却发现，过去我因专业缘故集中关注的生活事象——民俗，在当地人的日常生活中，体现得并没有那么明晰、那么普遍。相反，它往往隐藏在生活之流中，附着在五颜六色的日常行动里，需要我们仔细去辨析，才能把它同其他生活事象区分开来；而更多的时候，它根本就无法与其他内容相区分，而且也没有必要做这种区分。也就是说，我们所思考和关心的民俗，只是民众生活中的一个部分，或者说是很小的一个部分。实际上，与民众生活休戚相关的还有很多其他方面的因素，比如来自国家政策的影响，来自具体生活环境的困扰，等等。所谓“民俗”，是在他们所面临的这些具体的、活生生的现实境遇中流动、变化和传承的！假如不去关心生活的整体，而只是抽取“纯粹的民俗”来观察，那样的做法，至少是无法得到有关民俗的完整意义的。

第五节　文化交流的魅力

史密森民间生活节（Smithsonian Folklife Festival）是美国久负盛名的一项大型公众文化活动，迄今已经连续举办50届。对于这项活动，我因美国民俗学界同行多年来不断地关注和介绍，早就十分向往，但一直没有机会亲眼看见。2014年6月底至7月初举办的第48届史密森民间生活节，是以中国和肯尼亚为主宾国，集中展示两个国家丰富多彩的非物质文化遗产项目。节会期间，我应邀担任了中国相关民俗事象的解说和相关活动的主持工作，终于如愿以偿，不仅近距离地观察了民间生活节，还作为活动的一分子，从头到尾参与了这一文化盛会。两个多星期的时间里，在帮助来自国内不同领域、不同地区的民间艺术家同形形色色的游客交流，或者围绕某一主题向游客集中介绍中国文化传统的过程中，我获得了许多崭新而真切的感受。

民间生活节的举办场地，是华盛顿的国家广场。这是一片位于华盛顿纪念碑、国会山、白宫、林肯纪念堂和杰弗逊纪念堂等华盛顿几大核心建筑之间的一片大草坪，史密森学会所属的多家国立博物馆，也环伺于草坪左右。这里是人们举办重要政治文化活动的场所，具有突出的政治文化象征意义，有人甚至把它比喻为美国的心脏。以民俗文化为主的非物质文化遗产项目，尤其是来自异国他乡的民俗文化，能够在这样一个场域得到持续半月之久的展演，其中的内涵可以说十分丰富，耐人寻味。

在本届民间生活节开幕式上，活动主办者史密森学会的负责人谈到举办活动的宗旨，一是要让许多原本陈列在博物馆里的各种静态的器物，通过相关器物传承者的活动，活态地呈现于人们面前，而这一点，是史密森民俗节最初创立的动力所在，也是其一贯的目标；另一点，则是要促进文化间的交流，强化文化间平等的理念，进而推动文化间的和睦共处。后一方面的宗旨及其达到的效果，同联合国教科文组织当前在世界范围内所倡导的非物质文化遗产保护工作有异曲同工之处，它也是使得民间生活节逐渐摆脱以往基于某种文化原教旨立场的诟病、并日益产生世界影响的重要原因。

中国代表团的民间艺术家来自汉、回、朝鲜、满、苗、藏、蒙古、侗等多个民族，所展示的项目，既包括具有强烈舞台表演属性的歌舞音乐表演，也包括多种传统手工艺品。每个项目相关的艺术家，在各自领域都具有卓著的成就，大都是国家级或省级的非物质文化遗产传承人或工艺美术大师。这样的组合，对于在史密森民间生活节这个大型国际文化舞台上，展示中国民族的多样性、文化传统的多样性和非物质文化遗产保护的成就，同时在国内外进一步提升非物质文化遗产的可见度，普及文化多样性的理念并丰富文化多样性的内涵，都具有十分重要的意义。

传统手工艺品大都带有突出的日常生活性质，但按照节会组织者的设计和安排，这些工艺品，尤其是它们的制作过程，都被纳入展演的体系，变成一种可以被观众观察和欣赏的艺术。而这一点，正是以史密森民间生活节为代表的文化活动不同于一般文艺演出的地方，它体现的是大的表演观，表演的概念并不局限于专门文艺团队的演出——尽管节会也设置了专门的舞台供这类团队来演出节目——而是使活动的所有参与者，都变成一个整体文化舞台上的“演员”。那些从事风筝、面塑、泥人、刺绣、拼布、香包、剪纸、芦笙、陶瓷等不同工艺品制作的艺术家，通过展示自己的代表作品，通过不断向参观者展示制作这些作品的过程并回答他们提出的各种问题，自然而然地完成了从日常生活的实践者变为特殊舞台上的表演者的角色转换。

如果说专门演艺舞台上的表演，在表演者与观众之间还存在一定的距离，工艺品展示区的表演则在很大程度上缩小了这种距离，用美国民俗学表演理论代表人物理查德·鲍曼教授的概念来说，这是一种被特定框架所限定的“交流模式”①，工艺制作家和参观者因相关工艺品而处于一种面对面的直接互动当中。由于来自国内的艺术家都不大会说英语，因此，我在许多展位都随时承担解说和翻译的任务。在本着平等交流、相互尊重的态度帮助艺术家同参观者交谈的过程中，我既对相关工艺品的知识有了更多了解，也切实地体会到了普通人之间那种以具有强烈日常生活属性的文化事象——也即非物质文化遗产——为媒介的交流所具有的独特魅力。

面对不同品种的工艺品，参观者常常会为其所体现的精湛技艺而惊讶，同时，也会提出五花八门的问题，比如，制作风筝的材料，刺绣的针法，拼布的图案，剪纸的技巧，制作某一工艺品所需的时间，等等。参加节会的艺术家大都曾走南闯北，见多识广，因此，不管什么问题，他们都能够从容不迫地予以回答，且颇显见识。例如，来自北京的哈氏风筝传人哈亦琦先生，不仅对中国风筝的源流、不同流派的特征等烂熟于心，提到风筝中一些重要概念的英文表述，他也十分清楚，结果无形中为我顺利翻译和介绍起到了帮助作用。来自朝鲜族的拼布艺术家金媛善女士，说到自己拼布艺术的发展演变历程、色彩运用技巧等，往往如数家珍，令观者赞叹不已。而尤其让我印象深刻的，是来自四川的羌绣

① ［美］理查德·鲍曼著，杨利慧、安德明译：《作为表演的口头艺术》，桂林：广西师范大学出版社，2008年版，第102～112页。

艺术家李兴秀女士，她在回答一位住在华盛顿当地的女士的问题时，展现出了特殊的智慧。那位女士问她："从你的作品看，你住的地方是山区。那你到了我们美国，到了华盛顿，觉得有什么不一样吗?"她回答说："我觉得基本上没什么差别，要说有差别，就是我们的饭都是做熟了吃，你们这里有好多菜都是生着吃。"我以尽量不伤面子的语气翻译了她的回答，待那位女士很不甘心地走了之后，我衷心地夸赞了李老师："您简直就是一位外交家!"当然，这种带有一定交锋色彩的对话，并不是很多。

节会的参观者包括多种类型。有些是在美国生活的华人或华裔，他们自然对中国展区的各种项目及其内涵有着较多了解，语言交流也没有问题，很多人都为看到自己国家的文化传统而由衷地高兴；有些是曾在中国生活过并对中国有所认识的西方人，他们甚至还会说普通话，见到自己有一定了解的文化事象，也自然地表现出了一种亲近感。但大多数的参观者对中国了解很少。我曾不止一次听来访者说到，自己十分喜欢史密森民间生活节，因为这个节日为他们提供了不必花费太多财力、不需长途跋涉就可以密切接触异国文化的机会。这些人，在与来自中国的节会参与者交流时，往往会提一些相对简单的问题。例如，我在参加"茶馆舞台"项目区一次有关中秋节的谈话活动时，有一位因为晚到没有听到我们开头的背景介绍的观众就问我：（公历）8 月 15 日月亮不一定都会圆，你们为什么要在这一天庆祝中秋节呢？这样的提问看似简单，却又同文化间的差异有密切关联，而针对这种差异进行认真的回答，对于增进不同文化传统之间的了解，又具有特殊的重要意义。

在十多天的日子里，每一天，在炽烈的骄阳下，在华盛顿国家广场的绿树浓荫中和节会搭建的帐篷下，伴着从演艺舞台不时传来的乐器声、演唱声，不同的艺术家、解说者和来自四面八方的参观者之间的交流持续地进行着，或热烈，或平静。无论形式如何，人们都是在以五彩缤纷的中国非物质文化遗产项目为媒介，来相互感知、相互了解、相互认识。经过一段时间之后，我发现，不少起初并不了解英语的中国艺术家，都学会了说“thank you”，而许多来参观的不懂汉语的人，也都在学着对我们说“谢谢”。这是一种潜移默化的影响结果，是多层面、多类型的家乡或地方文化在更大的国际平台获得展示，进而促成更广泛的人际交流并产生积极效果的一种表现。这种事实，进一步坚定了我如下的信念：无论是在怎样不同的文化传统之间，只要人们有了相互接触、相互展演自己传统文化的机会，就一定会为相互认可、相互接受创造良好的开端。而这一点，其实也正是国际社会之所以能够在最广泛的范围内展开非物质文化遗产保护工作的观念基础。

本章所涉及的个案，都是作者在家乡以外地区进行调查和研究的结果。与对家乡民俗的研究不同，在异乡的调查由于少了因面对家乡传统及父老乡亲而产生的各种心理负担和责任意识，因此，能够在更大程度上保持客观或中立。但另一方面，陌生环境一开始也为我获得翔实的资料和深入的理解造成了困难。在这样的过程中，在故乡调查中积累的经验（包括有关民俗事象的感受以及同人打交道的方法等），为我确立良好的田野关系、迅速进入田野过程提供了重要的参照。尤其重要的是，在家乡调查过程中养成的平等交流、同情理解的视角，对我更好地处理同陌生田野对象之间的关系、更加切实地从互为主体的立场出发来推进田野研究，产生了根本的指导作用。可以说，以家乡经验为基础，立足于家乡民俗学朝向当下、平等交流、共情理解的立场，我们实际上可以对任何地区的文化传统进行民族志的研究，在这样的过程中，也就没有了所谓家乡和异地、自我和他者的区别。

第十章　家乡民俗学视角下的当代民俗志

如本书第一章所述，受古老而深厚的修志传统影响，中国自古就有丰富的风俗志（或民俗志）成果。这种传统在现代民俗学兴起之后，又得到了进一步的激励和发展，大量风格各异、内容多样的民俗志著作层出不穷，为民俗学的繁荣和发展提供了重要的资料基础。尽管与当代较盛行的深描式的民族志研究报告不同，这一类著作主要集中于对去语境化[①]的民俗文本的记录，但它们仍然具有自己特殊的价值。本章主要通过作者从家乡民俗学“同情之理解”的视角对两部当代民俗志著作的批评，来讨论传统民俗志的特点和意义。

第一节　家乡民俗志写作的批评
——以《魅力秦源》为个案[②]

有关地域风俗文化的搜集和记录，在中国有着久远的传统，近现代不少学者认为，《诗经》中的“风”就是对具有鲜明地域色彩的民歌（语言类民俗）的辑录。而在历代不断涌现的地方民俗志书中，有很大

① 参看［美］理查德·鲍曼著，杨利慧、安德明译：《作为表演的口头艺术》，桂林：广西师范大学出版社，2008 年版，第 111 ~ 113 页。

② 本节主要内容为作者为赵文慧、史云龙著《魅力秦源》（北京：中国文史出版社，2011 年版）所作序言。

一部分，其调查记录者或作者，是来自所描写地区的当地人。像《东京梦华录》《梦粱录》《杭州遗风》等等，它们大都是在作者由于战乱、灾难或其他原因而离开家乡之后对故园生活的一种回忆式记录。由于这类著述的作者曾切身参与和体验故乡的民俗生活，能够理解和把握这些生活文化中所蕴含的深刻而复杂的意义，同时又对这些文化怀着深厚的感情，因此，这些著作不仅全面、详尽地记述了相关事象，而且真实、准确地展示了各种民俗事象的文化意蕴以及其中所寄寓的彼时彼地人民的微妙情感，成了后世了解不同时代中国地方文化传统的重要资料。

由当地人记录自己地方的生活文化，构成了中国古代民俗志写作的一个重要传统。作为现代学科的中国民俗学于“五四”时期兴起之后，不仅继承了这一传统，还对它做了进一步的发展。在民俗学发轫时期公开发表的诸多著作中，关于作者家乡民俗的记录或研究，占了极大的比重。可以看出，当时绝大多数的民俗学研究者和爱好者，都把自己家乡的民俗当成了自明的记录和研究对象予以关注。这种学术取向，蔚然促成了中国现代民俗学的一个主要流派，即家乡民俗研究或家乡民俗学。直至今天，它仍然在学科中占据着十分重要的位置，调查、记录和研究家乡民俗依然是许多民俗学工作者以及相关文化工作者关注的重点。

值得指出的是，按照民俗学的相邻学科人类学早期的主张，关于熟悉的地方的研究曾经是被排斥、被禁止的，其主要理由，是为了避免研究者因为过于熟悉自己的文化、对这种文化熟视无睹而忽略其中的各种重要因素，避免由于主观因素的过多参与而破坏研究的客观性。但是，尽管民俗学与人类学在观点和方法上有许多共享的方面，经典人类学中这种摈斥有关熟悉文化研究的重要原则，却没有对中国民俗学的家乡研究产生影响。其中的原因，大概在于民俗学主要是一门朝向我乡我民的学问，因此研究者把自己的家乡作为关注对象，似乎成了天经地义的结果。而记录者或研究者在家乡调查生活文化，不仅在生活环境、人际关系、语言等方面十分便利，也易于理解各种文化事象中包含的许多复杂、微妙的内涵，因此具有在异乡开展研究所没有的特殊优势，这也在一定程度上为家乡民俗学的研究提供了学理依据。20 世纪六七十年代以来，随着人文社会学科领域思潮的变化，人类学的学术主张也发生了巨大的改变，人类学的田野研究，不再被视作一种探寻纯粹客观规律的“文化科学”，而是被看成只能描写部分真实、反映部分真理的一门学问，于是，有关熟悉地方乃至家乡的研究，不仅得到了人类学的认可，还成了这门学科中日益重要的一个部分。可以说，随着学术思潮的变化和学科自身的转型，民俗学和人类学在有关家乡研究的问题上，最终殊途同归。

在过去的 30 多年中，随着中国社会经济的飞速变化，全国各地对于当地文化的热情也不断高涨，陆续涌现出大批记录、描写和探讨地方文化历史的著作。如前所述，这些著作大部分都属于“当地人写当地事”一类的成果。赵文慧先生的《魅力秦源》正是这类成果当中的一部。

该书作者是我的天水同乡。多年来，他凭着对文化研究的浓厚兴趣，尤其是对于家乡民俗文化特殊的热爱和记述、探讨的热情，完成了这部有关天水民俗文化的著作。看到这本书，首先让我油然产生了一种亲近感。尽管作者强调，全书的立足点主要限于今天水市西南部及礼县的几个乡镇，也即他所谓“狭义的秦源”，但书中所描述的许多生活文化传统，同位于天水市中南部的我自己家乡的习俗、方言等，十分相似，因此读来觉得既熟悉又亲切。这主要是由于两个地区均属于整体的天水文化圈，在生活文化的方方面面存在许多共享的成分。例如，书中所辑录并加以注解的各种方言词汇，像“炕眼儿门：烧土炕的孔门”“上坡里：指屋子迎门的正面墙上”“下井：水桶”，等等，连着去读，就像品味书中提到的“罐罐茶”，醇厚而又绵长。我在北京生活工作已有多年，虽然还能轻松自如地说家乡话，但不少与二三十年前家乡生活方式相关的词汇，不但是我，就连一直生活在老家的很多人，也基本不再说了。文慧君搜集的大批语汇，内容丰富，涵盖广泛，它们（以及有关衣食住行等各方面习俗的描写）所蕴含的浓郁的家乡泥土气息和作者深厚的家乡情怀，也唤起了我自己少年时代的记忆，使我得以重温过去的生活历程，可以说给了我一种特殊的精神享受。

本书除了全面记述家乡民俗事象之外，还包括当地楹联文赋、名胜古迹、地方文物和人物等方面的材料，以及有关方言、地方历史、风俗的考证文字，从中可以看出作者试图全方位记录和展示家乡文化风貌的决心和努力。不过，它主要还是一部地方民俗志书。下面，我就结合自己的专业，从民俗学的角度来谈谈阅读本书后的感想。

本书对于家乡生活文化的记录，基本是按照传统民俗志的思路和体例来进行的。其主要特征就是在一般性分类的基础上，对不同民俗事象分门别类进行静态的概括性描述。例如，在本书中，作者把家乡的民俗分成了节日民俗、交际民俗、生辰民俗、婚嫁民俗、信仰民俗等多种类型，再分别加以描写。这种做法的一个好处，就是能够尽可能全面地概括和总结一个地方生活文化传统的全部内容。今天，随着学术的发展，在民俗学的田野研究中，越来越强调突出文化主体、突出个性的写作风格，以往那种把所有地区的民俗都按照某个相对固定的分类体系划分为不同门类加以描写的做法，开始被贴上“均质化”“忽视主体”一类的标签加以批判，同时，陆续涌现出了一批以突出主体能动性和具体生动的事例为特征的民俗志成果。这无疑从方法和材料两个方面对民俗志的写作起到了推动和丰富的作用。但是，当重视主体、倡导个性化的民俗志写作日益成为民俗学工作者的共识、概括性的民俗描写日益受到批判乃至摈弃的情形下，重新思考以往的民俗志传统，我们又会发现其中仍然具有不容忽视的学理意义和社会文化价值。

实际上，那种一般性的分类和描述，体现的是人们力图从整体上理解和把握纷繁复杂的文化现象的努力——事实证明它也的确是把握世界的一种有效方式，既能够全面展示地方文化的每个方面，又能够揭示当地文化的一般特征。就不同区域、不同文化之间的交流而言，用一个普遍概念来概括不同地域、不同人群中流传的具有某种共同特征的文化现象，并按照普遍接受的分类目录对其具体事象加以描写，也有助于人们在“人同此心，心同此理”的心理基础上来达到相互理解。同时，在中国这样一个历史悠久、地域广阔、文化多样的国度，一般性的民俗志（以及其他各类地方志）的写作传统，实际上也在客观上起到了强调共性和认同、增强凝聚力的作用。所以，在提倡民俗志书写应加强个性化、突出主体性的同时，我们不应该走向极端，彻底否定那种按照一般性分类来静态描写民俗事象的做法，尤其要警惕和避免因忽视整体把握而陷入过于琐碎的所谓个性化描写的趋向。在这个意义上，我认为文慧君完成了一项有价值的工作。他凭着自己在家乡的生活经验和记忆，尤其是凭着多年来孜孜不倦的调查、访问和考证，在书中十分全面地记录和呈现了家乡生活世界的方方面面。其中既包括大量至今仍在人们生活中传承的鲜活内容，又包括许多已经或即将被现实生活所遗忘或丢失的事象，搜罗极其广泛，材料十分丰富。由于作者身为"本地人"，在理解各种文化现象方面具有得天独厚的优势，因此，书中对不同材料的解释也大都恰当、准确。作为一部既全面概括又具体而微地记录家乡民俗文化的扎实著作，本书的价值，不仅仅在于展示作者家乡的魅力，表达作者对于家乡的深厚情感，尤其重要的是，它还为有关天水历史文化与社会生活的研究贡献了宝贵的资料和积极的思考。

当然，每一部著作都难免会存在这样那样的不足，本书也不例外。其中还需要进一步思考和完善的地方，主要表现在对各种文化事象的分类标准和叙述方式方面。书中把"民俗风情"和"山歌民谣""传统技艺"等，作为并列的内容来对待，这与当前民俗学领域比较普遍的理解有所差别。按照后者的标准，"民俗风情"中应该包括"山歌民谣"和"传统技艺"，前一项与后两项之间属于包容关系。作者目前的这种处理，或许是由于后两项内容过于丰富，因而需要更加突出其重要性。另外，书中所记述的每一门类下不同的具体文化事象，其流传可能有不同的时间性或个体的差异性。例如，在过年习俗中，作者提到当地大年初一会有"摔担""摸牛角"等活动。据我所知，这类习俗数十年前在天水一些地区流传很广，但现在很少见到；可以说，与书中同一章节提到的至今仍然流传的"送纸、拜年"等习俗相比，它们属于过去的节日习俗。对这样的情况应该加以交代。以往大多数民俗志书容易招致批评的地方之一，就是往往把不同时期甚至不同地区的同一类习俗活动罗列在一起，不注明其时间性和区域性，从而容易让人以为它们是一种共时的、集体性的行为规范。而今天在大众传媒乃至学术论坛等很多场合，不少人一谈到中国人的过年习俗，都要说大年三十儿包饺子、吃饺子，把它看成全国统一的行为，这种做法，在观念基础上同传统民俗志中对民俗事象均质化的处理是一脉相承的。

另外，作为家乡人写家乡事的著作，还需要尽可能注意避免由于对家乡过度浓烈的情感而影响对问题的准确判断和理性认识。这一点，不仅是文慧君需要注意，也是值得包括我自己在内的许多家乡民俗调查研究者时刻警醒的问题。

总的来说，本书既全面记录、描绘了天水民俗文化的全貌，又抒发了作者对家乡文化的深厚情感，堪称一部扎实、深入的地方民俗志书。作为作者的同乡，我既为看到自己家乡的生活文化得到如此细致、精心的梳理和描写而高兴，又为作者利用业余时间完成这样一部成功著作而欣喜。而文慧君在书中表达出的对故土的无限眷恋，在让和他一样长期工作生活在外地的我感同身受之余，也更进一步加深了我对自己家乡无穷魅力的认识和理解。

第二节　综合比较式的物质民俗志

——以《乡食美刻》为例①

前几天，在哈佛广场附近的一处小店里，正好看见面点师在给蛋糕做裱花。尽管这是所有西式糕点房常见的景象，我却忍不住盯着多看了

① 本节主要内容为作者为王来华著《乡食美刻——广西传统糕饼印模珍赏》（桂林：广西师范大学出版社，2020年版）所作序言。

一会儿。看着奶油从简简单单的裱花嘴里挤出后被堆塑成五彩缤纷的花朵，我忽然想起了小时候时不时见到的花馍。在我的老家天水，花馍主要是用来向有新生婴儿的人家表示祝贺和慰问的发面烙饼，饼的边缘和正面要做出好看的花纹。雕刻花纹的工具，是一个开口两端为锯齿状的铁皮夹子，几乎每家都有，看上去比蛋糕裱花嘴还要简单许多，却能够把一块普通的面饼打扮得精美绝伦。那时候大家生活都不富裕，白面更是稀有物，但每逢亲友家有弄璋弄瓦之喜，烙制花馍前去恭贺却是每一家都不能省的礼仪。这种在特定时节以专门工具对普通面食所做的特殊处理，在表达特殊意义和目的的同时，也不时为平淡的日常生活增添了难得的亮色。这一点，其实同蛋糕上的裱花并无二致。更进一步说，世界各地不同民族的人民，在自己的饮食习俗当中都创造和积累了多种多样的食材处理方式，它们既充分发挥和展示着具体食材可供开发的多种属性，又表达着无比丰富的文化意义。换言之，对于人类而言，食物不仅仅是满足基本生理需要的果腹品，还是同观念和情感表达密切关联的象征物。这大概也可以看作使人类有别于一般动物的一个重要因素。

为了加工制作食品，人们发明创造了各式各样的专用工具，就像蛋糕裱花嘴和花馍夹子。这些工具，有的简单，有的复杂，有的相对粗糙，有的格外精致，构成了传统民俗器物中的重要内容。它们往往因群体、地域、民族，以及经济条件或历史阶段的不同，而在具体的技术应用及象征符号使用等方面有很大差别，但在赋予食物超越基本生存品的文化意义方面，又有着本质的一致。同时，它们都是适应一时一地特定的社会历史语境及生活实践而形成，并在当时当地人民的现实生活中发挥着实实在在的作用。因此，对某个地区的食品加工工具进行搜集、整理和研究，可以说既是认识当地饮食文化传统又是探究相关社会生活、伦理观念、审美取向及其发展历史等多种问题的一条有效途径。这种关于器物的研究，在民俗学中被归为“物质文化”研究的范畴，在一些国家如韩国、日本的民俗学界占有十分重要的位置。要做好这类课题，首先需要对所关注物品进行全面广泛的搜集，并要对每一个具体物件的属性做细致的考察和了解，也就是说，需要有足够的耐心和扎实的功夫。可惜的是，不管过去还是现在，中国民俗学界有关民俗器物的研究还颇为稀少，这与我国各地存在大量民俗器物的事实相比，实在是一种莫大的缺憾。

王来华教授的《乡食美刻——广西传统糕饼印模珍赏》，在弥补上述这种缺憾方面，必将发挥积极的作用。而我之所以会产生前面所说的那些联想和感慨，也正是因为自己最近有缘先睹为快，阅读了这部作品。这是一部荟萃作者所搜集广西各地糕饼印模资料并予以基本研究的著作。甫一开卷，我就为书中精彩纷呈的糕饼模具图片所吸引和感动。图中那些带着岁月印迹的形式各异的印模，每一个都体现着丰富的想象力和创造力，又仿佛传递着当年使用者满腔的愿望，在给人一种特殊审美愉悦的同时，又让人浮想联翩。

这些模具，首先是优美的。其线条之流畅，图案之和谐，雕刻之细腻，无一不展现出高超的艺术水平。中国美食历来讲究“色香味俱全”，强调饮食活动中感官的统合愉悦，而“色”在第一位，可见食物诉诸视觉的品相尤其受到特别的重视。这是超越最基本生理需求的更高追求，也可看作人类审美天性的一种表现。用如此精美的印模制作出的糕饼，不论内部食材如何，即使是用普通面粉所做，单凭其棱角分明、生动鲜活的图案和造型，也已经足以令人赏心悦目了。

其次这些模具又包含着丰富的文化意义。全书主体部分，把所搜罗的资料分为“花卉印模”“禽鸟印模”“蝶和蝙蝠印模”“龙凤印模”“鱼（及虾蟹、青蛙）印模”“麒麟、狮子、鹿、马等印模”“果蔬印模”“人物印模”“百子图印模”“八仙法器印模”“吉祥语（字）印模”“抽象类图案印模”和“组合类与瓷类图案印模”，共十三类，分别予以展示和介绍。其中，前十二类中的主体形象除了一些具有广西地方特色的内容，如当地花卉果蔬等之外，无论动植物、人物还是吉祥语词，都是中国传统文化中常见的吉祥符号。它们集中在一起，可以说构成了中国传统象征符号的资料库。而每一个印模，作为一种用于不断复制同一图案或造型的食品加工工具，都以一种具象的形式，把传统观念中的某个重要意象固定在糕点上，为后者赋予了超乎日常普通食品的意义，使之成为人们在特定情境中表达心愿、交流观念的重要媒介。同时，人们通过重复制作或消费这些带有固定形象或图案的食物，又不断巩固着对相关象征符号及其意义的认知和理解，从而起到了进一步维护和规范其所对应的社会价值的作用。

当然，不同印模上的符号所传递的具体意义，以及它们在人们心目中的重要程度，必然会有差别。对普通人来说，使用印模或消费用印模制作的糕饼，可能往往与特定的时间节点或社会交流事件有关，例如节日、庆典、宗教祭祀或走亲访友等。对这一点，本书作者也有清楚的交代。另外，从作者的介绍可知，书中所收录的不少印模原属于专门的糕饼店，也有一部分可能是家庭生活用具。糕饼店自然会一年四季制作糕饼，但消费者通常却是出于特定的原因来购买糕饼，无论是为了馈赠亲友还是为了庆贺节日，都是为了满足不同于日常活动的目的。与此类似，那些属于一般家庭的模具，大概也不是每天都会使用，而是在有特别需要的情况下才会用到，正如天水的花馍夹子。那么，人们究竟是在怎样的情境下才会制作（或购买）这些糕饼？不同图案或造型的糕饼，在人心目中的具体意义有没有差别？某些图案或造型的糕饼是不是只能用于特定的祭祀或庆典活动；反之，某些活动中是不是只能用专门图案或造型的糕点？诸如此类的问题，尽管本书由于其主要目的所限没有展开讨论，却在开头和结尾的分析当中呼之欲出，或许早已列入作者下一部大作的计划当中了。

本书的主要内容，是对作者所藏糕饼印模资料的集中展示。但全书的视角并没有限定在这一个方面，而是以调查为基础，同时讨论了印模的使用情境及使用者等相关背景问题，为认识这类民俗器物的活态传承提供了一个基本框架。这就使该书具有了比一般收藏品集录更为开阔的格局。常见的收藏品集录大多是集中在收藏品本身，对其属性、结构、特征等进行细致介绍，而很少关注这些藏品在实际生活中的使用与功能等问题。这也是过去许多博物馆陈列常见的做法。随着学术观念的不断发展，一些博物馆学者和收藏家开始把眼光扩展到藏品的使用语境，出现了结合语境对相关收藏品进行综合展示或讨论的做法。美国的史密森民间生活节，就是由博物馆和民俗学领域的工作者本着“让文物活起来”的目的而创立的一项大型文化展示活动，目前已经成为享誉国际的文化盛会。近年来，随着非物质文化遗产保护运动的广泛展开，中国非遗保护界所提出的“见人见物见生活”的保护理念，尤其对有关民俗器物的研究向综合立体方向发展具有重要的促进作用。不过，从相关的具体实践或研究来看，这方面依然存在着很大的提升空间。在这一点上，王教授充分借助作为社会学、民俗学等相邻学科看家本领的田野调查手段，对广西各地的糕饼印模流传、应用及制作现状进行了实地考察，分析不同地区印模风格和当地自然与社会文化背景之间的关系，并围绕当地“熟食生做”的制饼习惯对印模雕刻艺术的影响等问题得出了有力的结论，从而使本书在一定程度上成为以糕饼印模为主而展现的立体综合的生活文化图谱。

作为一位民俗学工作者，我和王教授素未谋面，但经桂慕梅博士介绍，对他有了较多的了解，知道他是一位有成就、有影响的社会学家，而他对糕饼印模的大量收集和研究，完全是出于个人的兴趣和爱好。这一点令人印象极其深刻。从收藏方面来说，尽管兴趣或特殊的情感关联是人们收藏特定物品的根本动力，但就大规模的收藏而言，对藏品经济价值的追求也往往是一个重要目的。相比于那些历史文物或珍惜古玩类的藏品，糕饼印模这一类的民俗器物，只是近现代以来随着人们对民间文化价值认识的提高及民俗学的兴起，才逐渐进入爱好者的视野，对它的收藏，非但不一定能带来经济效益，甚至可能还要额外付出大量的资金。但王先生数十年来却能够坚持不懈且不惜代价地加以收集，完全是出于对这类物品的执着热爱，以及对其文化价值的清醒认识。从研究方面来说，按照当下严格（或许也可谓“狭隘”）的学科划分，他对糕饼印模的探讨，更多属于民俗学领域，与作为他专业的社会学之间有着较大的距离。但这种不拘一格、心无旁骛的专注和努力，却更有助于成就一番事业。人们常说，能够把兴趣和工作结合起来是一种莫大的幸福。在糕饼印模研究方面，王先生做到了这一点。这或许是他能在一个跨专业的领域取得突出成绩的重要原因，也是令我既羡慕又格外感动的地方。因此，我才不揣浅陋，答应为他这部即将付梓的大作写几句话，在向这位学长表示祝贺的同时，也向他专注、执着、孜孜以求的精神致敬！

区域性、个案式的研究，目前已经成为民俗学及人类学等相邻学科中的主流研究取向。这种方法，以对地域文化差异性及特定社区或村落独特个性的承认和强调为前提，为认识和理解丰富多彩的区域文化，以及文化同具体社区之间的复杂动态关系及其多样性表现，引领产生了大量既富有资料价值又极具思考深度的民族志成果。然而，作为一种因矫正以往本质主义立场上对文化均质化的理解偏颇而产生的研究视角，随着其不断普及和推广，它在导致诸多新成就的同时，其日益突出的研究碎片化现象，已经引起学界的较多关注：大量基于特定社区或村落调查的成果，在对“地方性知识”这一概念过于简单化的理解之下，很容易走向拘囿于狭隘范围自说自话、缺少理论概括和范式提炼的状况。在这样的背景下，重新思考有关文化的综合性描述和比较的方法，尤其具有重要的学术意义。本章所涉及的个案，只是当前大量涌现的同类型民俗志中的普通两部，对笔者来说，对它们的选取也具有一定的偶然性。但是，从平等交流、同情理解的互为主体立场出发，我们却能够发现这两部著作的独特价值，以及它们从不同角度为家乡民俗学所强调的比较视野带来的启发。

结语　走出乡愁的民俗学

家乡民俗学以其鲜活的田野实践，进一步证明了这样一个理念：民俗学就是关于我们自己身边生活的学问，而不是追逐奇风异俗的猎奇行为。民俗学的研究场域，完全可以是我们周边的环境，既可以是我们远在乡村的老家，也可以是我们身处繁华都市的新家——所谓都市民俗学，其实很大程度上也可以从家乡民俗学的视角来加以理解和认识。[①] 而家乡民俗学中的“家乡”这一关键词，在新的时代背景下，也为民俗学的进一步拓展提供了更广阔的空间，特别是当它同“乡愁”“都市化”或“城镇化”之类的流行概念相结合的时候。

当今中国，随着城镇化步伐的日益加快及人口流动的日益频繁，“乡愁”正逐渐成为备受关注的关键词。作为一种重要的心理现象，乡愁因社会变迁、个人或群体的迁徙而产生，不仅由来已久，而且与社会发展历程始终相伴，构成了人类精神文化史中不可分割的组成部分。

一般而论，乡愁，是个人或群体因与其故园分离而产生的思念与忧伤的情绪。这种分离，在不同历史时期、不同社会形势下，表现也各不相同：有的是因战乱、灾祸等破坏性力量而导致的迫不得已的离散，有的是因经商、读书、仕宦等主动选择而造成的分别。今天，随着现代化、城市化浪潮的加剧，由于传统生活方式的急速变化乃至消亡而生发的焦

① 参看本书附录四《形象与想象：柏林的都市民族学》。

虑和失落，又构成了许多人心中挥之不去的集体性乡愁。不同的离别原因，使得乡愁的表现形态及忧伤程度有这样那样的差别：与故土的被迫离散所导致的乡愁，是漫无边际、无可把握的思念与巨大悲怆；主动离别造成的乡愁，是乡国万里却始终对重返故园怀着希望的忧思；而现代化所引起的乡愁，则是在以发展为主题的历史潮流中眼见传统田园生活消亡却无可奈何的怅惘。

无论表现形态与强弱程度如何，每一类的乡愁对于正处在忧伤情绪中的个体或群体来说，总是意味着不同程度的苦痛。因此，通过各种方式排解乡愁，成了背井离乡者极为现实的精神需求，历代之所以会出现大量有关乡愁表达的文学艺术作品，便是源于这样的需求。

然而，与此同时，在每一类乡愁当中，却都体现着一种高度一致的情怀，那就是对于家园、对于过去的深厚情谊和无限眷恋。正是由于具有这样的情怀，每一个个体才得以同特定的历史、特殊的地方、特殊的人群连接起来，成为具有社会化意义的真正的“人”。而这一点，也使得乡愁客观上具有了强化地方认同、民族认同的积极功能，而不仅仅是单纯的离愁别绪。正是在这个意义上，“记住乡愁”才具有了别样的价值——值得我们记住的，是凝结在乡愁中的对民族传统、对家国、对亲人不容割舍的浓厚感情。也正是在这个意义上，当人们与家乡离散或分别的痛苦得到一定缓解之后，乡愁在回望时才会显出某种特殊的美感。

面对当前乡愁问题引发社会各界广泛兴趣的形势，民俗学有着义不容辞的责任，来参与相关讨论，并为解决与乡愁有关的社会与文化问题贡献具有特定学科视角的学术成果。在这方面，家乡民俗学的视角，尤其具有得天独厚的优势。

在本书当中，家乡民俗学，既是一个研究的范畴，又是一个视角与方法，还是一种有关文化交流的立场和态度。作为研究范畴，它指的是民俗学从兴起至今贯穿始终的一个重要学术取向，即研究者以其家乡民俗事象为调查、记录和研究对象的主张和相关成果，它占据了中国及世界许多国家民俗学的主体。作为视角与方法，它是指以新的学术思潮为参考，对这种取向所生发和呈现出的理论方法的提炼、总结和发展，具体可归纳为“平等交流、相互尊重”“同情理解、共情批判”及“朝向当下”的理念和原则。这种视角与方法，不仅对有关熟悉文化的研究、对反思和调整传统民俗学“向后看”的学术取向具有指导意义，而且对有关一般文化的民族志研究也有积极的参考价值。作为文化交流的立场和态度，家乡民俗学则能够以根植其中的比较视野与“间性”特征，为地方性的社区文化同更大的区域文化、国家文化乃至全球文化的交融，为不同文化之间的相互理解与融合，发挥不容忽视的促进作用。在这样的基础上，家乡民俗学既可以为家乡民俗的研究者提供梳理、表达和检视现代性乡愁的契机，又可以为这些研究者及其父老乡亲超越乡愁、朝向更为广泛的人类命运共同体创造无限的可能。

附录一　在平凡的日常生活中发现不平凡的意义
——我在民俗学专业的学习和工作心得

自20世纪70年代末以来，我国的民俗学，像人文社会科学领域其他许多学科一样，经历了从过去一段时期的沉寂、停滞到复兴、发展并逐渐走向成熟的过程。作为从90年代初期开始进入这一专业的一名研究人员，我可以说既是学科复兴、重建和不断发展完善过程中的受益者，也是这一历程的见证者和参与者。在时代的洪流中，在前辈老师所开创的广阔学术道路上，我获得了各种充实自我、奋力前行的机会，同时，也通过个人的努力，为这一学术道路的拓展和延伸发挥了些微的作用。

一、在北师大的学习经历

1991年秋天，我从北京师范大学中文系（也就是现在的文学院）本科毕业之后，考入同系的中国民间文学专业读研究生。之所以选择这个专业，是因为凭着在本科阶段学习民间文学概论的经验，我认为它是一门既可以让人天马行空地思考理论问题，又必须脚踏实地地积累材料的学问。而这一点，恰好能够满足自己当时对许多学科都很好奇但又没有明确方向的学习需求。

我的导师是张紫晨教授，他是钟敬文先生20世纪50年代指导的第一批研究生中的一位。张先生当年60岁出头，学术积累和工作精力都处于鼎盛阶段，他和钟先生是民间文学专业当时仅有的两位博士生导师。

幸运的是，那时候由于学生人数少，我不仅可以经常同导师见面，还可以随时向钟先生请教。两位先生亲切随和的态度，让我很自然地成了老师家中的常客，除了时时接受耳提面命，还得以近距离地感受他们在事业上执着前行、奋进不止的精神，以及宽厚包容、谦和平实的人格魅力。我至今也难以忘记，每次去拜见两位先生，尽管进的是不一样的家门，看到的是两位不同的老师，但他们几乎每天不变的奋笔疾书或伏案阅读的样子，却是高度相似！每次谈话时，老师表现出的平易随和，以及对我的幼稚乃至无知的包容，则不断加深着我对民间文学（民俗学）这个学科的第一印象：它是一门富有人情味和亲和力的学问。

1992 年年初，张先生不幸因病去世，这是北师大及全国的民间文学专业的巨大损失，也让作为学生的我们，一时仿佛成了孤儿。后来，我和师姐张丽莉转入刘铁梁老师门下继续学习，已数年不招学生的钟敬文先生也不得不再度出山，接收并继续指导杨利慧等原属张先生名下的在校博士生。民间文学教研室的老师和同学花了很长一段时间，才逐渐走出了这个突然变故造成的阴影。1994 年，钟先生再次开始招收博士生，我顺利通过考试，在完成硕士论文答辩之后，正式成为他的及门弟子。

我所在的专业，国家学科目录中规范的名称叫“中国民间文学”，但在我所参加的硕士生和博士生两次入学考试的招生简章中，学科名称都以“中国民间文学（含民俗学）”的形式出现。这是特殊历史原因造成的结果。按照钟敬文先生等老一辈学者的观点，民间文学属于民俗的有机组成部分，民间文学研究本应是民俗学的分支学科。但 1949 年以后很长一段时期，受特定社会历史背景的影响，有关民间文学的研究得到了较大的支持和发展，对口头文学以外其他民俗事象的研究，则在“民俗学”的名义下受到排斥和摈弃。70 年代末期以来，随着政治与社会文化环境的改变，钟敬文先生视民间文学为民俗学“学术国家里的一部分公民”的看法，得到越来越多的推广和接受，许多以往被禁锢的话题，如仪式、信仰、社会组织等，逐渐受到民间文学研究者的关注，成为越来越重要的研究内容，由此促成了民俗学的复兴。然而，由于国家学科管理制度的影响，复兴起来的民俗学，暂时只能依附于现成的民间文学专业来开展人才培养和学科建设工作。

这种看似“小管大”的状态，实际上起到了拓展学科范围、促进学科建设的重要作用。从入学之初，我就了解到，在民间文学教研室，除了故事、神话、歌谣等民间文学范围的各种体裁之外，节日、信仰、丧葬习俗等属于一般民俗事象的内容，也都是各位老师和历届学长关注的话题。而我们所学的课程，既包括民间文学研究的理论、方法和学术史，又包括民俗学的相关内容，这更是突出体现了民间文学研究与民俗学同属一个学科的认识。可以说，正是这些多样化的研究，以及对民间文学研究与民俗学关系的重新强调，促成了 20 世纪八九十年代以来中国民俗学以民间文学研究为基础而不断发展、日益兴盛的局面。

二、对于民俗学学科属性的认识及个人研究兴趣的养成

六年的研究生训练，让我从多方面得到了提升。在专业方面，我最大的收获主要有这样三点：首先，是养成了注重实证、强调从材料出发的学风。这一点，是钟先生及民间文学教研室始终倡导的研究取向。无论是组织我们进行课堂讨论，还是指导我们选择论文题目、写作学术文章，老师总会结合各种细节，纠正我或其他同学身上可能出现的玄虚倾向，强调实证精神在民俗学研究中的重要性。而作为实证研究重要方法的田野作业，尤其得到了越来越多的重视。那段时期，刘铁梁老师经常立足于自己多年的田野经验，不断强调田野作业是综合研究过程而不只是资料搜集方法的属性和意义，对大家深入认识田野研究的本质发挥了引领作用。由于这些要求也符合我自己开始学习民间文学专业时的期待，即希望从事一门既有理论探讨又立足于现实材料、而不是以空对空的玄想为主的学问，因此，它们很容易就在我内心深处扎下了根，并成为我自己后来从事专业研究的基本准则。

其次，是把民俗学理解为一门既有强烈本土特色又有突出国际比较

性质的学问。在我读研究生期间，民间文学专业经常会接待国际学者进行学术交流，几乎每个学期，都不时会有来自美国、日本、韩国、澳大利亚、加拿大等不同国家的民俗学者或历史学者来举办学术报告，这在当时的条件下是很少见的一种现象，尤其是与其他文科专业相比，就更显得突出。之所以会出现这种现象，同钟先生的学术成就和个人影响，以及北师大民间文学教研室的地位有很大关系，但更主要的，还是由于民间文学研究（民俗学）本身是一门具有强烈国际性的学问。就它的对象和材料而言，这门学科当然有着突出的本土特征，而且必然会立足于强烈的本土化实践。但从其理论、方法而言，它又有着不同国家、地区之间广泛的共享属性，特别是能够彰显不同的具体民俗事象在共同的一般性概念即“民俗”之下的通约性。这正是我们能够欣赏不同国家学者在报告中展示千姿百态的民俗文化事象并理解其意义的基础。

再次，对我来说也是最有意义的，那就是把民俗学看作有关我们身边的传统文化的学问。最早接触民俗学的时候，我对这个专业还怀着一种浪漫的想象，总觉得它应该是那种背着行囊、披着霞光，在遥远、陌生、险峻的群山峻岭中寻找和发现异域风情的活动。但随着不断地学习，才逐渐认识到，民俗其实不仅仅是那些陌生的奇风异俗，相反，它更多指的是我们身边那些平平常常的生活文化；民俗学的主要任务，并不是以猎奇的心态去追逐陌生风俗，而是要在平凡的生活中发现不寻常的意义，在普通的世界里寻找并不普通的诗意。我的硕士论文和博士论文，包括学士学位论文，都选择自己老家甘肃天水地区的民间信仰习俗为调查研究对象，除了因为在家乡调查有诸多便利之外，主要还是基于这样的一种认识。而硕士生导师刘铁梁先生、博士生导师钟敬文先生，以及学士论文指导老师董晓萍先生的包容、支持和精心指导，则为我顺利完成这些论文写作提供了根本保障。

我读研究生的那个时期，是中国民俗学经历从文化史的研究向民族志的田野报告转型的阶段，钟敬文先生所强调的民俗学是一门历史学、更是一门当代学的观点，正越来越得到学界的普遍响应。我的硕士论文和博士论文，也可以说是这一趋势影响下的产物。作为北师大民间文学（民俗学）专业较早出现的以特定区域田野调查为中心、以民族志报告形式展开的学位论文，它们后来又变成了民俗学当代学术转型过程的有机组成部分。尤其重要的，是它们的写作为我以后提出并比较详细地讨论“家乡民俗学”的命题奠定了基础。

明确提出并讨论“家乡民俗学”概念，是我参加工作数年之后的事。1997 年，我取得博士学位之后，在程蔷老师的举荐和帮助下，来到中国社科院文学所民间室工作。这是一个与北师大民间文学教研室一样有着悠久历史和丰厚学术传统，同时又充满了团结、友善和人情味的民间文学研究机构。在这里，我得到了更多新的锻炼和提高的机会。一方面，各位前辈老师扎实严谨的治学态度，让我进一步受到启发和激励，增强了在学术研究中求真务实的意识；另一方面，通过与吕微等同辈学长的不断交流，我对理论问题的思考变得更加自觉——这大概对我后来比较深入地讨论家乡民俗学问题有潜移默化的影响。2000 年，我有幸和妻子杨利慧博士同时得到国家留学基金资助，到美国民俗学教学研究的中心——印第安纳大学民俗学研究所进行为期一年的访问研究。在那里，除了积极认真地学习以理查德·鲍曼教授为代表的表演理论，以及亨利·格拉西等教授充满诗意的民族志研究理念与方法等，我还对当时研究所内一些年轻教师和研究生热切关注的个人叙事和家庭史等视角和方法产生了浓厚兴趣。这些视角和方法，与我所做的有关家乡民俗传统的研究之间，有诸多契合之处，对消除我过去或多或少存在的认为自己所做家乡研究不够“科学”的顾虑，起到了十分积极的作用，也促使我开始更加自觉地从理论和方法上去反思自己以往所做研究的特征。

在以上诸多因素共同影响下，通过梳理中国民俗学的历史，总结个人研究经验，我在 2002 年前后首次提出“家乡民俗研究”（后来称之为“家乡民俗学”）的概念并进行了较为全面的讨论。借助这个概念，我希望不仅能够概括中国民俗学发展史上基于家乡生活文化传统的观察与研究而形成的一个重要研究取向，并为理解学术史提供一个特殊的角度，而且能够结合新的学术思潮来总结这种取向所具有的视角与方法特征，从而起到丰富和加强民俗学理论体系的作用。经过一批志同道合的同人的共同参与和深入讨论，目前，这一概念，以及一些老师或同人提出的其他诸多观点，如“标志性文化统领式的民俗志”“田野研究中的五个在场”“历史民俗学”“艺术民俗学”“神话主义”“传说动力学”，等等，已经变成当代中国民俗学领域具有较大影响的话题。这在一定程度上可以看作是对20世纪末以来以钟敬文先生“建立中国民俗学派”的倡议为代表的学科本土化追求的一种呼应，以及由此而导致的理论创造力不断高涨的结果。

三、有关民俗学学科地位与学科属性的认识和论争

不过，令人遗憾的是，我们的专业叫“民间文学”也好，叫“民俗学”也好，却始终在整个人文社会科学领域处于较低的位置。以过去多年来全国唯一的民间文学博士点北师大民间文学专业为例，它虽然是中文系当时唯一的国家重点学科，虽然作为学科领导者的钟敬文先生在整个学校乃至更大范围内都享有极高的地位，但在全系的学科规划、经费支持、课程设置等各方面，民间文学专业却还是常常被放在次要位置，无法与其他一些传统的大学科相提并论。在这方面，钟先生有两个细节让我感触极深。一个是，在20世纪90年代中后期，面临科研经费、出版经费十分紧张的形势，他多次说过，就是当裤子也要坚持搞学问。这种令人落泪的黑色幽默，表达了老师在专业研究上矢志不渝的决心，但也从一个侧面反映了当时民俗学的地位。

另一个是，钟先生在许多场合都经常会说，他最好的学问在于作诗，自己以后去世后，在墓碑上写“诗人钟敬文”就足够了。这固然体现了诗歌在他心目中的崇高地位，体现了他对诗歌的无比热爱，但同时也可以看作民俗学尴尬地位的某种证明——即使是被许多人赞誉为“中国民俗学之父”的钟敬文先生，也仍然对民俗学怀有一种潜在的危机感，或者说某种程度的不自信。这使得他在与外界的交往中，时刻会注意通过

另一种身份来突出自己的价值。尽管比起中国民俗学早期的其他开拓者，如顾颉刚、容肇祖、刘半农等人——他们以爱好者或“票友”的角色推动了中国民俗学的发端，最后却又都回归或转向了其他专业——钟先生已经是这个专业中持之以恒的楷模，但在他的内心深处，仍然自觉不自觉地存在着“诗”高于民俗学、“诗人”高于“民俗学者”的比较。上学时，我曾忐忑地对钟先生讲过自己的这种认识。老师当时未置可否，但当时在场的钟先生女儿钟宜老师却笑着说：“王富仁老师也有过类似的说法。”

后来，随着对国外民俗学的了解逐渐增多，我发现，这门学科在不同国家地位有很大的不同。在芬兰、韩国等国家，民俗学因其在民族独立或强化国家认同的过程中曾发挥的重要作用而享有很高的地位，这两个国家的科学院都有专门为民俗学设置的院士位置。而在美国、德国等国家，这个专业要么始终属于一个“长不大的小学科”，要么由于特殊的历史原因丧失了曾有的荣耀，经常处在为地位和生存空间而努力奋斗的状态。中国的情况更类似于后者。造成这种状况的原因，既有民俗学本身的局限，也有世俗的偏见。

就前一方面来说，学科定位不够明确、理论系统化建设不足，以及研究中日趋严重的“内卷化”倾向等，都使民俗学的贡献和价值受到了限制。以学科定位为例，学界对民间文学研究与民俗学关系的认识始终含混不清。1997 年，国务院学位委员会和教育部重新调整学科目录，把民俗学列为与人类学等相邻专业同时隶属于“社会学”一级学科的二级学科，这是学科规划部门对改革开放以来民俗学者多年努力的积极回应，为这一学科的长远发展提供了更有力的制度保障。但与此同时，原来属于中国文学一级学科下的二级学科“中国民间文学”，却被“降格”为三级“研究方向”，分别划归中国古代文学、中国现当代文学和民俗学二级学科，丧失了原有的独立学科地位。这对多年来已经形成鲜明学科独立性的民间文学研究造成了较大伤害，学科建制、课程设置、人员安排、研究方向等等，都面临不得不被调整甚至撤销的严峻挑战。在这种背景下，钟敬文先生和刘铁梁老师积极与教育部相关机构联系，希望能够探讨出一个更加合理的方案。教育部为此专门派人来北师大组织座谈会，征求各方面的意见。我因为担任着民间文学教研室（民间文化研究所）的兼职秘书，也参与了座谈会。当时参会的人员，除了民间文学专业的老师之外，还包括中文系其他许多专业的资深学者。大家都强调民间文学的重要性，主张应该保留它的二级学科地位。给我印象最深的，是王富仁老师的发言。他说，民间文学是整个文学体系中的两大支流之一，它实际上应该是和现有的以作家文学为主的“中国语言文学”并列的一级学科。但是，由于当时目录调整工作的一个原则就是要精简和整合学科，所以教育部人士最后提出的一个问题，轻描淡写地就化解了大家的意见：“现在的目录中设置了民俗学二级学科，那么，民间文学和民俗学相比，哪个更大？”

造成这个事件的原因，固然同管理机构过于僵化的管理思路有关，但最主要的，却还是由于我们专业内部对民间文学研究与民俗学的关系本身缺乏明确清晰的界定。对于民间文学究竟是独立于一般的民俗学还是从属于后者，学界的认识往往模棱两可。大家有时把“民俗学”与“民间文学研究”视为既密切关联又相互独立的两门学问，有时又认为后者是前者的分支。这种认识上的含混不清，其实至今在学科内部也没有得到解决。那么，学科以外的人无法确认二者之间的关系，也就在所难免。

实际上，从研究对象的属性、学科理论和研究方法等来看，民间文学研究当然可以归为民俗学的分支学科。但与此同时，与一般民俗现象的研究不同，对民间文学的研究，又是在与作家文学研究的对照中发展而来的，对艺术审美属性的关注，构成了其基本的学术追求。这和关于其他民俗现象的研究主要综合或参考人类学、社会学、宗教学等学科理论方法的情况又有很大差别。因此，更为合理的方式是在承认民间文学研究属于民俗学有机组成部分的同时，保留它在文学研究领域应有的位置。也正是基于这样的理解，20 世纪初，根据国务院学位办关于在博士学位授权一级学科范围内自主设置学科专业的相关文件精神，山东大学、北京师范大学等先后自主设置了独立的民间文学二级学科和博士点。受他们的启发，2005 年，我在担任民间文学研究室副主任期间，在文学所（文学系）及室主任吕微的领导和全力支持下，经过认真撰写申报材料，并积极组织论证和评审，也终于在社科院文学所（文学系）陆续设立了独立的民间文学二级学科和博士点。

就关于民俗学的世俗偏见来说，社会中长期存在的视民间文化为下里巴人的成见，也左右着对研究这些文化的学问的认识，容易让人产生这门学问也低人一等的错觉。由于这些成见根深蒂固的影响，人们往往会对民俗学在不同时期做出的理论成就和社会贡献视而不见，而一些优秀的民俗学者在获得成功后，甚至还会选择“逃离”这个学科，而更愿意以“人类学者”“社会学者”或“文化学者”等来标定自己的身份。

四、非物质文化遗产保护及其为民俗学带来的机遇和反思

这种民俗学地位相对低下的情况，自从联合国教科文组织在世界范围推动非物质文化遗产（简称“非遗”）保护工作以来，有了较大的改变。由于在非遗保护工作的形成和发展过程中，民俗学者在理念、思路和方法上提供了基本的理论支持，同时各国民俗学者所从事的学术工作，很多都是对民间传统资料的记录、保存或保护，本身就具有保护非物质文化遗产的意义，这使得民俗学者从一开始就较多地参与了保护的相关实践。随着这项社会文化运动的广泛推进，民俗学获得了更多的发展机会，社会地位显著提高，逐渐变成了一门受到空前关注的学问。

中国是非遗保护工作的积极支持者、参与者和推动者。在这一活动轰轰烈烈展开的过程中，我和许多同行一道，也先后以不同的方式参与了相关的调查、评审和理论研究等工作。其中，尤其值得一提的是，除了陆续发表有关非遗保护的理论探讨和实践批判的论文之外，我还有机会直接参与联合国教科文组织非遗保护的相关评审工作。2014 年，我所在的中国民俗学会成功当选为教科文组织非物质文化遗产审查机构，任

期三年。2015～2017 年，连续三年，我作为学会专家组成员，先后负责评审了多个国家向教科文组织申报“人类非物质文化遗产代表作”“急需保护的非物质文化遗产名录”和“非物质文化遗产优秀保护实践”等 16 项申报材料，并先后参加了在纳米比亚、埃塞俄比亚和韩国举行的联合国教科文组织保护非物质文化遗产政府间委员会第 10、11 和 12 届常会及 NGO 论坛。这些活动，使我和自己所在的团队有了直接接触和观察教科文相关政策、实践并与不同国家的专家直接交流的机会。我们通过自己的努力，不仅为提升中国学界在国际机构和相关事务中的地位发挥了作用，也为学界和非遗保护机构更有成效地进行相关研究与实践积累了经验，这些经验，对中国“二十四节气”于 2016 年年底被联合国教科文组织列入“人类非物质文化遗产代表作”也起到了一定的参考和支持作用。

对我来说，更为重要的是，通过直接参与教科文非遗保护的具体活动，我进一步加强了在更广阔的国际视野中来进行相关具体问题研究的意识，在国际交流过程中的学术自信也得到了更多的强化。自 2016 年起，经韩国科学院院士任敦姬教授推荐，我开始担任 A&HCI 国际核心期刊《非物质遗产国际期刊》（International Journal of Intangible Heritage）的编委。2017 年，经朝戈金博士推荐，我在比利时参加了首届世界人文大会，并开始担任会议期间成立的国际民俗学会联合会的副会长。在参加编委会讨论和联合会成立会议时，我都比以往更加自如从容。2019 年 8 月，我第二次来到哈佛大学哈佛燕京学社做访问学者。这是我在美国大学进行的第三个整年度的访问研究。与前两次相比，尽管我的身份仍然是民俗学者，但我明显感觉到，自己对待这一身份的心态有了很大的改变，特别是在同其他学科的学者谈到我的专业和所做的课题时，显得更为自然，也更有信心。

对非遗保护工作的广泛参与，可以说是具有人文学科和社会科学双重属性的民俗学走向知行合一的一种体现。事实上，当我们把它与日本、韩国民俗学者早年在本国参与较多的“无形文化财”保护活动，以及美国民俗学中的公共民俗学实践等结合起来进行思考时，就会发现，这种具有突出主动文化干预特征的实践，本来就属于民俗学的传统组成部分。不过，由于非遗保护已经成为融会了政府部门、文化机构、企业、传承主体及学术界等多种力量的一个大型社会文化运动，远远超出了学术的范畴，因此，作为民俗学者，在参与的同时，与之保持恰当的距离，确保学术研究的独立性，又是十分必要的原则。它不仅有益于对非遗保护相关理论与实践造成的诸多新的社会问题和文化问题进行符合学理的冷静观察、总结、批评和反思，进而推动这项工作的健康发展，而且将为民俗学自身理论和方法的深化和拓展创造更扎实、更丰厚的基础。

作为以广大民众日常生活文化为主要研究对象的学科，民俗学是一门“有温度的学问”。进入这个专业 20 多年来，我所遇到的许多人，无论是自己单位的老师、同事，还是全国各地以及其他国家的同行，在他们身上，我都能切实感受到这种特殊人文精神的影响，感受到强烈的人情味。这一点，大概正是让我目前所在的中国社会科学院文学研究所民间文学研究室多年来始终保持一种和睦融洽气氛的重要基础，也是让我在国内外不管哪个地方的民俗学者当中都能获得家庭般温暖的根本原因。

我很幸运，能够成为这个大家庭中的一员！

附录二　从想象到实际

——我的两次美国访学经历和心得

2000～2001、2006～2007两个年度，我曾先后两次到美国做访问学者，每次都历时一年。这些经历，不仅使我个人的学术积累得到了很大提高，也使我对包括学术界在内的美国社会生活的许多方面，走出了以往的虚幻想象，有了更加切实的认识与体会，从而对我的人生起到了极大的滋养作用。

一、访学印第安纳大学

2000年8月～2001年8月，我获得国家留学基金的资助，第一次踏出国门，来到美国民俗学领域最负盛名的印第安纳大学（Indiana University，以下简称“印大”）民俗学与民族音乐学系访问进修。

在此之前，我对美国民俗学已有一定的了解，像斯蒂思·汤普森（Stith Thompson）、理查德·多尔松（Richard Dorson）和阿兰·邓迪斯（Alan Dundes）等一些重要的美国民俗学者的代表性著作和学术观点，国内已有较多译介。不过，由于信息交流条件的限制等，当时在国内还见不到很多的原著或较完整的译著，因此我所获得的相关知识，严格来说都是片断的、不成系统的，不足以反映美国学术的整体状况。另一方面，国内当时的相关介绍，主要关注的是老一代学者和他们的观点，对美国民俗学较新的视角和话题涉及不多，即使有所介绍，也往往失诸简单甚至片面。比如对于在西方民俗学界已产生深远影响的表演理论，当时也只有十分简短的概述，而缺乏关于其具体内容及这些内容之间有机联系的系统阐释，更没有如何运用这一理论视角来进行具体研究的说明。这使得我们对于美国民俗学界的了解，仿佛雾里看花，往往似是而非。

印大民俗学与民族音乐学系是美国民俗学教学和科研的中心之一，由斯蒂思·汤普森和理查德·多尔松教授创建，具有长远而良好的学术传统，在国际上也享有很高的声誉。我到那里的那一年，印大仍然聚集了一大批世界知名的民俗学家，如理查德·鲍曼、琳达·德格（Linda Degh）、亨利·格拉西和约翰·麦克道尔等，其中理查德·鲍曼教授更是当代美国民俗学和文化人类学界盛行的“表演理论”（Performance Theory）的代表人物。

我前往印大的目的，是希望通过听课、与学者交流、阅读原著等途径，力求对近年来西方民间故事研究方面有影响的理论和方法进行比较系统深入的学习，领会和理解其基本内容，了解其具体运用的方式以及相关理论的社会文化背景。在此基础上，把所学知识应用到中国民间故事研究的具体实践中，进而结合我国社会文化的基础及民间故事的特征，发展和建设中国民间故事的基本理论。

到印大之后，怀着初次出国的强烈新鲜感和要充分利用难得机会的迫切心情，我除按照起初设计的目标，尽可能多地去听课、读书并与相关教授进行交流之外，还积极参与了其他诸多方面的活动。

在印大民俗学与音乐文化学系师生的研究当中，表演理论是一种极具影响力的重要理论工具。到达这里之后，根据自己的科研目的，在注意学习和了解美国民俗学的学术史及一般理论和方法，以求多方面开阔视野、拓宽思路的同时，我选择了表演理论作为自己一年中的主攻方向。在第一学期，我选听了“民俗学理论”“社会语言符号学基础”“西方民俗学史”及“表演的理论和方法”等六门研究生课程。第二个学期，又选听了“表演理论与信息交流”“社会语言符号学（之二）”“民族志名著选读”及“东亚民间宗教”等五门课程。两个学期平均每周听课 16 个小时左右。虽然因此几乎每天都过得很紧张，但心里却格外充实。在这些课程中，鲍曼教授开设的“社会语言符号学”，是我重点选听的课程之一。此外，格拉西教授开设的“民俗学理论”、麦克道尔教授开设的“西方民俗学史”、施伦普（Schrempp）教授开设的“民族志名著选读”等课程，也都使我在知识结构和学术视野方面大为受益。听课过程中，尽管自己的英语阅读和表达能力无法与美国同学相比，但我还是尽可能多地去阅读教授指定的参考资料，并且大胆参与课堂讨论，提出自己的问题和观点。这样做的目的，既是为了锻炼自己的口头表达能力，也是希望能让该系师生对中国民俗学的研究有一些初步的了解。

在听课之余，我还和杨利慧博士一起，结合中国民俗学界的需要，有针对性地选择了该系十位教授进行了系列访谈，同时，还专程赶到加州大学伯克利分校，对美国当代著名民俗学家阿兰·邓迪斯做了专题访谈。这些教授，或者在理论上卓有建树，或者其研究领域及研究角度对中国民俗学界来说比较新颖。我们希望能通过访谈把他们的研究简明扼要地介绍给中国同行，以使中国学者能对美国民俗学的理论和方法有更多具体的了解。这些采访中的大部分后来都整理成了系列文章，在国内的《民俗研究》杂志上陆续发表，为国内同行了解当代美国民俗学起到了一定的促进作用，其中一些内容至今还常常被引用。

经过大半年的学习和训练，我感到自己的英语表达能力有了比较明显的提高。于是，应系主任约翰·麦克道尔教授的要求，我于 2001 年 3 月在民俗学与音乐文化学系做了题为“甘肃农村防雹习俗的研究”（Rituals and Prayers Used to Prevent Hailstorms：From a Farming Village in Northwest China）的学术报告。报告做得比较成功。来自印大民俗学与音乐文化系、东亚系和欧亚系的五六十位听众在听完报告以后，热情地提出了许多有启发性的问题。此外，应印大中国留学生及访问学者联谊会的邀请，我还在印大留学生中心向来自世界各个不同国家并关心中国文化的学生及一些市民，做了题为“甘肃农村的社火”（Shehuo in Villages of

Northwest China）的讲座，也引起了许多普通美国听众对中国民俗的兴趣。

除相关学术活动之外，校园内外丰富多彩的社会活动，我也尽可能参与。各种各样的聚餐、免费音乐会，都是娱乐休闲和结识朋友、了解当地社情的好机会，对这样的活动，只要时间和条件允许，我通常都不会放过。2001 年 4 月，我还同杨利慧博士一道，在印第安纳大学所在城市布鲁明顿（Bloomington）的一家地方电台 WFHB，向美国听众介绍中国传统音乐。我们挑选了一些自己带去的传统名曲 CD，在电台播放，并对每支乐曲所使用的乐器、乐曲内容、主题、相关背景故事及其与中国传统哲学的关系等做了简要的介绍。节目持续了两个多小时，引起了较大反响，其间有不少听众打电话到电台，向我们询问购买相关 CD 的办法。

一年的访学，还让我得到了两项额外的学术任务。一项是同鲍曼教授达成协议，计划将其代表作之一《作为表演的口头艺术》（Verbal Arts as Performance）翻译为中文在国内出版；另一项是应美国 ABC-CLIO 出版公司的约请，为该公司系列丛书“世界神话学手册（Handbook of World's Mythhology）”撰写《中国神话学手册》（Handbook of Chinese Mythhology）一书。经过与合作者杨利慧博士数年的共同努力，这两项工作目前都已完成并得以出版。其中，《中国神话学手册》于 2005 年由美国 ABC-CLIO 出版之后，2008 年由美国纽约的牛津大学出版社再版。这些，也可以说是印大留学的重要收获了。

总的来说，在印大的一年，我过得既充实又愉快。一年下来，我自觉在理论储备和学术视野上有了很大拓展，对于当代世界民俗学领域的一些核心概念和重要理论，也有了比较清楚地把握。而在深入了解和学习美国民俗学的成就的同时，对其局限和不足也有了更加清醒的认识，进而对中国民俗学和中国民俗学者所做的工作有了更强的自信和更客观的正面评价。另外，我也尽量利用各种机会，向美国朋友和同行介绍中国文化和中国民俗学的成就。印大和布鲁明顿恬静、宽容的环境，友善热心的师生和居民，则让我在那里得到了很多的友谊。2001 年盛夏，在我一年的访学生活即将结束的时候，印大民俗学与音乐文化学系主任约翰·麦克道尔教授在给我的鉴定信中写下了这样的评价：

“安德明博士十分出色地利用了他在这里学习和访问的机会。……在同我们一起工作的这一年中，安德明博士充当了一个中国民俗研究的使者的角色：他让我们了解了中国传统的研究，同时也将我们的理论和方法介绍到中国。”

二、哈佛—燕京学社的访学经历

2006～2007 年，我有幸获得了哈佛—燕京学社的资助，再次来到美国，在哈佛大学和哈佛—燕京学社做了一年的访问学者。

哈佛—燕京学社在中西文化及学术交流方面久负盛名。它成立于 1928 年，由美国铝业大王、美国铝业公司创办人查尔斯·霍尔（Charles Martin Hall）的遗产捐赠建成。作为一家非营利性组织，其主要宗旨是促进包括中国在内的东亚与东南亚地区人文社会科学的高等教育和学术研究。在它目前的多项工作中，最大、最重要的一项就是每年资助一批东亚与东南亚地区的中青年学者或博士生，到哈佛大学进修。为了保证受资助者的学术水平，燕京学社采取了比较复杂、严格的遴选程序。首先是由学社在亚洲各国的合作单位（包括大学和研究院）根据燕京学社确定的候选人指标，选出候选人。候选人要填写详细的申请表，撰写完整的研究计划，还要联系三位学者为自己写推荐信。这些文件齐备之后，再由所在单位统一递交燕京学社。燕京学社在组织专家对所有申请材料进行初审之后，会再委派哈佛大学的教授对申请人一一进行面试。最后，遴选委员会将结合申请人提交的研究计划、面试成绩、学术积累以及专家推荐信等信息，综合评审，来确定资助对象。我去的这一年，燕京学社一共有 30 名访问学者和学生，据介绍是从 150 多位候选人中遴选出来的。

挑选程序复杂，竞争也比较激烈。我之所以能够获得资助，事后想来除了运气的成分，同几年前在印第安纳打下的基础有不小的关系：那一年的访学，使我的英文水平有了较大提高，因而能够在撰写研究计划和参加面试时，比较自如地表达自己的想法；同时，在学术视角方面，也在一定程度上能够同当前民俗学、人类学和其他相关学科的主要研究趋势保持一致。

哈佛—燕京学社位于哈佛大学校园内。尽管在法律、财政和人事任命等方面与大学没有隶属关系，属于一个独立机构，但燕京学社与哈佛大学关系十分密切，学社的员工、访问学者和学生等都属于哈佛大学的成员，享有同其他院系成员同样的权利。正因为此，人们常常容易把燕京学社看作哈佛大学的组成部分。

由于深感这一年学习机会来之不易，需要特别珍惜，因此，我事先对一年中要做的工作进行了比较详细的计划。我向哈佛—燕京申报的研究项目，是以甘肃天水一个村落庙宇信仰重建的过程为个案，反观中国民间信仰与现代化进程的关系。围绕这个微观的具体研究，我希望自己能通过听课、与相关教授交流和阅读文献，进一步强化有关宗教信仰与社会变迁研究的理论和方法的修养。另外，我也想利用这个机会，加强自己关于谚语以及家乡民俗学和家乡人类学等问题的思考和研究。

尽管哈佛曾经拥有米尔曼·帕里（Millman Parry）和艾伯特·洛德（Albert Lord）两位在史诗和民间文学研究的理论方面做出卓越贡献的学者，而且至今仍然有许多在神话学、史诗研究领域具有国际影响的教授，但这些教授都分散在古典学、人类学等不同的系所，除了一个主要开设本科课程的相对松散的民俗学与神话学研究组（Program in Folklore and Mythology），这里并没有一个强有力的民俗学专业。这种状况同印第安纳大学自然不可同日而语。它一方面让我因为找不到太多本专业的同行而感到遗憾，但另一方面，客观上也让我能够跳出民俗学的范围，更多地去接触其他专业的相关研究，在打开视野的同时，也对民俗学学科体系方面存在的问题有了较多的思考。

一年当中，我除旁听人类学系的“全球化与文化”“知识人类学”

“作为实践与文类的民族志”和东亚系的“中国的传统与变迁”等课程之外，还积极联系了一些教授，就相关问题同他们交流。这些活动，既让我获得了许多学术方面的新收益，又让我得到了迥异于印大的新体验。

到哈佛之前，我就与东亚系的孔飞力（Philip Kuhn）教授取得了联系。这位蜚声海内外的汉学家，有一部专著《叫魂》被译成中文之后，一度成为国内学术界甚至普通读者中的畅销书。孔教授当时已经 79 岁，教学和研究工作很繁忙，但接到我用电子邮件发去的研究计划和求教信后，马上就给了我热情的回复，还为我提供了另外一些与我的研究相关的学者名单，建议我到学校以后同他们进行交流。这让我对哈佛之行充满了一种温暖的期待。

但初到哈佛时，由于孔教授在国外，没能马上见到。而遇到的几位教授也让我有些失望。因为有上次与印第安纳大学民俗学教授交往的经历，总觉得哈佛大学的这些教授十分傲慢，似乎很难密切接触、深度交流。后来时间长了，逐渐熟悉之后，又发现自己最初的印象并不准确。哈佛当然有十分傲慢的教授，但大多数人都是比较友善的。只不过他们平时都很忙，常常比一般院校的教授忙许多倍。就像人类学系的华琛（James Watson）教授告诉我的，一年之中与他联系的来自世界各地的访问学者有上百位，而他一年中要为学生写上千封推荐信，他的秘书经常从早到晚在电脑前为他处理推荐信。加上经常会被邀请去世界各地讲学、应付媒体采访等，所以他们的日程总是排得满满的，很难有太多的闲暇时间。于是，我陆续约见了人类学、历史学（中国历史）和神话学方面的多位教授，围绕自己的研究课题和民俗学的基本理论问题向他们请教。在这些人当中，华琛和迈克尔·赫茨菲尔德（Michael Herzfeld）两位教授，为我的研究提出了许多切实、中肯的建议，在有关民俗学学科的一些基本理论问题上，也让我受益匪浅。

哈佛教授中最让我难忘的是孔飞力先生。我到哈佛以后，由于他先在国外，后来又因教学和研究工作繁忙，因此过了好长时间才见到了他。但在见面之前的那段时间，每次发电子邮件给他，他总是非常快地回复我，而且非常耐心、周到地询问我遇到了什么困难，他可以帮着想办法解决。见面之后，他温厚可亲、平易近人的言谈举止，给我留下了深刻的印象。以后每次和他见面，他总是那样温文尔雅、宽厚和蔼。和他讨论任何问题，他都会很认真地回答，分享他的看法，无论我的问题是否显得幼稚。和他交往，经常会让我情不自禁地联想起和先师钟敬文先生在一起的日子，如沐春风。

哈佛大学的学术活动非常丰富，学期开始后每天仅以海报形式公布的各种讲座、会议、学生的学术报告就不下 20 场，这还不包括各院系内部组织的活动。我自己常去听的讲座主要是东亚系和费正清中心举办的，大都与东亚问题相关。

在燕京学社，每周三中午 12 点到 2 点，都会举办一个午餐会式的讲座，主讲人主要是哈佛大学的教授，偶尔也有从外校或其他国家来的学者，话题涉及的范围十分广泛，比如杜维明教授谈“朝向对话的文明：哲学中的一个可能性精神转变”（Toward a Dialogical Civilization: A Possible Spiritual Turn in Philosophy）；孔飞力教授谈“为什么研究中国的历史学家应该研究中国的移民”（Why Historians of China Should Study Chinese Emigration?）；亚瑟·克莱曼(Arthur Kleinman)教授谈“道德经验：跨文化共享的生存条件”（Moral Experience：Shared Existential Conditions Across Cultures）；包弼德（Peter Bol）教授谈“从传记到群体生平学；从文本搜寻到相关数据库”（From Biography to Prosopography; From Text Search to Relational Databases）；迈克尔·赫茨菲尔德(Michael Herzfeld)教授谈“曼谷社区的动态学研究：一个人类学的个案”（The Dynamics of Community in Bangkok: An Anthropological Case Study）；等等。讲座备有自助午餐，通常是各种三明治和饮料，听众可以一边吃，一边听，并参与讨论。在这些讲座中，每次我都会积极提问和参与讨论，在锻炼自己的同时，也尽可能地为活跃讲座气氛贡献力量。

各种讲座涉及的学科领域不同，包含的信息量很大，同时更能反映新鲜的学术思想，一年下来，可以说听讲座的收获至少不会比旁听一门课小。

我在哈佛的那一年，燕京学社同一届的访问学者和学生中，有好几位是人类学、民俗学专业的同人。受上一届一位朋友的启发，我和几位同人一道，组织了一个“亚洲文化讨论会”（Asian Cultures Seminar），起初主要想讨论人类学、民俗学方面的话题，后来由于感兴趣的人比较多，范围扩展到了东亚社会和文化的诸多方面，包括传统宗教和新兴宗教、跨国婚姻、大众传媒、医药人类学史、文学和艺术等。讨论会每两周一次，参与者主要是来自亚洲（中国、日本、韩国、越南、马来西亚等国家及中国台湾等地区）的燕京访问学者，但是也对公众开放，欢迎有兴趣的学者和学生参加。燕京学社对我们的活动给予了大力支持，免费为我们提供场地和午餐。这个活动坚持了一年，对促进不同学科之间的交流、活跃燕京同人之间的学术气氛、锻炼英语表达等，都起到了积极的作用。

2008 年 6 月，在燕京学社的大力支持下，以上述讨论会为基础，我又和几位同道一起，组织了题为“东亚的宗教、大众文化与社会变迁”（Religion, Popular Culture, and Social Changes in East Asian）的研讨会，邀请了哈佛大学的斯蒂芬·米切尔（Stephen Mitchell）、亨丽埃塔·哈里森（Henrietta Harrison）以及波士顿大学的汉学人类学家罗伯特·韦勒（Robert Weller）分别担任各场的评议人和主席。研讨会取得了比较好的效果，无论是论文作者还是评议人，都做了认真准备，会场上的讨论交流十分热烈。许多发言人都觉得，通过这样的活动（尤其是评议人的评议），自己很受教益。燕京学社的执行社长彼得·凯利（Peter Kelley）先生在炎热的天气里坚持跟我们听了一天会，令所有的参加者深受感动。

一年当中，我也积极利用各种机会，继续深化与美国民俗学者的交流。2006 年 10 月，受美国民俗学会资助，我参加了在威斯康星州的密尔沃基举行的美国民俗学会 2006 年年会，并发表论文《街子乡的社火》（Shehuo in Jiezi Villages）。2007 年 4 月，我前往洛杉矶，参加在那里举办的美国西部民俗学会年会，宣读了论文《神灵崇拜与社会变迁：衰落还是复兴——来自中国西北部一个变化中的村落的例子》(Gods Worship and Social Changes: Decline or Reviving: Example from a Changing Village in Northwest China)。在此期间，又先后应邀在俄勒冈大学（University of Oregon）英语系、葳涞大学（Willamette University）中国研究中心和加州大学伯克利分校（UC Berkeley）人类学系做题为《中国的非物质文化遗产运动》(Intangible Cultural Heritage Movement in China）的学术讲座，并同这些机构民俗学专业的教授和学生进行了比较深入的交流。这些学术活动，让我进一步了解了当前美国民俗学领域的热点话题和主要理论取向，同时又进一步加强和拓展了与美国民俗学界的联系。

在哈佛的一年中，我的收获也是多方面的。我同哈佛大学许多具有相同专业兴趣的学者进行了广泛的交流，旁听他们的课程，阅读了不少书，强化了在民间信仰与社会变迁、谚语研究以及家乡民俗学等问题上的理论和方法基础。哈佛大学和哈佛燕京学社活跃的学术氛围、丰富的学术活动、多学科交叉的研究取向，又让我进一步拓宽了视野，增强了在坚持民俗学阵地的同时跳出民俗学范围进行研究的信念。我在燕京学社发起组织的研讨班，既让我在与来自不同学科的学者的交流中得到了诸多启示，也使我在组织学术活动的能力方面得到了锻炼。而哈佛学者对我的研究所给予的意见和建议，他们对待理论、资料和学术生涯的态度，都使我受益匪浅，并将受益终生。

总的来说，我的两次美国访学时间都不长，加起来一共只有两年，但对我而言，这两年却具有不同寻常的意义，它使我个人的学术视野和治学的境界，得到了极大的改变，人生的体验也得到了极大的丰富。具体来说，这两次访学让我在这样一些方面有了很大的收获：

首先，我对当代美国民俗学的重要理论和方法有了比较全面的把握。在去美国之前，我对美国民俗学还一知半解，因此不免充满不切实际甚至盲目的想象。经过印大留学的直接交流，以及回国以后的沉淀、消化、反思，我对美国民俗学的成就以及其中存在的问题都有了比较实际的、深入的了解。美国的民俗学是建立在本国社会文化现实和学术传统基础上的，同二战以后美国的政治、经济、社会形势有密切的关系，尽管它产生了不少在世界民俗学领域有影响的理论成果，但内部也危机不断。作为中国学者，倘若对之盲目搬用，显然并不合适。而可行的做法，是要在广泛了解的基础上，结合中国民间传统的特点和当代中国社会的特点，有选择地对其加以吸收和借鉴。

其次，我对表演理论等的译介工作，在国内取得了比较大的反响。从在印大访学开始，我便开始了对包括表演理论在内的美国民俗学重要理论的翻译和介绍工作，这一工作一直持续至今。除在《民俗研究》杂志发表系列访谈外，我还撰写了一系列论文，对表演理论、民族志诗学、公共民俗学等当代美国民俗学的重要成果进行系统介绍，这些文字被收入《民俗学的历史、理论与方法》一书（周星主编，商务印书馆，2006年）。另外，我和杨利慧教授重新编辑并翻译出版了鲍曼教授的代表作《作为表演的口头艺术》。这些工作对当代中国民俗学界了解美国民俗学起到了积极的作用。目前，这些译介文字已经成为国内同行了解当代美国民俗学成就的重要参考之一，常常被学者和学生所引用，为中国民俗学了解世界、深化自身研究做出了一定贡献。

再次，访学直接促动了我的“家乡民俗学”概念的提出。我从硕士和博士阶段所做的民俗学研究一直是在家乡进行的，对于其间存在的学理矛盾以及情感上的困扰，我有很深的体会，也进行了一些反思，但是由于对相关领域的学术积累了解甚少，因此思考比较肤浅。在访问印大之后，我有机会同更多的美国学者直接交流，倾听他们的建议，汲取这一领域已经取得的成绩，相关的思考逐渐深入，视野日益扩展。2003年，终于针对中国民俗学的实际提出了“家乡民俗学”的概念。这一概念的提出，拓宽了中国民俗学的研究视角，从新的角度对以往的许多民俗学理论问题提出了挑战，在中国民俗学界引起了积极的反响，有不少学术论文对此概念进行了讨论或引用。

最后，对美国社会和学术界有了更为实际的认识，这也是我最大的收获之一。赴美国之前，同周围许多人一样，我对美国社会的了解主要是从文学艺术作品及各种媒体获得的，这些被过滤过的、片面的信息，加上对自己生活环境中各种不如意情绪的激发，让我们对西方社会的认识充满想象的成分，这种想象中既有同其现实接近的地方，又有很大的误差。到了美国之后，我利用各种机会和场合同各种各样的美国人接触，其中既有有花园洋房的中产阶级，也有孤苦伶仃、无人照顾的老人；既了解到美国民俗学的成就，也了解到它所面临的危机。渐渐地，我对美国社会及其学术的认识不再那么虚无缥缈、神秘空洞，而是更加复杂、更加切实。因此，我认为，无论是从学习西方的角度还是从批判的角度，只有让更多的人有机会直接接触西方，才可能打破幻想、想象和盲目崇拜，在脚踏实地的基础上去进行我们自己的工作。

附录三　从“民俗学”到“欧洲民族学”：研究对象与理论视角的转换

——德国民俗学家沃尔夫冈·卡舒巴教授访谈[①]

［德］沃尔夫冈·卡舒巴　安德明

一、从“民俗学”到“欧洲民族学”：20 世纪 60 年代以来德国民俗学的学术转型

安德明（以下简称“安”）：德国民俗学有很长的历史，但是从 20 世纪 60 年代以来，它在研究方法和研究取向上发生了很大的转变。拿您来说，您是在图宾根大学的经验文化科学专业取得的博士学位，而您所在的研究所，又叫欧洲民族学研究所。据我所知，这两个机构原来的名称都是“民俗学”。您能简单介绍一下这种转换发生的背景和经过吗？

沃尔夫冈·卡舒巴（以下简称“卡”）：60 年代后期，图宾根大学的民俗学专业最早开始了对德国民俗学中存在的问题的思考，认为，这不应该是我们继续的道路。这一方面同民俗学曾经受到德国国家社会主义的强烈影响有关，另一方面，也是因为人们开始觉得自己的研究有必要转向对当代生活的关注。于是，在图宾根不再有“民俗学”，“经验文化科学”代替了它的位置。与此同时，其他一些学术机构也在讨论相似的问题，但并没有形成真正统一的意见。有人认为，我们可以把自己的学科称作“文化人类学”，但这是美国的学问；我们可以称之为“社会人

---

① 2014 年 6 ~ 8 月，笔者在德国柏林洪堡大学欧洲民族学研究所进行访问研究期间，对卡舒巴教授做了多次学术访谈。本文即根据这些访谈整理而成。原载《民间文化论坛》2015 年第 4 期，第 5 ~ 14 页。

类学”，但这是英国的学问；我们也可以称之为“文化科学”，但这又过于宽泛。这就是我们最终没有形成一个大家都比较认可的新的学科名称的原因。至今，许多学术机构还保留着“民俗学”的名称，另外一些机构则用的是“文化人类学与民俗学”等，而我们洪堡大学的民俗学是在90年代早期改为“欧洲民族学”的。

安：当时图宾根“经验文化科学”的教师原先是不是大多是民俗学者？

卡：是。那时图宾根的学者原来大都是民俗学者。不过，在当时的西德，这些民俗研究者中的大部分人并不只是关注传统民俗，而更多关注的还是当下社会中人们如何对待和运用传统民俗的问题，比如，人们怎样用民俗来丰富节庆活动？怎样用民俗来表现某个地域的自我认同？等等。

尤其重要的是，在那个时期，人们认为，历史永远是关于当下的表达，离开现在就不会有历史。有人说“历史是客观对象”，也有人说“历史是思想与想象”；但这些都是我们头脑建构的结果，而不是客观历史。我们也许有关于历史的某些文本、某些“客观事实”，但这些都属于我们以现在来看历史的“有色眼镜”。在今天的德国，这种有关历史的观点，在我们这个领域的大多数学者中占据了主导地位，无论我们把自己称作民俗学者、欧洲民族学者还是文化人类学者。

安：我在所里做报告的那天，有一位老师在交流时说到自己是“民俗学者”。我听了感到很亲切，但也有些吃惊，因为自己原来以为德国学界已经不再用“民俗学”的概念。

卡：那不是。德国一直有一批学者在关注民俗，比如，有人关注那些来自拉美、非洲或巴伐利亚等地区的民俗传统，有人讨论德国北部沿海地区的渔业文化，也有一些人关注园艺问题——这实际上是非常典型的传统民俗学问题，园艺工人在19世纪的城市发展过程中十分活跃，等等。还有一些学术机构和民间组织，从事的是地域性的博物馆式的保护，并倡导和组织有关“遗产”和“历史书写”的工作。你的那位听众，是我们研究所的同事，她做的是20世纪初期德国民俗的研究。

但是，大多数同行的工作，还是集中在城市生活与现代生活方式的研究方面，他们关注的问题包括：后殖民时代的社会文化、民族归属与认同、肤色与人种、多样化的语言、科层化的制度、民族国家或国际的形象，等等。也就是说，大多数的研究，主要考察的是人们今天正在经历的生活，而不是昨天已经经过的历程。

二、欧洲民族学的研究对象、视角与理论贡献

安：您目前倡导和主持的欧洲民族学，除了研究对象从传统村落民俗转向当代城市生活之外，与以往的民俗学相比，它在理论和方法上发生了哪些大的转向呢？

卡：这主要表现在核心概念的变化上——关于文化的观念有了很大的变化。过去我们理解的文化是一种稳定的结构，有着久远的历史和长期的价值，这是有关文化的第一种观点，它意味着文化更多是存在于农村地区。而当我们把传统当作城市地区继续存活的对象来看待时，就必须改变对这一关键词的理解。这种新的理解是：文化在具有久远历史的同时，也在不断发生着变化；在其发展过程中，也会产生许多短时段的发展取向和各种新的文化形式。这是有关文化的第二种观点。当你接受这样一种文化观时，你自然就会到各种新文化形式不断涌现的地区——也就是城市——去做研究。在城市当中，不仅有着多种古老传统的展示，也有对于各种时尚的新取向的展示。在那里，有关文化的表达呈现为一种混合状态。这是一种很重要的观点。

第三种观点是，根据传统民俗学中具有政治意义的观点，这个世界上生活着的人群中的大多数，属于政治意义上的“民众”。如果我们认可这样的看法，即民俗学或民族学研究必须关注政治意义上的“民众”，那么，我们观察的重点就应该从农村转向城市，因为大多数的“民众”目前都居住在城市。

以上是德国学界有关“文化”的特殊讨论。随着这些讨论，研究者

的身份，从有关稳定事象的专门研究者，转向了有关变化、转换的专门学者，这也构成了相关的第四种看法，它意味着文化的特征同个体和群体是分不开的。

这实际上也体现了对于研究者的认识：研究者属于“田野”中的一部分，他们参与了“田野”本身。在考察社会文化历史的过程中，研究者永远不可能保持客观，不可能没有情感的参与。所谓的科学研究或科学研究者，都只是社会进程的一部分，而不可能置身于这个进程之外，保持所谓的客观或中立。就像德国国家社会主义时期的民俗学者的观点不可避免地受到当时政治意识形态的影响一样，今天，我们的研究也受到诸如“公民社会”一类观念的深刻影响。

安：长期以来，民俗学受到的来自社会科学领域的最多的批评，是它缺少理论贡献。作为欧洲民族学者，您觉得自己和同事的工作在这方面有哪些突破呢?

卡：有人认为，作为民族学者或人类学者，我们的任务只是为学生讲课，告诉他们应该如何做研究，当然是通过讨论、合作与共同研究等方式。但是，首先一点是，今天，我们深深感觉到，整个世界都被一种新的方式“文化化”了。一切都成了文化，比如，居住文化、饮食文化、家具文化，等等。有人认为，这是一种很糟糕的发展状况，因为一切都成了“文化”时，“文化”这个概念也就没有什么意义了。但我不这么认为。这实际上是20世纪70年代到80年代以来形成的一种影响深远的观念，它意味着人们开始懂得以“文化”的观念来看待自己的实践。那么，这种生活方式及实践的文化化对人们具有什么样的意义?为什么他们会谈论“本真性”“认同”“记忆”“群体”“性别”等方面的问题?这些都是十分吸引人的话题。在这方面，人类学者、民族学者可以凭借突出的优势，来宣告文化确实是理解世界的新的关键词，并且具有对抗当前比较严重的宗教原教旨主义等的作用。

以上是第一点。第二点，我认为是“日常生活”概念的普及。“日常生活”的概念，其中还涉及“科学”“经验”“社会运动”等多种概念，主要兴起于近三四十年。我们通过多种调查、专著和研究项目，在对人的探究中发现，人是按照其社会逻辑来行动的——这是我们近三四十年里所讨论的有关社会习惯的主要观点。“日常生活”所强调的视角，是要关注实践者，关注普通的人民，而不是英雄；英雄也是普通人——可以看出，这当中有着很强的社会主义观念基础。而社会学者、历史学者等其他相邻学科的研究者都会说，你们人类学者、民族学者是在探索特殊的内在生活规律，而不只是关注统计数字和记录资料。也许这就是主要由民族学和人类学提供的方法论意义上的工具。

正如我前面所说，我们是“田野”的一部分，是所面对“问题”中的一部分，而无法置身于其外。我们的理论已经通过我们自己得到了体现，而围绕着通过书写来建构文化这一问题，人文学科领域曾经有过激烈的争论。我们的书写作为一种文化建构，决定着文化形态的呈现方式，以及某种文化现象是否重要。这是一种自反性的表现，也是当前方法论意义上的一种巨大挑战。因为我们的“文化”概念对一般人而言其实是很复杂的，它们同被表述的或呈现出来的状态并不一样，因为今天的生活是一种十分宏大的实践，但我们经过训练，知道如何去解读它。

我觉得，对民族学者来说，这将是一个十分重要的机会。我们不能只是简单地说“这是一首民歌”，而是要说：“我们知道——这是什么人创造的，是谁在使用它，谁把它介绍给了其他群体的民众或另一个音乐传统，谁保护了它——等等问题。而且我们还知道，人们之所以传唱它，是因为它表现了民族精神（或别的原因）。”

这意味着，我们在研究事物的时候，无法保证自己的观点一定是正确的。我们的认识和观点属于我们观察所得的部分结果，是我们自己逻辑的组成部分。

按照以往的理解，村落通常被视为社会组织研究的核心模式。但是，今天我们摆脱这样的认识，把注意力放到城市区域。这样的区域也许很小，也许很大，但我们通过对这类地区的观察，却可以得出更有成效的结论。而这些都是基于我们有关模式、观念、关键词等问题的自反性认识。

安：在欧洲民族学新的视角和方法之下，我知道您和同事在柏林做了大量的“城市研究”。从您对柏林如数家珍的介绍当中，我除了佩服您对这里的稔熟之外，尤其为您对这个城市的深厚感情而感动。您能介绍一两个自己或同事在柏林所做的具体研究吗？

卡：前些日子，我和一些学生围绕滕佩尔霍夫（Tempelhof）机场①相关的问题，对人们有关城市空间与城市状况的不同诉求进行了考察，并完成了一项调查报告。②

这是市区一片广袤的区域，对它应该如何利用，在柏林引起了广泛而激烈的争论。目前，广大市民中占据主流的意见是让它变成一个公园，这也就意味着百分之百地保持它的原貌，供人们自由地休闲。柏林市政府则倾向于进行新的整体规划，在保留部分空地的同时，再建一个图书馆和一批民居。为解决争论，柏林市民为此进行了公投，但公投的结果是，大多数人都愿意让这里保持原样，因此，市政府的方案被否决了。

为了更具体地了解人们对这个问题的不同态度，了解他们的愿望和目的，我们制订了一个调查计划，组织研究所的学生，对与此相关的不同群体、组织进行了调查。一开始，作为老师，我设计了整体的研究方案，并与项目成员商量确定了调查的重点。参与调查的学生，又根据总方案设计了具体调查范围和内容，最后，又结合自己的田野遭遇，完成了这项成果。

我们发现，不同的市民有关保留机场原貌的理由有很大差别。有的人说，滕佩尔霍夫因为生长着各种各样的植物，所以是一群特有鸟类的栖居地。如果对这里重新规划和建设，必然会破坏这些鸟的生存环境；

---

① 滕佩尔霍夫原是西柏林的一个机场，冷战时期，由于西柏林被包围在东德的版图之内，这个机场曾经是西柏林从外界获得基本物资的唯一通道。柏林墙倒塌之后，这个机场逐渐被废弃，成为柏林市民休闲的场所。

② 该报告名为“滕佩尔霍夫的土地：城市规划”（Tempelhof. Das Feld: Die Stadt als Aktionsraum），由沃尔夫冈·卡舒巴和卡罗琳·根茨主编，柏林洪堡大学欧洲民族学研究所 2014 年出版。

有的人——主要是年轻人——认为，这里区域开阔，又没有架设在空中的电线，是玩空中滑行最理想的场地。新的开发，必然会使他们丧失这一优越条件；有的人则把这里当成进行野餐、烧烤的最佳场地，他们担心新的开发会剥夺他们的这一乐趣；等等。总之，他们反对规划和重建。

在调查的过程中，学生们在完成主要任务的同时，也在调查技术和学术思考方面有了不少收获。比如，有一组学生在现场遇到了一对年轻的夫妇正在使用旅行茶炉煮茶喝。他们就上去攀谈。学生问他们："你们是土耳其人吗?"对方回答："是。但我们是在柏林出生的。"你看，这里就涉及"认同"的问题：学生根据对方的外貌，判断他们是土耳其人。但对方却在说是的同时，又强调自己是在柏林出生的。那么，这样的问话，又有什么意义呢?

接着，学生又问他们煮茶的工具是不是土耳其的，对方做了肯定的回答。学生便说："那这肯定是您家里传下来的?"没想到对方却说："不是。这是我们去土耳其旅游时在商店看到的，我们觉得它很适合在柏林的公园里用，就买了回来。"瞧，这里就更有意思了：学生轻易地就把对方使用的工具说成他们的"家庭传统"，结果对方却说是在土耳其购买的旅游纪念品。在这里，全球化与人口的流动、民族文化的交融等，构织出了一幅奇妙的图景。而学生们也通过这样的调查，懂得了不能仅仅凭借固定的学术概念、从表面现象对文化实践轻易做出判断。

安：这确实是很有意义的一个项目，也的确取得了一举两得的效果。那现在这部调查报告，你们有没有送给相关的社区和机构?它是否会对大家正确对待机场规划问题产生积极的参考意义?

卡：我们把报告免费赠送给了相关的社区居民代表和政府机构，希望能够帮助大家了解不同人的具体想法，进而为达成一种解决思路发挥作用。在柏林，对于任何事务，人们会有各种各样的想法和意见。最关键的是，管理城市事务的政治家和决策者，应该在一个大家都认可的程序范围内，为人们协商和讨论相关事务提供平台，最后，必须在综合各种意见、照顾各种想法的基础上，经过统筹做出一个决定。这个决定可能无法满足所有人的要求，但又是让所有人能够接受的，它是在广泛协商讨论的基础上、而非依靠政府部门人士闭门造车制定的。

安：也就是说，在决策过程中，尽可能全面地聆听多方面的意见并综合考虑各方面的利益和需求，十分重要。

卡：是的。因为人们的需求和意愿总是处在发展变化当中，各种观点之间的冲突和矛盾也永远不会停止。对于一个城市的发展而言，不可能只会有一种正确的观点。比如，对于柏林未来 20 年的发展，人们会有多种设想：柏林应该是一个“社会化”的城市，那就是说，在这个城市的所有地区，都应该混合居住着具有不同社会地位的居民。这并不是说每个地区都完全一致，但任何地区都应该包含多种社会身份的市民，而不能是这一地区住富人，那一地区住穷人；这一地区住工人，那一地区住知识分子；或者某一地区只有旅游者生活。柏林还应该是一个“绿色城市”，城市里有绿树，有洁净的水资源，还有绿色交通系统。柏林也应该是一个“流动性”的“移民化城市”，人们可以自由往来。当然这只是有关城市未来生活的一般性设想，而对于政府机构如何制定相关措施，这些设想都是具有重要参考价值的。

三、“认同政治”的意义与局限性

安：您刚才提到了“认同”，这是我们在当前许多同行或相邻学科学者的成果中经常看到的一个核心概念，我自己在研究中也多次使用过这个概念。但最近几年，结合自己的研究和对当前社会发展状况的了解，我越来越觉得，“认同”这个概念在具有其重要意义的同时，也会引发许许多多的问题，特别是在不同的文化、不同的群体、不同的国家之间，引起诸多的矛盾。您怎么看待这个问题呢？

卡：欧洲许多国家曾就不同群体的认同问题有过长期的讨论。人们争论的焦点之一是，我们是不是该用“文化”来代替“认同”的概念。在德国及欧洲的传统中，“认同”是来自心理学的一个概念，原本是指儿童在成长过程中形成有关自我形象的情形，后来又被扩大到同一个群体关于自我想象的情况，“这是我们共同的认同”便成了常见的表述。

但是，“认同”还有另外的含义，即“认同政治”。它是有关“我们”的政治，而“我们”在政治上又意味着一定还存在其他的群体，存在差距，存在他者和陌生人。所以，我们现在已经不是在其传统意义上来使用“认同”，而更多是在“认同政治”的意义上使用它。也许，从富有建设性的角度而言，我们的认同就是全人类，这意味着我们应该正视生态问题，并与动植物和睦相处。也许，从另一个角度，我们也可以说：“我们是基督教徒，那些不相信上帝的人是错误的。人类必须信仰上帝。”这就又是一种原教旨主义的认同政治了。总之，“认同”概念实际上是一种富有策略性的因素，表达了“我们”与“他者”的关系，其中可能还包含了很多的异己化与歧视成分。

认同当中，还包含着集体性的因素。一个群体的成员必须遵循相关的规范，否则，“你就不属于我们这个共同的集体”。

对于殖民地的人民或妇女来说，又有探寻其认同的问题。这样的群体都有自己的认同，但必须赋予它特定的价值观、特定的形式与过程，这便是在自由、自治与自觉意义上的认同政治。

总之，在有关认同的问题上，始终需要保持一种平衡。尤其要避免原教旨主义的倾向，避免“只有我们的方式才是正确的方式，只有我们才是了不起的人”的认识。

安：在不同的政治认同之间保持一种协调和平衡的确至关重要。而这种政治认同，我们是不是也可以说，主要是由知识分子特别是社会科学工作者给大众贴上的一个标签？正是由于这些学者的工作，政治认同的概念才日益清晰，不同的群体或地方对这种认同的需求也才变得日益强烈。

卡：是的。政治认同或集体认同其实是被建构的，而不是自然的产物。这种现象在 19 世纪的欧洲尤其突出。当时，许多民族主义者宣传说，国家是我们的认同，请大家学习我们的国歌，请参军，请学习历史上的爱国者，请记住我们的英雄。这是一种来自精英阶层与国家权力的自上而下的国家认同。但是，我觉得今天的形势，主要还是同文化的许多方面相关。

40 年前，在欧洲，“文化”的概念指的是高级文化，是由精英分子创造的戏剧、文学与艺术，同普通人没有关系。但是，左翼的历史学者、社会学者又发展出了一种自由的、广义的文化概念，认为人们所从事的一切都是文化。这就是 20 世纪 60 年代到 70 年代开始的一场大运动，倡导“一切皆文化”“我们是文化的创造者”。于是，人们不断被告知：你拥有文化，你就是文化的个体。由此产生的有趣结果就是，人们逐渐用这个新的文化概念取代了旧的概念，尽管这个新观念是他们从学者、从精英分子那里获得的，但他们却用它来指称自己的创造。所以，今天，“文化”是一项有关所有人的工作，是一个开放的空间，我们已经不可能再说只有某些特殊形态的内容才是文化。

而这样的观念，既深受学术界、知识界和文学艺术的观念的影响，同时又来自人民，也是为了人民，为了促进他们自己的实践。这就是当前的状况。当人们说“我们”“我们拥有文化”“这是我们的文化”“这是我们的城市”或“这是我们的社会”的时候，实际上也是在表达他们有关认同的政治。

我们并非只会唱国歌的合唱团，在当下的形势中，我们还在演奏各自喜欢的音乐。也许我的某个爱好是唱民歌，但这只是一种习惯，另外的习惯还有很多，包括讨论儿童教育，讨论移民政治，等等。这就是说，这样的文化实践，也会有助于我们探讨有关我们自己的想象。它涵盖很广，涉及我们的选择权，即我们不是作为终生的成员被限定在一个社区当中，而是能够选择我们的生活方式及自己的身份。

四、“民俗学”的学科定位与学科价值

安：说到学科名称和概念，其实，在中国学界，我们已经扩大了“民俗”的概念，几乎把它等同于“日常生活”或“民间文化”。这种理解，促成了一种新的认识，那就是，民俗并不只是过去的传统，而是人

们当下的日常生活实践。

卡：如果你们改变一下修饰词，比如叫作“通俗文化”（pop culture）或“大众文化”（popular culture），而不是“民俗”或“民间文化”，也许会更好。因为我们都知道，“民间”（folk）的概念有许多问题，它主要用来代表一种想象中的、均质化的人群，所指称的群体是固定的，边界清晰的；而“通俗”或“大众”，则是指那种在人们当中广泛流传的多样化的实践，它意味着“大多数人”，意味着“社会”，意味着“混合多样”——这也是20世纪70年代以来我们领域之所以会发生关键词的前缀从“民间”转换为“大众”的一个重要原因。而这种转换，不仅仅是名称的变化，更是视角的改变。

“通俗文化”的概念来自20世纪60年代的英国，人们用它来概括包括音乐文化、青年文化在内的各种文化形式，例如甲壳虫乐队、滚石乐队等，均属于其中的内容。而“通俗文化”（pop culture）又可以看作“大众文化”（popular culture）的缩略语。在当年社会上普遍采用“通俗文化”来指称文化现象的同时，学术界也已经用“大众文化”取代了“民俗”，来概括那些属于大多数人的实践和城市生活方式。它主要涉及的是普通人在休闲时间、家庭生活和公共生活中的行为。这个概念，为研究者架起了一座沟通以往的村落生活与现代城市生活的桥梁。

安：这是一个很有建设性的建议。实际上，我和民俗学领域的许多同行，长期以来都深受这样一个问题的困扰：民俗学似乎是一门永远无法长大的学问，它的领域、视野和影响似乎总是限定在狭小的范围当中。但另一方面，我们却总是对“民俗”怀有强烈的感情。记得以前在对阿兰·邓迪斯教授做访谈的时候，他坚决捍卫“民俗学”的那种热情和精神，给我留下了很深的印象。而我自己也有类似的情感，很不愿意轻易放弃我们学科经过多年经营确立的这个概念。

卡：我们以前曾经谈到过，在人类有关自我认识、自我反省的意义上说，民俗学实际上完全可以成为一门重要学科，而不只是小学科。作为关于他者生活之想象的科学工具，它能够告诉人们不要仅仅用一种视角、一个观点来看待问题。

另一方面，我说“大众文化”，并不是要舍弃“民俗”，而是希望把“民俗”视为“大众文化”的组成部分和实践模式。如果我们考察那些跳民间舞的人，就不应只是观察他们所跳的舞蹈，同时还要探询他们为什么这么做。这就是说，要在另一种文化生活观念下对民俗进行新的语境化理解，而不是要与民俗学说再见。

对于当前的民俗学来说，这将是十分重要的一步。在 20 世纪 70 年代和 80 年代，许多民俗学机构和博物馆的专业人士的研究，都转向了小岛，而有关世界问题与社会问题的理解与分析，却被当作社会学和文化科学研究者的工作。这种对待现实问题的态度，导致了民俗学的衰落。它属于一种与当代社会科学的主动隔离，隔断了同其他关注当下社会生活的学科的联系与沟通。而事实上，当下的社会生活中仍然存在着大量的民俗实践活动，需要我们以新的视角去予以关注。

五、学术研究的“文化建构”属性及“在语境中研究文化”的重要性

安：关注当下，的确是民俗学应有的视角，也是它的社会责任。前几天在研究所的午餐会上，让我印象很深的是，研究生关注的话题非常广泛，比如，有一位同学告诉我，她目前正在参加所里组织的有关犯罪问题研究的项目，他们有很多机会接触警察等专业人士。

卡：是。这是一项介乎社会学与民族学之间的项目。这个项目的主持人，原先是我们所里的一位同事，后来他在法兰克福的法学研究所得到了教授职位。这个项目首先注意到，法律事务进展过程中的程序、特定的模型乃至犯罪过程的调查，等等，都是固定的模型和程序。但是，除了这些程序之外，应该还有其他的方面，比如，相关参与者的观念是怎样的？这些是更有意义的现象和实践。

有趣的是，所有的案子都要组织一个审判委员会，他们通过文本和语言所构筑的事实，来判断“这就是凶手”“这就是贼”。但我们可能会

说，我们应该从不同的角度来讨论“这是谋杀”“是意外”或其他情况。传统的固定模型应该受到质疑：它的逻辑是什么？它的传统及背后的视角又是什么？这是我们来自法律界的同行第一次开始讨论隐藏在现有程序背后的问题。这里体现了很强的自反性：所谓的科学到底是什么？当我们写作、宣讲、做访谈和记录的时候，我们所建构的有关其他文化的状况与想象距离事实又有多远？

这种自 90 年代以来形成的自反性，在法律界人士和自然科学工作者当中一直没有发生。因此，“我们是谁”的问题，对这些学科的许多人士来说是很新颖的问题。以前，他们都确信自己是站在中立立场的实践者和科学家，但我们却会说，从社会性意义来看，这是不可能的。你喜欢足球还是讨厌它，喜欢体育比赛还是讨厌它们，这类情绪都会影响我们的思考，影响我们的观念与模型，影响我们的问题与访谈。这是一种预置条件，是传统所规定的“前模型”，当人们说这属于数学、那属于法律、这属于生物学的时候，是以一种固定的眼光来看待一切的。但我们今天却会强调说，所有这些概念其实都是变动不居的，我们必须认识到，它们并非固定的存在，而是属于一种过程。

安：这就是说，要想真正做好这类研究，进行扎实的田野作业至关重要。

卡：对。我们强调：“人即是其行动。”这意味着我们对人的研究，必须要在人的行为及行为发生的语境中来展开。这种研究，需要我们回答人们正在做什么、为什么要这样做这类问题，这是文化意义上的问题。文化意味着具有形式。传统的文化形式包括仪式、社区、村落、工作、家庭，等等。今天，我们更强调互动，比如交谈、联络、讲演等；同时还要有内容、信息、意义，以及行动的逻辑——怎样观察、怎样讲话、怎样流动。这就是文化的系统。如果我们只有自己固定的模式，把文化现象都按照“仪式”“节日”“家庭生活”等来讨论，那只能代表我们的视角、我们的观点，而不能真正表现人们的实践。

就像我的一位同事和朋友 20 多年前提出来的，“让我们跟从具体行动”“让我们跟从人”。因为他们不是固定不变的，而是不断变化的，所以我们也必须要变化。今天，我们会说，让我们来关注在各种语境当中人们在做什么，而不是看他们要去哪里。这会让我们获得一些有关真实生活的印象，并对人们之所以要那样做有一定的理解。

六、处理好理论与经验研究的关系

安：除了扎实的调查，在我们这个领域，理论也十分重要。我知道，鲍辛格教授曾经称赞您是一位理论性极强的民俗学者，比一般同行都更有理论深度。那么，您觉得应该怎样才能更好地协调理论与经验研究的关系呢？

卡：我认为，对所有的民族学、民俗学、人类学的工作者来说，经验研究是重要的基础。观察人们如何行动、如何思考、如何与其他人交往互动，这是我们的重点。因为要想获得准确的印象，得出准确的分析，你必须尽可能地接近人。但这同时又意味着我们是限定在一个很小的范围，因此，进一步展开理论性的探讨就十分重要。假如我们面对的只是一个很小的领域，得到的只是很小的印象，那么我们必须追问，这在更广泛、更普遍的状况下具有什么意义。仅仅描述一个地方的生活，那是不够的。它只能算我们工作的第一步，再进一步，我们还必须去看这种生活对于其他情境、其他人群、其他国家，或在全球化背景下的意义。

通过这种理论化的工作，我们就不会以自己的经验研究来断言所有人都是这样生活的，也不会轻易地把具体事象用“家庭”“空间”“家”“场所”等固定的概念来归纳，而是会探究生活方式的变异性、多样性，并且尽可能地接近现代化与当代生活。这既意味着对我们在经验研究中所得印象与分析的进一步理论化，又意味着对其他相关学科真正积极、彻底的关注。这些学科，比如历史学、社会学、地理学、文学研究等，都是有关生活、社会与文化研究的学科。观察它们进行理论总结和分析的过程，就会发现，它们的研究并不直接关注人，而是关注与人们相关的物品、文本或文献，而我们却是要努力以更加自然的方式来观察更多的人。可以说，在进行理论化的过程中，我们有更广阔的领域，也有自己特殊的位置。

一方面，我们要问，什么才可能是普遍性的。如果我们观察特定形式的交流、特定的文本，尤其是特定的照相方式——今天照相已经完全是自助性的，人们可以随时用智能手机为自己、为朋友、为家庭成员拍照。观察这些，我们就是在看文化的标志，它们属于交流互动的某种符号、某种核心或某种模式。它们也许还具有跨文化性质，人们不仅是在北京或柏林拍摄，也可能会在世界任何大城市中拍摄。

这种有关象征、符号、互动与实践的普遍化问题，在今天变得更加必要。由于数字化的网络，我们每天有大约 1 亿张数码照片在互联网上流通，越来越多的人在阅读新闻、观看照片、与人交谈时处在一种互动的状态，大家可以同一时间与从北京到巴黎、从纽约到莫斯科的人聊天。这实在是一种全新的形势，远非 16、17 或 18 世纪的地方社会所能相比，可以说是一个高度“互联网化”的世界。

这意味着我们的民族学必须关注所有这些联系，但同时也应该找到问题的要点。我们必须既有来自民族志调查的有关当地的感受，又有全球化的视野。

安：如果我们的视野局限在过于狭窄的领域，肯定无法得出具有更广泛意义的观点。而这其实也是当前民俗学中存在的严重问题。我们许多民俗学的著作，都是对某个特定事象或个案的描述与分析，除了围绕个案本身的精细讨论，往往很少进一步的提炼与抽象。十多年来，我参加了不少民俗学专业的硕士或博士论文答辩，其中许多的论文都是有关某个地区某一民俗事象的调查和研究。开始的时候，对这类论文，我都是从它记录、保存和展示了具有特定地方属性的文化传统的角度，来肯定它的成绩。但后来，随着看到越来越多相似的描写和讨论，我却很难再理直气壮地从那个角度去为这类文章辩护了。这种情况，现在也已经引起了越来越多同行的警惕。

卡：这个问题的症结在于，如何从新的角度来展开研究，以避免把学生培养成像旧手工艺人那样的专家。仅仅以一种方式来做一件事，在今天的文化语境中，意味着也许将来可以在博物馆中找到一个位置，比如做传说专家、图片专家、历史旅游专家，等等；博物馆也的确需要这样的专业人士。但是，这并不是今天的主要发展方向。有特定的关注中心十分重要，但更重要的是必须把它语境化。比如要考察媒介，我们必须追问：17 世纪的媒介是怎样的？今天又如何？它们的关系怎样？我做研究的范围是什么？在现实的语境当中它有什么意义？这都应该是关注的要点。

另外，我觉得把科学理论的视角与现实的视角相结合，对于今天的年轻学生来说也十分重要。他们应该融进社会政治进程当中，应该转换一些东西，应该成为历史与现在之间、不同群体之间、少数民族与多数民族之间的文化意义上的“翻译者”。

不仅仅局限在一个地方，还要关注这个地方所表现的内容在社会、文化和全球化方面的意义，这不是以前德国民俗学的观点。在过去，当民俗学者说自己要做有关地方狂欢节研究的时候，可能同时已经有 20 多个有关不同地区狂欢节的研究项目。但这些项目之间却没有在统一观点和视野之下建立起来的系统化关联。只是在关注其他相关材料方面，这类研究才体现出科学性特征——研究者既会探讨某一个狂欢节，又会参考有关其他 20 多个狂欢节的研究，他也了解这个村子当前的情况和另外 20 多个村子过去的情况。然而，理论化的探讨却要求必须发现相关知识的新特征，也就是要做出一般性的归纳，发现相关事象的共同性或相似性，同时也要对自己研究中的局限有清醒认识。总之，这要求我们必须让自己的研究始终具有结合当下的“语境化”倾向，不仅仅是从历史的角度来思考历史性的材料，而总是要把历史性的材料放在当代语境下来考察。

七、田野研究中“深度描写”的问题与局限

安：按您所说，也许这里存在着“知识”与“科学研究”的区别。

过去我们的工作更多是在提供某些专门“知识”，而现在却要求我们除了提供“知识”之外，还必须做出“科学”的分析和探究。在我们的民俗学中，当前具有很大影响的一个重要观点就是“深度描写”，这也成了许多民俗学的学者和学生开展相关工作的主要支持。也许是由于对这个概念的误解，不少人都觉得，只要对相关事象在深入调查基础上进行细致的描写，就足够了。但显然，这是不够的，我们还必须有更进一步的概括和提炼。

卡：克利福德·格尔茨所提出的“深描”曾引起了很多讨论，是需要慎重对待的。实际上，它并不是一个概念。格尔茨更多的是一位自发的人类学者，人们并不认为他是理论性很强的思想者。对于他的著作，有人觉得更像随笔或杂记，而不大像理论化的、有方法论意义的学术论文。这都是很有趣的看法。

从“知识”和“科学研究”两个方面来说，“深描”就是对相关观点与人们经验的综合展示。这可以说就是“知识”，是发生过的一些事、各种各样的人及其行动、民族学者与人相互交往的过程，以及不同的观点，它们都被同一个事象组织在一起，进而揭示其中所包含的多种意义和多种作用。也就是说，并非只有一种事实，而是存在着多种的事实，人们是通过含蓄的知识了解这些事实的，他们会演唱这些内容或讲述这些内容。

而要把这多种知识组织起来，则需要“科学”。要找到人们在文化与科学方面的特殊规则，也就是要把人们的生活经验组织进一个条理化的框架。这时候，不同的人会有不同的视角，有的人会从民族理论的“有色眼镜”来探究某个过程或互动关系；有的人会从性别理论的“有色眼镜”来探讨；而女性民族学者的眼光，也肯定和男性学者有很大的不同。于是，对相关事象的描述必然会是多样化的。

总之，探讨这些规则与视角，就是在把知识与多种多样的经验转换为科学。而科学，就意味着对多种多样文化现象的规律的总结。这对我们是很重要的一个问题。因为在“知识”与“科学”之间，始终存在着有关民族观念、文化建构等方面不同观点的争论与协商。

安：这就是说，在“深描”中，实际上也包含了科学的步骤。研究者必须按照科学的理念和视角，在其著作中把各种材料组织起来，使之成为一个有条理的系统化展示，而不是那种无序的直接记录。

卡：这是这些年对格尔茨观点的新的发展。田野研究的成果不是科层化的，而是一个有关不同经验与多种叙事的开放系统，我们必须把相关材料组织进一个开放的范畴，展示同一种情境下不同的事实。这就是民族学的视角，而不是像某些历史学者声称的那样，自己可以重建历史的真相。历史的真相根本不可能重建，因为从皇家的角度或农民的角度，我们会看到完全不同的两种历史。这是有关社会的另一种观点——对于对抗、冲突、互动等均持一种开放的观念。同时，我们不应该自上而下地从局外人的角度来观察社会，而是要从局内人的角度来认识社会。

附录四　形象与想象：柏林的都市民族学[①]

［德］沃尔夫冈·卡舒巴，安德明译

首先，我想向各位介绍一下我的两个“家园”：一个是我的学术“家园”，即欧洲民族学，另一个是我的“家园”——城市柏林。我希望这些有关柏林以及我和同事们在那里的工作的概述，能够给大家一些关于我们所说的“都市民族学”的印象。都市民族学这一领域，也是我目前为数不多的“户外”研究范围中的一项工作，它能够使我获得几个小时的时间，得以逃离书桌和各种行政事务。

一、欧洲民族学

为了避免引起误解，我首先要说的是，欧洲民族学的目的，不是要探索欧洲的那些未知的部落、仪式和文化。那是殖民时期我们的前辈同行在非洲或亚洲等欧洲以外地区所做的工作，这样的时代早已过去了。今天，欧洲之外的田野研究是以合作的形式来组织进行，而且大多是由“本土”学者组织或协助开展的。

我们目前更多的是要观察欧洲内部及其周边地区的社会文化进程。举例来说，这些进程包括有关民族和国家认同的问题、基于心智的地区性或宗教性问题、人口流动和移民问题、日常生活中的仪式和象征实践

---

① 本文是沃尔夫冈·卡舒巴教授2010年3月31日在北京师范大学所作讲演，由安德明担任现场翻译。讲座结束后，中国社会科学院文学所民间文学专业的研究生程冉同学根据现场录音整理了大部分初稿，为最后改定本文提供了便利，特此致谢！原载《民俗研究》2010年第2期，第5～15页。

问题，等等。人们也可以说，这是一种“家乡民族学”，它主要关注自身的文化实践，要在自己的家门前寻找“陌生”。

就方法而言，这就意味着要阅读文本、观察图像和事物、分析象征物和话语，而最重要的，是“参与观察”、“心智地图”、访谈和传记性叙事。总之，这种田野研究是在社会化的人的生活空间和生活习惯之内进行的。

因此，我们要探寻大众与日常生活的经验和想象，考察社会中的人和他们自己的世界。通过这些，我们希望能够达到对这样一些问题的理解：哪些是我们的私人生活和公共生活中的原则和秩序？哪些是生活中的日常事务和惯例？社会与区域或社会阶层、代际与性别之间的区别在哪里？它们存在于价值观和信仰、存在于生活方式和个人爱好当中吗？“自我”和“他者”这些有关认同的观念，是如何建构文化差异性和奇异性的界限的？是根据国家和民族的因素还是按照社会与文化的方式？

由笑话、文学、电视或电影展现和创造的那些普遍的形象、想象、成见、陈词滥调和传统，它们都是有关大众观念和信仰的基本材料，同时也是我们研究的基本材料。这是因为，那些关于“我们”和“他们”，关于国家、民族或地区认同的想象，属于我们在欧洲已经延续了两个多世纪的“认同大游戏”的组成部分。而这项古老而严肃的游戏，由于1989年德国柏林墙倒塌之后发生的重大政治社会变迁，得到了一次强有力的复兴。

这里我要引用一小段文字，这段文字尽管不是新近写作的，却是这种“认同游戏”方面最有启发性的一个例子。它是由法国前总理阿里斯蒂德·白里安①以诗的形式所作的。作为一个切实的“欧洲人”，他在20

① 阿里斯蒂德·白里安（1862～1932），法国政治家，1909～1929年间担任过十一次法国总理，是欧洲统一运动的热情支持者。他任外交部长时是洛迦诺公约的主要筹划者（1925年），该公约保证了比利时、法国和德国边境的和平。他也起草了凯洛格—白里安公约（1928年），并获1926年诺贝尔和平奖。——译者注。

世纪 20 年代两次世界大战之间，写了下面的诗行，想象出了一系列民族国家的成见与形象。

一个俄国人——知识分子
两个俄国人——芭蕾舞公司
三个俄国人——革命

一个意大利人——曼陀林琴
两个意大利人——黑手党
三个意大利人——战败

一个德国人——学究
两个德国人——啤酒派对
三个德国人——战争

一个法国人——胡言乱语者
两个法国人——恋人或夫妻
三个法国人——会议

一个英国人——白痴
两个英国人——体育比赛
三个英国人——世界上最伟大的国家（1920！）

一个美国人——一杯鸡尾酒
两个美国人——两杯鸡尾酒
三个美国人——三杯鸡尾酒

我想诸位对白里安在欧洲历史和认同方面所做工作的大致信息都很

了解。这方面的信息，是由历史、政治、文学和心理等诸多方面的叙事编织而成的。而这些叙事又是我们有关欧洲的共同文化记忆的组成部分，它们被创作为小说、艺术、笑话以及电影，等等，因此能够被我们全部加以了解。

当然，这里我并非要详细地叙述这首诗及相关内容，尤其不是要强调作者本人对于美国精神的态度。但我希望这个简短又富于讽刺意义的例子，能够帮助大家来了解我自己的研究领域所关注的核心，那就是：我们社会世界的文化表现是如何被话语和想象所建构的？它们是如何被组织成象征符号和实践的？它们是怎样活在多种传统与记忆当中、活在各种生活方式和生活传记当中的？欧洲民族学始终寻求发现一种特定的视角，一种特定的、共情的观点，来理解生活的“文化状态”，或者，理解各种文化模式的“社会逻辑”。

以上是对我们柏林学界民族学的观点和任务的基本情况的简要介绍。

二、柏林的空间与文化

我们最近的研究领域——这里我要转向另外一个话题，也是我自己目前真正关注的问题——是有关大城市的历史和生活，也即城市或都市研究。在最近的 20 年间，都市获得了重新发现，曾被视为现代、现在则被看作后现代时期的“实验室”。大城市作为某种通向未来的窗口、同时也作为一种新的社会形式，不再仅仅代表着“民族国家的”生活世界，而是代表着“全球性的”“世界性的”生活世界。

在这里，我既要介绍“城市中的民族学”，还要介绍“有关城市的民族学”。首先来说一说前者。

城市中的民族学指的是城市的“内部视角”，比如观察人们生活和工作的习惯，观察公共空间和私人空间，观察生活方式和青年文化。由于都市的规则往往会顾及任何大城市中不同生活方式的存在，比如生活与饮食习惯的多样性、不同的家庭与婚姻形式、不同的服饰样式和爱好、多种的语言和多样化的宗教，等等，其社会文化的异质性体现在所有作为“城市原则”和“城市品牌”的空间和环境当中。

我们试图检验所有这一切——在伦敦或纽约，在莫斯科，另外我们希望不久以后也能在北京。与此同时，我们尤其致力于在自己的家门外，也就是在柏林，来观察这种都市形象，来界定城市的生活方式。而在自己生活和工作的地方探寻“陌生”的因素，是新兴的“家乡民族学”所主张的理解自我这一核心观点中的组成部分。

下面，我来向大家介绍我们是怎样开展工作的，同时要让诸位看一些有关柏林的基本信息、影像和图片。

公共空间——正如大家所知道的那样，它并不是一种实体的存在。它其实是一种社会实践和文化想象的建构，同时，它还是实践与想象的体系，其结构包括：政治与社会生活是如何组织的；这种生活是怎样在社会结构和城市地区以公共的形式得以运行的；它是怎样被设置在社会空间的阶序当中，又是怎样铭刻在个体和集体的心理地图当中的。

这些心理地图，对我们日常生活中的行为取向是很有帮助的。比如，人们最好事先知道，在新加坡的大街上吐嚼过的口香糖或在公众场合喝香槟酒，将是一种可能付出昂贵代价的享受；反之，这两种行为在罗马都是允许的，然而你却不能在公众场合嘲讽意大利足球和教皇。这些可能不是最突出的例子，但它们却能够表明我们是习惯于某一类象征秩序的，我们知道在公共空间应该怎样行动——在这里，空间被视为历史、文化和意义的景观。

这些象征的秩序和规则，大多在很长时期内都是稳定不变的，它们分散在特定的社会与象征领域。比如，不同年代的旅游指南，充当着某种记录城市的气质、公共空间及其文化的工具，而伦敦、巴黎以及北京的某些部分，是由那些城市气质和秩序所构建的。

以柏林为例，就像我下面要讨论的那样，今天的形势已经很不一样。因为在那里我们可以发现，柏林的城市景观、公共空间和城市秩序更加开放，更加不确定，更加多变。我们能够看到，柏林的象征性地形图似乎有各种不同的地图作为底本，所依据的尺寸和维度也多种多样——这也是过去五十年中柏林作为一个“分裂的城市”的必然结果。它使得柏林在重新合并之后，也即1989年之后，仍然没有一个关于这个城市的基本的政治与社会变迁的“共同的地图”和“共同的成果”。

1989年发生的突变的确从根本上改变了柏林的城市生活和象征秩序，主要体现在这样一些方面：东西方突然相遇——东柏林人和西柏林人首先都成了德国人，接着成了欧洲人；曾经处于边缘地带的“边境城市”变成了一个国家的首都；历史被表述成了当下；实体建筑开始被用一种具有历史和社会象征意义的方式来解读。

所以，今天的柏林看起来是一个在空间上无序的、被不同的有关城市气质的社会理解和社会意义所编织的城市。同时，有关城市空间的不同形式的斗争和社会表现策略方面的问题也相当突出，具体而言，就是谁拥有这个城市，也即拥有城市中特定的空间和地点？

下面我给大家举一些有关公共空间象征意义的争执方面的例子。

首先是在柏林引起了很大争论的一个象征空间，即巴黎广场，那里有一个著名的勃兰登堡门①。

有关勃兰登堡门的第一个话题：勃兰登堡门在长达半个多世纪的时间里，一直是柏林和欧洲政治与空间划分的一个非常著名的象征。今天，勃兰登堡门仍然引起了很大争论，争论的主要观点有两种：（1）作为德国战后历史的象征纪念物，这个建筑在1945年至1989年东西方对峙时期所具有的空间隔离意义目前是否应该予以保留。（2）勃兰登堡门作为巴黎广场周围整体建筑的一部分，其在前纳粹时期的历史地位和景观是否应该加以重建。

当地的权威都倾向于第二种观点，也就是通过重建广场从前的轮廓和建筑，来降低勃兰登堡门作为冷战遗迹的象征意义的分量。这种方式

---

① 勃兰登堡门现位于柏林市中心，是18世纪末19世纪初普鲁士国王为纪念普鲁士在七年战争中的胜利下令建造的一座城门。作为唯一保存的柏林城门，它见证了柏林、德国、欧洲乃至世界的许多重要历史事件，已成为柏林的标志性建筑和德国的国家象征。在冷战时期，由于它位于柏林墙所构成的隔离区的中央，曾经一度成为军事禁区和德国分裂的标志。

也为私人调查员在勃兰登堡门周围工作提供了便利。与此同时，作为一个铭刻“记忆”和“历史”信息的地方，这个门以及巴黎广场，现在也是举行政治活动和各种大事件的重要舞台。

第二个话题：在勃兰登堡门以南一百米左右的地方，有一大片空地被保留下来，建造“大屠杀纪念碑”，以纪念希特勒和纳粹对犹太人进行的种族灭绝事件。这个纪念碑，在记住历史的同时，也为巴黎广场的象征性地形图做了一个新的脚注。纪念碑在两年前向公众开放。它由美国建筑师彼得·艾斯曼设计和建造，是由波浪形状的墓石组成的。

然而，在勃兰登堡门和纪念碑之间，美国政府建了一个新的大使馆。根据 FBI 对安全方面的考虑和建议，大屠杀纪念广场的一部分也被大使馆纳入一个需要安检的范围之内。

那么，这个地方究竟是一个纪念场所还是一个需要高度安检的区域呢？这样的做法，无论是在空间还是在象征意义上，都导致了一种矛盾和冲突。有关这种冲突的广泛讨论，至今仍在公众和政客之间持续进行着。

第三个话题：近些年来，柏林的许多大事件都是围绕勃兰登堡门发生的。最早是“爱之游行”，汇聚了逾百万年轻的科技音乐（Techno）迷的游行。现在则是“克里斯托弗大道节游行”，有大约五十万的男女同性恋者参加。这些游行者会穿过勃兰登堡门，把巴黎广场作为他们展示自我的舞台。到了夏天，每两周就会有数千轮滑爱好者在这里集会。他们沿着同一条路径，怀着对其历史象征的重视，穿过勃兰登堡门，把这个门当作他们进入这个城市进行“冰刀之夜”的入口。然后沿着菩提树下大街继续前行，并在市中心盘桓数小时之久。

所有这些活动都是围绕勃兰登堡门进行的，而且都把巴黎广场当成表演的一个舞台。活动的参与者都声称他们旨在促进世界和平，或者是代表着少数族群，或者是为表现城市文化的一种新类型而进行“政治的”或“社会的”运动。而且，他们都声称对这些公共空间有合法的使用权。

围绕勃兰登堡门的这三个主题，大约可看作一种典型情况，这种情况几乎在任何一个大城市里都会以这样或那样的方式发生。

另外，还有其他一些有关在城市中的民族学的话题，我们也正在试图进行研究。比如移民团体、族群属性问题以及宗教认同问题——在柏林，有近百万的外国移民，其中大约有30万穆斯林，他们构成了一个十分强大的宗教共同体。又如青年文化和城市音乐景观——这种文化是一种势不可挡的景观，你可以看到各种各样的景观和团体，各种各样的音乐和舞蹈、俱乐部和场所（我们的学生晚上也经常去参与这种活动，部分是为了做调查研究，同时也是为了娱乐）。再比如在柏林和其他一些大城市中旅游文化所扮演的角色以及文化产业的兴起——旅游地点的“制作”，少数民族跳蚤市场的展示，或者柏林乐团，都构成了一个新的全球性城市市场的一部分。

这些都是在都市中的民族学所关注的现象和问题——事实上，我们也希望能在巴黎、莫斯科或巴塞罗那等其他大城市观察这些，从而发现在都市中生活的人的文化实践和活动，并研究这些活动的内部结构和秩序。

下面我们进入第二个观点，即“有关都市的民族学”的概念，它的核心思想包含以下几层意思：

（1）今天的这些大城市在某种程度上是作为行动者的形象出现的；

（2）它们拥有自己独特的风格、魅力和感觉；

（3）它们代表集体的理想和身份认同；

（4）这些身份认同通过诗歌、小说、叙事和象征物来“制造”，通过绘画和电影来展现。而这些诗歌、小说、叙事等又被出租车司机、旅游者、艺术家和学生而消费和复制。

因此，大城市是被从两个方面来构建的：一方面作为一个“真实的世界”，另一方面也是一个“想象的世界”，而且不可能把这两个方面分割开来。这些大城市在特定意义上是“被象征化”的世界，在我们全球性的心智地图中，所有大城市往往会被理解成某些特定的“著名地点”。比如，提到巴黎，我们就会联想到爱情和埃菲尔铁塔；提到纽约，就会想到“9·11”事件和曼哈顿；提到伦敦，就会想到女王、滚石音乐和切尔西足球俱乐部；说到北京，就会想到毛泽东、皇宫和天安门广场。

这些“城市标签”是为旅游者而设立的，但同时，城市居民也像旅游者一样，生活在对他们自己来说依然具有“新鲜”和“陌生”感的城市中，也在消费这种“城市标签”。因为从目前来看，我们都生活在这样一个充满了象征意义和象征权力的“城市世界”当中。这样的城市也是“有关都市的民族学”的研究范畴。

有关“城市标签”的行动，我们仍然以柏林为例来加以说明。这里要举到的例子，是德国议会大厦。

德国议会大厦建于19世纪末，是德意志皇帝赠予第一次国民大会的聚会场所而下令建造的。它是德国除勃兰登堡门之外第二个具有历史象征意义的重要建筑。

如上所说，这座议会大厦最初是被德意志帝国时期的国民议会所使用的。后来，随着帝国的垮台，这座大厦就成了魏玛共和国用以探索民主形式和民主政治的议会大楼。在1933年2月，大楼被纳粹分子烧毁，而希特勒则成了国家元首。

1945年之后，在二战末期，这座议会大楼成了介于东西方之间的一块“无为之地”。这座被损坏但还没彻底毁灭的建筑向人们展示了战争和时代留下的创伤和疤痕：在它的后面，是柏林墙和全副武装的士兵；在前面，则是闲暇时间供土耳其家庭野餐和孩子们踢足球的草地。

议会大楼一度成了城市中无人管辖的一块地方。它看起来是一个在历史上受到极度“污染”的建筑（在政治和文化上有很多污点），它之所以没有被使用，不仅是由于它地处东西柏林边界这一特殊的地理位置，而且是由于它“不光彩”的历史。

但是到了1995年，建筑师克里斯托实践了他的一个设想，那就是把这座建筑扮演成“被包裹起来的议会大厦”。大楼被一层银色的箔片所遮盖，呈现出淡淡的光芒，其外形也因而变得更加轻灵。这种艺术化的操作改变了它在人们想象和共同记忆中阴暗、沉重的面目。

最重要的一个事实是，柏林人和旅游者都接受了这种改造，就像接受在这个被包装起来的大楼周围举行的盛大夏日集会一样——那些夏日晚会上，每晚都有艺术家和乐团，有小丑和喷火者的表演，更有成千上万的人们在那里聚会，他们带着彩格呢毛毯和野餐包，带着面包和饮料，边吃喝边欣赏，以此来结束一天的生活。

这种包装，是对议会大楼某种程度上的“净化”，它去除了历史上的一些阴影，使它重新获得了具有象征意义的地位，并重新成为一个凝聚着集体记忆的建筑。不过，这也是通过另外一种信息，即有关当下“进行中的历史”的信息加以实现的。

这个过程也可以看成是一种“公共的艺术活动”，一种公共空间和公共政治领域的美学和艺术干预。这个事件为近些年的许多其他干预活动奠定了基础。

2000年，议会大楼在英国建筑师诺曼·福斯特的主持下完成了“关键性的重建”过程。大楼被重新开放，其中最引人注目的是重建的玻璃圆顶，人们可以从这里走到顶部，眺望新柏林，甚至可以在这里喝一杯咖啡。

这种圆屋顶的建筑似乎是延续了克里斯托带有象征性的效果和策略：把历史的阴影进一步缩小，而光线则使得这一建筑呈现出一种新的具有象征意义的轮廓。现在的议会大楼，可以说是一个与德国政治相关的非常普通、具有重大历史意义但实际上又很“平常”的地方。

这种改造，同时也体现了大都市热衷于“独特建筑”的新取向——许多大城市中的博物馆、摩天大楼或者歌剧院，都被设计成具有象征意义和纪念碑意义的建筑，以此来证明城市的光荣和独一无二，就像伦敦的“千禧年大厅”，巴黎的“卢浮宫金字塔”或者“迪拜塔”。

柏林其他方面也有许多新发展，这些发展在别的时尚城市如纽约和巴黎，也都可以看到，它们进一步促成了城市的状貌：比如把具有历史意义的庭院变成了城市重建的区域和高级奢华的住宅；又如城市中的中产阶级化进程以及与之相反的贫民化过程；再比如城市中新的“夏季活动”，像“街头狂欢节”或城市中的“海滩”等，它们属于有关“展演城市生活方式”的新感觉的具有象征意义的地点和实践。

这种“城市风格化”在西方大都市里是一种非常新鲜和神奇的“文化潮流”。它意味着把城市空间和生活方式加以“文化化”——通过音乐和艺术家，通过戏剧和剧院，通过狂欢节和街头音乐游行，通过新奇的、异域的饮食文化，等等。

最重要的事实是，这些活动和事件在空间和心理上是以一种“户外的”表演和文化活动的形式来组织的，同时，这些活动总是试图吸引大量的人来参加，而参与者则想以此来表现他们真正的“日常生活方式和实践”。

因此，在今天的柏林，有数百家户外咖啡馆任你选择，每一家都可以提供20多种咖啡，每一家都用种在意大利赤陶罐里的棕榈树做装饰。你可以游览施普雷河及其沿岸的21家“城市沙滩”——在这里有没有真正的海水并不是最重要的，重要的是气氛和悠闲的生活方式：有折叠躺椅，有巨伞，有加勒比海的音乐，还可以喝到像血腥玛丽（Bloody Mary）或者来自巴西的鸡尾酒——卡琵莉亚（Caipirinha）等饮料。你也可以参观许许多多的关于美术、音乐和涂鸦的商店和画廊，这些商店和画廊也是城市中开放的、具有都市特征的、户外景观的组成部分。

在这样的地点和场合中，想成为一个能够享受闲暇时光的成员和户外活动者，关键的一个身份标记，就是“手持酒瓶”——手中拿着一个开过的、装满啤酒和混合饮料的瓶子到处闲逛。这种“和缓悠闲”的行为姿态作为城市中具有象征意义的实践，在西方许多城市和社会中都被实践着。但这其实是新近出现的一种现象，在过去很长一段时期，这些活动的参与者只是被一些诸如艰苦劳动、纪律和效率等特定术语所描述并被那样界定身份的人。

这种巨大的改变是城市柏林的一种“地中海化”，即把城市空间转变成了“意大利”或者“西班牙”的海岸——可以说，它是要把灰暗的沙漠般的城市风景建造成一种引人入胜的“绿洲”。

这种空间上的转变可能也象征了一种新的都市心态——通过迄今更加具有“文化取向”的生活世界和生活方式。因此，都市生活方式实际上是被新的社会构造和社会运动以某种方式组织起来的，这些构造和运动试图把城市中的场所和地点作为“开放的公共空间”来加以开发、利用和打造——这一公共空间是对不同的思想观和价值观、不同的行为方式和语言、不同的审美观和政治观念都开放的。

在柏林，你可以发现巴伐利亚的啤酒屋和民间音乐，也可以发现加勒比海的舞蹈和饮料，还可以看到中餐馆、日本的茶社和俄国的伏特加酒吧。在舞蹈社团附近，在生态团体机构或者公民活动中心附近，可以看到艺术画廊。这是一个混合的城市景观，其中文化和政治相融合、经济和艺术相融合。而这种情况，无论是在巴黎还是在伦敦，都是一样的。

从这里可以看出，“文化多样性”和“族群差异性”是大都市文化展示的两个主要主题。而这种文化展示具体又表现为两个方面：人们会说：“这里——我们本地拥有全世界的东西!”同时也会说：“我们就是全世界，是这个文化上的世界城市!”这其中，地方性的傲慢和地方性的认同是同时存在的。

城市的“文化化”意味着：把文化的“引用”“拼装”“混合”和“杂交”作为指导城市生活和表演的原则。当没有什么东西“拥有”和“知晓”它自己的起源和真实性的时候，这也往往是主张其有关血统、起源和传统的“本真性”的一个策略。

因此，这种大都市的展示，制造和提供了两个机会：一个是为城市居民的“文化参与”和他们“创造性的实践活动”提供了契机；另一个，也为“文化产业”和他们的“消费行为”创造了条件。“都市文化”目前已经成为促进城市经济和资本发展最晚近的一个中心因素，而且“都市文化”是如此畅销。但需要指出的是，参观音乐会、酒馆和大型活动都需要花钱，并且往往要花很多！这使得一些“市中心区”对当地的正常居民来说似乎成了“不可去的地方”——就像富有的游客不应去“贫民窟”一样——这种情况在莫斯科、布拉格或巴塞罗那这样的一些城市也正在发生着！

主要参考文献

（按作者姓氏拼音排序）

一、中文文献

安德明：《飞鸿遗影——钟敬文传》，济南：山东教育出版社，2003年版。

安德明：《重返故园——一个民俗学者的家乡历程》，南宁：广西人民出版社，2004年版。

巴莫曲布嫫：《民族志·民俗志的书写及其理论和方法——田野研究的时空选择与民族志书写的主体性表述》，《民间文化论坛》2007年第1期。

［美］理查德·鲍曼著，杨利慧、安德明译：《作为表演的口头艺术》，桂林：广西师范大学出版社，2008年版。

《北京大学征集全国近世歌谣简章》，《北京大学日刊》第61号，1918年2月1日。

常惠：《我们为什么要研究歌谣》，《歌谣》第2号，1922年12月24日。

陈泳超：《中国民间文学研究的现代轨辙》，北京：北京大学出版社，2005年版。

［美］阿兰·邓迪斯编，朝戈金等译：《西方神话学读本》，桂林：广西师范大学出版社，2006年版。

高丙中：《民俗文化与民俗生活》，北京：中国社会科学出版社，1996年版。

顾颉刚：《吴歌甲集·自序》，《歌谣》第97号，1925年6月28日。

何植三：《搜集歌谣的困难》，《歌谣》第29号，1923年10月21日。

［美］洪长泰著，董晓萍译：《到民间去——1918～1937的中国知识分子与民间文学运动》，上海：上海文艺出版社，1993年版。

胡适：《复刊词》，《歌谣》第2卷第1期，1936年4月4日。

户晓辉：《现代性与民间文学》，北京：社会科学文献出版社，2004年版。

［英］E. 霍布斯鲍姆、T. 兰格著，顾杭、庞冠群译：《传统的发明》，南京：译林出版社，2004年版。

贾缵绪：《天水县志》，兰州：国民印刷局，民国二十八年（1939）。

江帆：《民俗学田野作业研究》，济南：山东大学出版社，1995年版。

廖明君、巴莫曲布嫫：《田野研究的"五个在场"：巴莫曲布嫫访谈录》，《民族艺术》2004年第3期。

刘锡诚：《20世纪中国民间文学学术史》，开封：河南大学出版社，2006年版。

吕微：《家乡民俗学——民俗学的纯粹发生形式》，《民间文化论坛》2005年第4期。

祁连休、程蔷、吕微主编：《中国民间文学史》，石家庄：河北教育出版社，2008年版。

容肇祖：《北大歌谣研究会及风俗调查会的经过》，《民俗》1928年第15～16期合刊、第17～18期合刊。

施爱东：《倡立一门新学科——中国现代民俗学的鼓吹、经营与中落》，北京：中国社会科学出版社，2011年版。

孙少仙：《研究歌谣应该打破的几个观念》，《歌谣》周刊第43号，1924年1月27日。

王均霞：《常人方法论与家乡民俗学的研究策略》，《文化遗产》2010年第1期。

王汝澜等编译：《域外民俗学鉴要》，银川：宁夏人民出版社，2005年版。

杨利慧：《女娲的神话与信仰》，北京：中国社会科学出版社，1997年版。

杨利慧：《从自然语境到实际语境》，《民俗研究》2006 年第 2 期。

张士伟、李虎生编：《神圣伏羲氏》，天水：内部发行，1993 年版。

张紫晨：《中国民俗与民俗学》，杭州：浙江人民出版社，1985年版。

赵世瑜：《眼光向下的革命——中国现代民俗学思想史论（1918～1937)》，北京：北京师范大学出版社，1999 年版。

钟敬文：《建立中国民俗学学派》，哈尔滨：黑龙江教育出版社，1999 年版。

钟敬文：《民间信仰研究的新成果——序安德明博士〈甘肃天水的农事禳灾研究〉》，《民族艺术》2001 年第 4 期；又见钟敬文：《婪尾集》，北京：新世界出版社，2002 年版。

钟敬文：《民俗文化学：梗概与兴起》，北京：中华书局，1996年版。

钟敬文：《新的驿程》，北京：中国民间文艺出版社，1987 年版。

周星主编：《民俗学的历史、理论与方法》，北京：商务印书馆，2006 年版。

祝秀丽：《家乡民俗研究者的角色冲突》，《民俗研究》2006 年第2 期。

二、英文文献

Americo, Paredes. 1977. *Folklore and Culture on the Texas-Mexican Border*. Austin: University of Texas.

Baron, Robert and Nick Spitzer. 2008. *Public Folklore*. Jackson: University Press of Mississippi.

Brown, Michael. 2003. *Who Owns Native Culture?* Cambridge: Harvard University Press.

Clifford, James and George E. Marcus, eds. 1986. *Writing Culture*. Berkeley: University of California Press.

DeShane, Kenneth Randall. 2000. "Insider Ethnography: The Believer's Dilemma." Ph. D. diss., University of Missouri - Columbia.

Epstein, Shifra. 1999. "Going Far Away in Order to Better Understand the Familiar: Odyssey of a Jewish Folklorist into the Bobover Hasidic Community." *Journal of American Folklore* 112 (444).

Fanhim, Hussain, and Katherine Helmer. 1980. "Indigenous Anthropology in Non-Western Countries: A Further Elaboration." *Current Anthropology* 21 (5).

Giusto, Betsy Lee. 1997. "Mi Vida Loca: An Insider Ethnography of Outlaw Bikers in the Houston Area." ph. D. diss., Department of English, University of Houston.

Gwaltney, John. 1976. "On Going Home Again: Some Reflections of a Native Anthropologist." *Phylon*, Vol. 37, no. 3.

Hymes, Dell. 1981. *In Vain I Tried to Tell You: Essays in Native American Ethnopoetics*. Philadelphia: University of Pennsylvania Press.

Jackson, Anthony, ed. 1987. *Anthropology at Home*. London and New York: Tavistock Publications.

LIT. 1999. *The Politics of Anthropology at Home*. New Brunswick and London: Transaction Publishers.

MacCannel, Dean. 1976. *The Tourist: A New Theory of the Leisure Class*. New York: Schocken Press.

Moody-Adams, Michele M. 1997. *Fieldwork in Familiar Places: Morality, Culture, and Philosophy*. Cambridge: Harvard University Press.

Najera-Ramirez, Olga. 1999. "Of Fieldwork, Folklore, and Festival: Personal Encounters." *Journal of American Folklore*, Vol. 112, no. 444.

Narayan, Kirin. 1988. "How Native Is a 'Native' Anthropologist?" *In Anthropological Journeys: Reflections on Fieldwork*, ed Meenakshi Thapan. Hyderabad: Orient Longman.

Norkunas, Martha. 2002. *Monuments and Memory: History and Representation in Lowell, Massachusetts*. Washington: Smithsonian Institution Press.

Peirano, Mariza G. S. 1998. "When Anthropology is at Home: The Different Contexts of a Single Discipline." *Annual Review of Anthropology* 27.

Phillips, Marilynn J. 1984. "Oral Narratives of the Experience of Disability in American Culture (Prejudice, Minorities, Folk Group)." Ph. D. diss., University of Pennsyvania.

Stoeltje, Beverly, Christie L Fox, and Stephan Olbrys. 1999. "The Self in 'Fieldwork': A Methodological Concern." *Journal of American Folklore* 112 (444).